Dieta, która zmieni twoje życie

jesteś tym, co jesz ™

Gillian McKeith

Przełożył Tomasz Norbert

REBIS

Książkę tę dedykuję moim dwóm małym dziewczynkom. Ucałowania, uściski i pozdrowienia od mamusi. Jedzcie zieleninę!

Tytuł oryginału *You Are What You Eat*

Copyright © 2004 by Celador Productions Limited
First published in the United Kingdom by Penguin Book Ltd., 2004.
All rights reserved
Copyright © for the Polish edition by REBIS Publishing House Ltd., Poznań 2005

Redaktor
Elżbieta Bandel

Konsultant tłumaczenia
dr hab. med. Maciej Krawczyński

Projekt okładki
Smith & Gilmour, London

Ilustracja na okładce
Samantha Wilson

Każda osoba, która chce dokonać zmiany swojego sposobu odżywiania, powinna skonsultować się ze swoim lekarzem, szczególnie jeśli jest w ciąży, chora, w starszym wieku lub nie skończyła jeszcze szesnastego roku życia. Dr Gillian McKeith nie jest lekarzem, tylko doktorem nauki o żywieniu. Tytuł ten uzyskała w American Holistic College of Nutrition w Stanach Zjednoczonych, noszącym obecnie nazwę Clayton College. Autorka jest również dyplomowanym członkiem Centre for Nutrition Education w Wielkiej Brytanii.

Nota od wydawcy
Dołożono wszelkich starań, żeby przedstawić w tej książce dokładne informacje. Dotyczą one większości osób, ale mogą nie być odpowiednie dla każdego indywidualnego przypadku, toteż zaleca się zasięgnięcie porady lekarskiej na temat osobistych problemów zdrowotnych. Ani wydawca, ani autorka nie przyjmują żadnej odpowiedzialności prawnej za obrażenia cielesne lub inne szkody lub straty wynikłe z wykorzystania lub niewłaściwego wykorzystania informacji i rad zawartych w tej książce.

Witaminy, minerały i suplementy ziołowe sprzedawane są w postaci preparatów o różnej mocy, toteż należy zawsze sprawdzić dawkę na opakowaniu.

Wydanie I (dodruk)

ISBN 978-83-7301-646-0

Dom Wydawniczy REBIS Sp. z o.o.
ul. Żmigrodzka 41/49, 60-171 Poznań
tel. 0-61-867-47-08, 0-61-867-81-40; fax 0-61-867-37-74
e-mail: rebis@rebis.com.pl
www.rebis.com.pl

SPIS TREŚCI

WSTĘP

MOJA HISTORIA

Niektórzy uważają mnie za bezlitosną, zatwardziałą dietetyczkę, opanowaną obsesją na punkcie naturalnej żywności i zdrowego żywienia. Własna matka boi się zjeść ze mną obiad w święta Bożego Narodzenia, bo mogłabym rozpocząć wykład o dobrej i złej żywności, a moja córka miała zwyczaj nazywać mnie „żywieniową fanatyczką".

Cóż, przyznaję, rzeczywiście to, czym ludzie się odżywiają, ma dla mnie kolosalne znaczenie. Jednak nie zawsze tak było. Jakiś czas temu żywiłam się wyłącznie mrożonymi i paczkowanymi posiłkami i nie wyobrażałam sobie dnia bez zwykłej porcji chipsów oraz czekolady. Dorastając w górzystym szkockim regionie Highlands, zajadałam się zapiekankami z ziemniaków i mięsa, rybą z frytkami, kremem budyniowym i rogalikami z dżemem.

A potem zakochałam się w Amerykaninie mającym bzika na punkcie zdrowia. Przeprowadziłam się w okolicę jego domu w Filadelfii, ale nie dopuściłam do tego, żeby jego dziwactwa zakłóciły mój styl życia. To znaczy, tak było do moich dwudziestych czwartych urodzin, kiedy wszystko się zmieniło. Mój chłopak wręczył mi kopertę, a ze znajdującej się w środku kartki dowiedziałam się, że w tym szczególnym dniu „pojadę w długą podróż do wyjątkowego miejsca". W tamtej chwili nie miałam pojęcia, jak długa będzie to podróż. Wskoczyliśmy zatem do samochodu i wyruszyliśmy w kierunku nie znanego mi miejsca przeznaczenia. W trakcie sześciogodzinnej jazdy wyobrażałam sobie luksusowy apartament hotelowy z widokiem na góry lub prerię, gdzieś nad rzeką lub w pobliżu gorących źródeł. No i oczywiście z czekającą gorącą kąpielą. Po kilku godzinach jazdy autostradą dostrzegłam tablicę z napisem „Stan Nowy Jork wita". Wówczas ujrzałam w wyobraźni, jak zwiedzamy Empire State Building, chodzimy po Broadwayu i oglądamy Statuę Wolności, a potem nocujemy gdzieś na Piątej Alei. Serce biło mi mocno z radosnego podniecenia. Oto szkockie dziewczę jedzie do „Wielkiego Jabłka" — w tym wielkim kraju i z tym wspaniałym mężczyzną. To dopiero urodziny!

Po niecałych siedmiu godzinach dotarliśmy do celu. Nie było to Wielkie Jabłko ani góry, a w pobliżu nie było śladu wanny z gorącą kąpielą.

— Z okazji twoich urodzin zabieram cię na makrobiotyczny lunch — rzuca nagle mój Mister Stanów Zjednoczonych.

— Dokąd? — wołam.

— Przekonasz się — odpowiada spokojnie.

Weszliśmy do rozpadającej się chaty, w której znajdowało się już kilkadziesiąt osób siedzących na składanych krzesłach przy składanych stolikach. Każdy miał przed sobą papierowy talerz z plastikowym widelcem. Wszystko to kojarzyło się raczej z podwieczorkiem dla maluchów, ale tu byli dorośli w rozmaitym wieku, z najróżniejszych środowisk; jedni wytworni i eleganccy, inni odprężeni i swobodnie ubrani. Zaczęłam się zastanawiać, czy mój chłopak nie jest czasem wyznawcą jakiegoś przerażającego kultu. Może rodzice słusznie mnie ostrzegali przed tego typu rzeczami, zanim wyjechałam ze Szkocji?

W końcu spotkanie się rozpoczyna. Prowadzący przedstawia głównego mówcę, Elaine Nussbaum, drobną kobietę o niezwykle szczerym wyrazie oczu i łagodnym głosie z silnym nowojorskim akcentem. Jest ona autorką niewielkiej undergroundowej książeczki *Recovery*. Zaczyna opowiadać swoją historię i okazuje się, że jest to najgłębsza opowieść, jaką w życiu słyszałam. Słucham najpierw z niedowierzaniem, potem z podziwem, a w końcu budzi się we mnie inspiracja i nadzieja.

Pewnego dnia Elaine usłyszała od lekarzy, że pozostały jej dwa tygodnie życia. Każdą kość w jej ciele przeżerał rak, tak że niemal nie mogła chodzić, mówić, oddychać, siedzieć ani stać. Szpital odesłał ją do domu, żeby tam umarła, gdyż nic już nie mogli dla niej zrobić.

Wówczas jej przyjaciółka postanowiła karmić ją łyżeczką w myśl zasad osobliwej diety zwanej „makrobiotyczną". Polegała ona na jedzeniu tylko naturalnej wegetariańskiej żywności, takiej jak brązowy ryż, zielone warzywa, nasiona, wodorosty, rośliny strączkowe i duże ilości zupy miso z soi. Po upływie miesiąca Elaine zaczęła odzyskiwać siły, a po dwóch czuła się tak, jakby już była zdrowa.

Wróciła do szpitala, żeby przeprowadzić badania, i okazało się, że rak całkowicie się cofnął. Lekarze stwierdzili, że nie mieli jeszcze do czynienia z takim przypadkiem. Ja również nie słyszałam nigdy o tak niewiarygodnym wyzdrowieniu. I właśnie wówczas, kiedy uświadomiłam sobie, jak ogromne znaczenie ma odżywianie, rozpoczęła się moja wielka, trwająca do dziś podróż. Naprawdę jesteśmy tym, co jemy. Ja sama uskarżałam się na niezliczone problemy zdrowotne, dobrze znane każdemu, kto zbyt dużo pracuje i zbyt intensywnie się bawi. Dręczyły mnie rozmaite bóle, ciągle czułam się zmęczona, miałam wypryski na twarzy, cierpiałam na kandydozę, pozornie niewinne zakażenie drożdżakami, a moja masa ciała była daleka od idealnej. Kiedy miałam czas naprawdę o tym pomyśleć, uświadomiłam sobie, że jestem jedną z najmniej zdrowych osób, jakie znam.

Obecnie obserwuję to samo u swoich pacjentów w McKeith Clinic w Londynie. Kiedy przychodzą na pierwszą wizytę, zazwyczaj się okazuje, że bardzo źle się odżywiają, bardzo wielu ma nadwagę, a niektórzy wręcz osiągnęli już punkt krytyczny. Moim celem, drogi czytelniku, jest nauczyć cię, podobnie jak moich pacjentów, jaki sposób odżywiania jest dla ciebie najkorzystniejszy i które artykuły żywnościowe pomogą ci schudnąć, utrzymać szczupłą sylwetkę i być zdrowym do końca życia.

Naprawdę ci się to uda, jeśli będziesz postępować według mojego programu. Jeśli przez większość czasu będziesz przestrzegać moich zaleceń, z pewnością będziesz zdrowszy, sprawniejszy, silniejszy, bardziej pociągający i szczęśliwszy. Obiecuję. Leczyłam dosłownie tysiące osób i udało mi się osiągnąć fantastyczne, niesłychane rezultaty. Przyjeżdżają do mnie po pomoc ludzie z całego świata. Miałam już pacjentów niemal każdej narodowości i z rozmaitych środowisk. Były wśród nich gwiazdy Hollywood, członkowie rodziny królewskiej, światowi przywódcy, piłkarze i olimpijczycy. Jednak najwięcej jest zwykłych ludzi, takich jak ja czy ty, czytelniku. Wszyscy oni mają jedną cechę wspólną — niezależnie od pochodzenia, są stworzeni z tego, co jedzą! Nie będzie chyba zaskoczeniem informacja, że u tych, którzy odżywiają się okropnie, stan zdrowia jest na ogół znacznie gorszy niż u tych, którzy jedzą zdrowo.

Moi pacjenci mają często różne cele. Na przykład sportowcowi zależy na osiąganiu lepszych wyników, urzędnikowi państwowemu na polepszeniu pracy nadnerczy, żeby łatwiej radzić sobie ze stresem, starszemu mężczyźnie na ogólnym wzmocnieniu organizmu, a kobiecie zajmującej się domem na tym, by mieć więcej energii. Jednak w każdym przypadku pożywienie dostarczane organizmowi staje się dla niego lekarstwem. Jeśli karmisz go szkodliwymi rzeczami, zaczyna odkładać nadmiar tłuszczu, a ponadto reaguje obniżeniem poziomu energii, popędu seksualnego, a nawet możliwości umysłowych.

Sięgając po tę książkę, zrobiłeś już bardzo ważny krok w kierunku swojego szczuplejszego i szczęśliwszego „ja". Możesz wybrać niepewne lekarstwa lub moje sprawdzone zalecenia. Wybór należy do ciebie, ale jeśli podejmiesz właściwą decyzję, twoje ciało naprawdę będzie ci za to wdzięczne. Poza tym te zalecenia dotyczą całej rodziny, więc nie będziesz się czuć osamotniony. Wszystko polega po prostu na zmianie kilku nawyków i zrozumieniu, jakie szkody wyrządzają niektóre rodzaje pokarmów.

Po ponad 15 latach praktyki klinicznej przekonałam się, że ludzie, którzy naprawdę troszczą się o swój organizm i prawidłowo się odżywiają, są na ogół najzdrowsi. Bez problemu utrzymują właściwą, naturalną dla siebie masę ciała, mają więcej energii, bardziej udane życie seksualne, z większą beztroską podchodzą do życia, sprawniej myślą, mają bardziej zrównoważone nastroje i są szczęśliwsi. Ten opis może się odnosić również do ciebie.

W tej książce w dużym stopniu chodzi o uświadomienie sobie pewnych spraw i przyswojenie sobie pewnej wiedzy. Jeśli nauczę cię tego i przekonam do przejścia na właściwe rodzaje żywności, wejdziesz na najlepszą drogę do tego, żeby być szczupłym, zdrowym i zadowolonym z życia. Pragnę, żebyś skorzystał z moich wieloletnich badań oraz doświadczeń zebranych w trakcie udanego leczenia tysięcy ludzi. Jak udowodniono w programie telewizyjnym *Jesteś tym, co jesz* (Channel 4), każdy potrafi to zrobić – pozwól mi tylko pokazać sobie jak.

Gillian McKeith

Gillian McKeith
maj 2004

ROZDZIAŁ 1

JESTEŚ TYM, CO JESZ

ŻYWNOŚĆ, KTÓRĄ ZJADAMY, GRA ROLĘ PALIWA. DOSTARCZA NASZEMU ORGANIZMOWI ENERGII, KTÓREJ TEN POTRZEBUJE, ŻEBY WŁAŚCIWIE FUNKCJONOWAĆ. JEŚLI NIE ZADBASZ O ODPOWIEDNIĄ JAKOŚĆ I ILOŚĆ PALIWA DOSTARCZANEGO SWOJEMU CIAŁU, NIE BĘDZIESZ CZUĆ SIĘ TAK ZDROWY, JAK BYŚ MÓGŁ.

CIAŁO LUDZKIE MOŻE MIEĆ DO 100 TRYLIONÓW KOMÓREK, A KAŻDA Z NICH POTRZEBUJE REGULARNYCH DOSTAW SKŁADNIKÓW ODŻYWCZYCH, ŻEBY MÓC OPTYMALNIE FUNKCJONOWAĆ. POKARM MA WPŁYW NA WSZYSTKIE TE KOMÓRKI, A W REZULTACIE NA WSZYSTKIE ASPEKTY NASZEJ EGZYSTENCJI: NASTRÓJ, POZIOM ENERGII, ŁAKNIENIE, ZDOLNOŚĆ MYŚLENIA, POPĘD SEKSUALNY, SEN I ZDROWIE OGÓLNE. KRÓTKO MÓWIĄC, ZDROWE ODŻYWIANIE JEST KLUCZEM DO POMYŚLNOŚCI.

DOWODY

Pierwszym krokiem na drodze ku poprawie twojego życia i zdrowia było sięgnięcie po tę książkę. Jednak jak mam cię teraz przekonać, żebyś zdecydował się podjąć następne ważne kroki i zerwał ze złymi nawykami żywieniowymi?

Niewątpliwie istnieje związek pomiędzy jedzeniem i zdrowiem. Dieta w decydującym stopniu wpływa na nasze zdrowie i pomyślność. Zatem pierwszym krokiem musi być wykazanie związku pomiędzy dobrym odżywianiem i dobrym zdrowiem oraz pomiędzy niewłaściwym jedzeniem i złym zdrowiem.

Uświadomiłam to sobie, kiedy przejrzałam dzienniki odżywiania uczestników telewizyjnego programu *Jesteś tym, co jesz*. Na początku programu wszyscy oni cierpieli na nadwagę oraz wiele innych dolegliwości, w dużej mierze spowodowanych niewłaściwym doborem spożywanych produktów. Jedzenie było u nich katalizatorem rozmaitych schorzeń. Kiedy przygotowałam tabelę złych produktów żywnościowych, które zjedli w ciągu tygodnia, i wyjaśniłam, jak wpływają one na organizm, związek pomiędzy jedzeniem a zdrowiem stał się nagle zaskakująco jasny.

DZIESIĘĆ WAŻNYCH FAKTÓW Z DZIEDZINY ŻYWIENIA:

1 Dieta bogata w tłuszcze (szczególnie nasycone) i sól zwiększa ryzyko choroby wieńcowej serca.

2 Szacuje się, że średnio jednej trzeciej przypadków raka można zapobiec przez zmiany w diecie. Dieta o dużej zawartości błonnika i pełnego ziarna oraz małej zawartości tłuszczu obniża ryzyko wielu rodzajów raka, w tym raka okrężnicy, piersi i żołądka.

3 Wielu specjalistów zajmujących się kwestiami płodności uważa, że niezdrowa dieta, o dużej zawartości tłuszczu, cukru i wysoko przetworzonych produktów, a małej składników odżywczych istotnych dla procesów rozrodczych, może prowadzić do niepłodności i zwiększać prawdopodobieństwo poronienia.

4 Dieta bogata w tłuszcze, cukier i sól prowadzi do przyboru masy ciała i w końcu otyłości. Nadwaga nie tylko zwiększa ryzyko chorób serca, cukrzycy, raka i niepłodności, ale ponadto może być przyczyną przewlekłego zmęczenia, niskiego poczucia własnej wartości oraz słabej wydolności fizycznej i umysłowej.

5 Niezdrowa dieta zwiększa ryzyko depresji i zmiennych nastrojów. Uważa się również, że potęguje objawy zespołu napięcia przedmiesiączkowego, lęki i ataki nadmiernego apetytu.

6 Dieta o dużej zawartości dodatków żywnościowych, konserwantów i rafinowanego cukru może być przyczyną problemów z koncentracją, nadpobudliwości i agresji. Dzieje się tak dlatego, że w pokarmach bogatych w cukier i dodatki jest zbyt niska zawartość chromu, usuwanego w procesie rafinacji. Chrom jest niezbędny do kontrolowania poziomu glukozy we krwi, toteż przy jego niedoborze mogą wyniknąć powyższe problemy.

7 Dieta o zbyt niskiej zawartości wapnia (jednego z podstawowych składników odżywczych, niezbędnego do budowy kości) zwiększa ryzyko osteoporozy – choroby związanej z osłabieniem i łamliwością kości.

8 Dieta o zbyt niskiej zawartości składników odżywczych ogromnie obciąża wątrobę. Organ ten jest niezbędny dla prawidłowego trawienia i wchłaniania niezbędnych do życia witamin i minerałów. Optymalne zdrowie wymaga doskonałego stanu wątroby. Tymczasem jeśli spożywamy duże ilości tłuszczów nasyconych i alkoholu, wątroba nie potrafi sobie z nimi poradzić, co może prowadzić do marskości (zagrażającej życiu choroby polegającej na obumieraniu komórek wątroby) oraz chorób nerek.

9 Nadmierne spożycie cukru może spowodować zbyt wysoki poziom glukozy (formy cukru krążącej w naszym krwiobiegu) we krwi prowadzący do cukrzycy. Objawami tej choroby są: nadmierne pragnienie, częste oddawanie moczu, problemy ze wzrokiem, zmęczenie i nawracające infekcje.

10 Uboga dieta osłabia nasz układ odpornościowy, co sprawia, że jesteśmy bardziej podatni na przeziębienia, grypę i inne choroby. Jeśli nasz układ odpornościowy ma prawidłowo funkcjonować i chronić nas przed chorobami, musimy zapewnić organizmowi stały i zrównoważony dopływ niezbędnych witamin i minerałów.

12 REGULARNIE
SPOŻYWANYCH POTRAW

Poniżej przedstawiam dwanaście najpopularniejszych potraw – jadanych
regularnie przez wiele osób – które na pierwszy rzut oka mogą się wydawać
nieszkodliwe, ale wystarczy uważnie przeanalizować informacje o zawartych
w nich składnikach odżywczych. Przeliczyłam dane wagowe na łyżeczki cukru
i kostki smalcu, żeby wyraźniej zilustrować fakty. Czy nadal odczuwasz głód?

1. Ryba z frytkami
2. Pizza
3. Spaghetti po bolońsku
4. Zestaw z hamburgerem (w sieci *fast food*)
5. Smażony kurczak
6. Kebab
7. Angielskie śniadanie
8. Kurczak tikka masala (danie indyjskie)
9. Wieprzowina na słodko-kwaśno ze specjalnie smażonym ryżem (danie chińskie)
10. Zapiekanka pasterska (zapiekanka z mielonego mięsa i ziemniaków)
11. Frytki
12. Tosty

▸ **Ryba z frytkami**
▸ kalorie: 1078 ▸ białko: 43 g
▸ węglowodany: 86 g ▸ tłuszcze: 65 g ▸ błonnik: 56 g
▸ równoważnik 17 łyżeczek cukru i ½ kostki smalcu

▸ **Spaghetti po bolońsku (porcja 300 g)**
▸ kalorie: 237
▸ węglowodany: 32 g ▸ tłuszcze: 5,7 g ▸ błonnik: 3 g
▸ równoważnik 6 łyżeczek cukru

▸ **Pizza (średnia pizza na grubym cieście)**
▸ kalorie: 1746; ▸ białko: 80 g
▸ węglowodany: 159 g ▸ tłuszcze: 88 g ▸ błonnik: 8 g
▸ równoważnik 31 łyżeczek cukru i ⅓ kostki smalcu

▸ **Zestaw z hamburgerem (duży hamburger, frytki, cola)**
▸ kalorie: 1300 ▸ białko: 34 g
▸ węglowodany: 189 g ▸ tłuszcze: 44 g ▸ błonnik: 13 g
▸ równoważnik 38 łyżeczek cukru i ponad ⅕ kostki smalcu

- **Smażony kurczak (3 kawałki kurczaka i frytki)**
  - kalorie: 933 ▸ białko: 62 g
  - węglowodany: 72 g ▸ tłuszcze: 45 g ▸ błonnik: 6 g
  - równoważnik 14 łyżeczek cukru i prawie $\frac{1}{5}$ kostki smalcu

- **Kebab (szaszłyk z surówką w chlebie pita)**
  - kalorie: 704 ▸ białko: 61 g
  - węglowodany: 78 g ▸ tłuszcze: 19 g ▸ błonnik: 5 g
  - równoważnik 15 łyżeczek cukru i prawie $\frac{1}{10}$ kostki smalcu

- **Angielskie śniadanie (2 plastry bekonu lub szynki, 1 kiełbaska, 1 jajko, 1 pomidor, 1 porcja fasolki, smażona kromka chleba)**
  - kalorie: 831 ▸ białko: 46 g
  - węglowodany: 52 g ▸ tłuszcze: 50 g ▸ błonnik: 10 g
  - równoważnik 10 łyżeczek cukru i $\frac{1}{5}$ kostki smalcu

- **Kurczak tikka masala (porcja na wynos)**
  - kalorie: 709 ▸ białko: 71 g
  - węglowodany: 72 g ▸ tłuszcze: 15 g ▸ błonnik: 1 g
  - równoważnik 14 łyżeczek cukru i $\frac{1}{20}$ kostki smalcu

- **Wieprzowina na słodko-kwaśno ze specjalnie smażonym ryżem (porcja na wynos)**
  - kalorie: 520 ▸ białko: 16 g
  - węglowodany: 72 g ▸ tłuszcze: 15 g ▸ błonnik: 1 g
  - równoważnik 14 łyżeczek cukru i $\frac{1}{20}$ kostki smalcu

- **Zapiekanka pasterska (300 g)**
  - kalorie: 336 ▸ białko: 18 g
  - węglowodany: 28 g ▸ tłuszcze: 18 g ▸ błonnik: 2 g
  - równoważnik 5 łyżeczek cukru i $\frac{1}{20}$ kostki smalcu

- **Frytki**
  - kalorie: 655 ▸ białko: 8 g
  - węglowodany: 74 g ▸ tłuszcze: 38 g ▸ błonnik: 5 g
  - równoważnik 14 łyżeczek cukru i ponad $\frac{1}{6}$ kostki smalcu

- **Tosty (2 kromki białego chleba grubo posmarowane masłem)**
  - kalorie: 348 ▸ białko: 6 g
  - węglowodany: 35 g ▸ tłuszcze: 21 g ▸ błonnik: 1g
  - równoważnik 7 łyżeczek cukru i prawie $\frac{1}{20}$ kostki smalcu

Przerażające jest to, że wymienione potrawy są codziennym pożywieniem wielu osób, dla których stanowią część normalnej diety. Powiedzmy, że rozpoczniesz dzień tradycyjnym angielskim śniadaniem, zjesz na lunch hamburgera z dodatkami, a wieczorem wyskoczysz na pizzę. (Proszę zwrócić uwagę, że nie liczę tu przekąsek ani napojów, tylko trzy podstawowe posiłki.) W sumie zjesz:

▸ 3877 kalorii ▸ 160 g białka ▸ 400 g węglowodanów ▸ 182 g tłuszczu ▸ i 31 g błonnika

Przeciętne dzienne zapotrzebowanie na kalorie wynosi 2550 (17 850 na tydzień) dla mężczyzn i 1940 (13 580 na tydzień) dla kobiet. Zatem przy takich trzech posiłkach kobiety zjedzą niemal dwa razy więcej, niż potrzebują, a mężczyźni ponad półtora raza więcej.

Jest to równoważnik 20 wat cukrowych i połowy kostki smalcu. Jeśli dodać do tego przekąski między posiłkami, napoje i alkohol oraz zbyt mało ćwiczeń fizycznych, to mamy do czynienia z bombą zegarową kryjącą w sobie choroby serca, cukrzycę, udar, nadciśnienie i choroby układu pokarmowego. Czy wybierzesz coś z tych trucizn? Mam nadzieję, że nie!

DLACZEGO DIETY NIE DAJĄ REZULTATÓW

Powiedzmy to sobie szczerze. Diety tradycyjne i popularne diety cud zazwyczaj nie dają rezultatów, kropka. Moim zdaniem, kuracje oparte na liczeniu kalorii, systemie punktów czy spożywaniu głównie pokarmów wysokobiałkowych bez węglowodanów nie tylko nie przyniosą trwałych efektów, których oczekujesz, ale na dodatek większość z nich jest monotonna, bezcelowa, a nawet niebezpieczna. Oczywiście, można z ich pomocą zrzucić nieco zbędnych kilogramów w kilka tygodni lub miesięcy, jednak takie kuracje trudno kontynuować przez dłuższy czas i w końcu nadwaga powróci, a ty tylko zaszkodzisz swojemu organizmowi.

Diety cud opierają się na ograniczeniach, toteż zazwyczaj pozbawiają organizm czegoś, co jest mu potrzebne. Na przykład dieta polegająca na spożywaniu ogromnych ilości białka zwierzęcego i drastycznym ograniczeniu węglowodanów jest z gruntu błędna z punktu widzenia naukowych podstaw żywienia. Każdy człowiek potrzebuje złożonych węglowodanów, żeby móc normalnie funkcjonować i myśleć, żeby mieć dużo energii, chęć na współżycie seksualne i pozytywne nastawienie. Złożone węglowodany to na przykład brązowy ryż, proso, komosa ryżowa (quinoa), żyto, jęczmień i kasza gryczana. U moich pacjentów, którzy przestali jeść złożone węglowodany na rzecz pokarmów wysokobiałkowych, pojawiły się zaparcia, zmiany nastrojów, napady gniewu, bóle i zawroty głowy, skurcze żołądka i depresja — nawet u tych najbardziej beztroskich. Ostatecznie powrócili do mojego programu odżywiania i osiągnęli bardzo zadowalające rezultaty.

Poważną wadą modnych diet jest również to, że ograniczają ilość spożywanych niezbędnych nienasyconych kwasów tłuszczowych (NNKT). Tymczasem w świetle wiedzy naukowej jest to bardzo niekorzystne dla organizmu. NNKT w rzeczywistości pomagają rozkładać tłuszcze, czyli eliminując je, pozbywamy się czynnika spalającego zbędny tłuszcz. Nazywam swój program „dietą obfitości", gdyż chodzi w niej o to, żeby nie odmawiać sobie dobrego jedzenia. Zatem zajadaj awokado, orzechy brazylijskie, migdały, nasiona sezamu, pestki dyni, orzechy włoskie itd.

Dla mnie „dieta" nie polega na głodzeniu się, tylko na przyjęciu nowego stylu życia, w którym jest miejsce na obfite jedzenie zdrowej żywności. Program *Jesteś tym, co jesz* daje znacznie lepsze rezultaty niż wszystkie kuracje, których dotychczas próbowałeś, gdyż opiera się na badaniach naukowych z całego świata, badaniach klinicznych i biochemicznych badaniach laboratoryjnych. Zatem korzystając z całej gamy wspaniałych produktów żywnościowych, zacznij realizować styl życia Gillian McKeith.

Chodzi o to, żeby dokonać pewnych zmian, które niemal natychmiast zaczną przynosić rezultaty i będą trwały przez całe życie.

DOBRA ŻYWNOŚĆ

Dobre rodzaje żywności powodują:

▸ Podniesienie sprawności umysłowej

▸ Poprawę nastroju

▸ Redukcję stresu

▸ Poprawę witalności

▸ Poprawę stanu serca

W chorobach serca właściwe odżywianie odgrywa decydującą rolę. Zdrowa dieta:

▸ Dostarcza do krwi substancje chemiczne, które odblokowują arterie, obniżają poziom cholesterolu, wytwarzają związki rozpuszczające zakrzepy w naczyniach krwionośnych i pobudzają wydzielanie hormonów uelastyczniających ścianki tętnic, co zmniejsza ciśnienie krwi

▸ Pomaga w walce z rakiem, dzięki uwalnianiu czynników spowalniających lub powstrzymujących nadmierny rozrost komórek

▸ Pomaga w walce ze starzeniem i spowalnia naturalne zwyrodnienie ciała

▸ Pomaga uporać się z przeziębieniem i grypą oraz stymulować organizm do wytwarzania większej liczby komórek zwalczających infekcje

▸ Może zapobiegać bólom głowy i atakom astmy

▸ Powoduje wytwarzanie substancji łagodzących ból i zmniejszających obrzęk przy zapaleniu stawów

▸ Pomaga zwalczać bakterie i wirusy

▸ Pobudza płodność i popęd seksualny

▸ Nadaje skórze, włosom i paznokciom zdrowy wygląd

Korzyści ze zdrowej diety jest tyle, że nawet trudno byłoby je tu wszystkie wymienić. W każdym razie chcę powiedzieć głośno i wyraźnie: **Dzięki zdrowej diecie możesz wyglądać i czuć się wspaniale.**

Zasadniczo rzecz biorąc, jeśli odżywiasz się niezdrowo, nie będziesz chudnąć ani czuć się zdrowo.

ZŁA ŻYWNOŚĆ

Złe rodzaje żywności powodują:

▸ Przyspieszenie procesów starzenia

▸ Wzrost masy ciała

▸ Problemy z trawieniem, w tym wzdęcia, gazy i bóle brzucha

▸ Senność i apatyczność

▸ Problemy z koncentracją

▸ Gwałtowne zmiany nastrojów

▸ Osłabienie płodności i popędu seksualnego

▸ Uaktywnienie w organizmie procesów prowadzących do osłabienia stawów i zamykania tętnic, co zwiększa ryzyko chorób serca i zapalenia stawów

▸ Zwężanie tętnic i usztywnianie ich ścianek, co prowadzi do powstawania złogów miażdżycowych

▸ Pobudzanie w organizmie szkodliwych procesów, które po wielu latach mogą doprowadzić do rozwoju raka

▸ Osłabienie odporności

▸ Bóle głowy i ataki astmy

▸ Silniejszy ból i obrzmienia przy zapaleniu stawów

▸ Niezdrowy wygląd skóry, włosów i paznokci

DOBRE I ZŁE
PRODUKTY ŻYWNOŚCIOWE

DOBRA ŻYWNOŚĆ

ŻYWA (SUROWA) ŻYWNOŚĆ

Żywa żywność to surowa żywność. Są to produkty, które nie były gotowane, podgrzewane, duszone, pieczone, gotowane na parze, mrożone ani przygotowywane w mikrofalówce. W rezultacie są w swoim naturalnym stanie i zawierają charakterystyczne enzymy żywnościowe. Enzymy żywnościowe stanowią siłę życiową pokarmów i wspomagają proces trawienia. Znajdują się w surowych owocach i warzywach, a także w skiełkowanych ziarnach zbóż i nasionach. Potrzebujemy dużych ilości tych enzymów, które odżywiają organizm, dostarczają energii i regulują metabolizm.

Największym deficytem, jaki zaobserwowałam we wcześniejszych dietach uczestników programu *Jesteś tym, co jesz*, był właśnie brak enzymów żywnościowych. Większość moich pacjentów nigdy nie jadła nic surowego.

DOBRE WĘGLOWODANY

Są to węglowodany bez dodatku rafinowanego cukru, na przykład owoce (w owocach znajduje się też dużo węglowodanów prostych, takich jak fruktoza i glukoza – przyp. M.K.), pieczywo z pełnego ziarna, ziarno zbóż, ryż i warzywa. Te zdrowe węglowodany (zwane złożonymi) zawierają cukry naturalne, które organizm potrafi łatwo i powoli metabolizować, aby następnie wykorzystać je do zapewnienia prawidłowego funkcjonowania mózgu, równoważenia nastrojów i podtrzymania energii. Takie węglowodany nie zostały pozbawione swoich składników odżywczych.

ŻYWNOŚĆ EKOLOGICZNA (ORGANICZNA)

Jest to żywność wolna od chemikaliów. Uprawy ekologiczne prowadzi się bez stosowania nawozów sztucznych i pestycydów. Warto sobie uświadomić, że jeśli rośliny, które jesz, były hodowane w ziemi wzbogaconej sztucznymi nawozami, a następnie spryskane sztucznymi środkami ochrony roślin, to te toksyczne chemikalia dostają się do twojego krwiobiegu i komórek. Kto wie, jakie szkody mogą wyrządzić? Przeprowadzono wiele badań, które wykazały, że spożywanie takich związków chemicznych nie wpływa korzystnie na zdrowie.

DOBRE BIAŁKA

Białka roślinne łatwo rozkładają się w naszym przewodzie pokarmowym. Przykładem może być bardzo łatwo trawione białko zawarte w komosie ryżowej. Roślina ta wygląda jak zboże, a z jej ziarna można przygotować smaczną zupę mleczną. Tańszą, zdrowszą i bardziej wydajną formą białka niż mięso są kiełki. Zapotrzebowanie na białko można też w pełni zaspokoić, łącząc nasiona roślin strączkowych i zboża. Otrzymamy w ten sposób pełny zestaw białek łatwych do strawienia i wspomagających metabolizm.

DOBRE TŁUSZCZE

Tłuszcze cieszą się fatalną reputacją. W obecnej dobie żywności niskotłuszczowej i diet beztłuszczowych nagonka na tłuszcze przerodziła się niemal w szaleństwo. Najbardziej gorliwi potępiają nawet takie bogate w oleje i składniki odżywcze produkty jak orzechy, nasiona i awokado. A przecież nikt nie może zrzucić winy za chorobę serca na awokado!

Ja zasadniczo zalecam swoim pacjentom żywność zawierającą dobre tłuszcze, czyli na przykład orzechy, nasiona i awokado. Dobre tłuszcze wspomagają redukcję masy ciała, obniżają poziom cholesterolu, zwiększają odporność organizmu i odżywiają narządy rozrodcze, skórę, włosy i tkankę kostną oraz skutecznie nawilżają nasze ciało. Pełnią w organizmie bardzo ważną rolę i są niezbędne do życia. Ponadto pomagają metabolizować tłuszcz. Są tak ważne, że nazwano je niezbędnymi nienasyconymi kwasami tłuszczowymi (NNKT).

Organizm ludzki nie potrafi sam wytwarzać NNKT, toteż należy ich dostarczać, jedząc żywność, która je zawiera. Ja sądzę, że tłuszcze te powinno się raczej nazywać niezbędnymi kwasami odchudzającymi. Tak też mówię o nich w swojej praktyce, a pacjentom chyba bardziej podoba się ta koncepcja. Dobrym źródłem tych niezbędnych, odchudzających tłuszczów są nasiona lnu i słonecznika, pestki dyni, wodorosty, ryby i awokado.

ŻYWNOŚĆ NIEPRZETWORZONA

Są to produkty w naturalnym stanie, tak jak je stworzyła natura – bez dodatku chemikaliów. Ich pierwotna postać nie została zmieniona. Zdarza się też naturalna żywność paczkowana. Warto zacząć czytać etykiety (patrz str. 176) i dokładniej sprawdzać, co zawierają produkty, które zjadamy.

Nagonka na tłuszcze przerodziła się niemal w szaleństwo.

ZŁA ŻYWNOŚĆ

ZBYT DŁUGO GOTOWANE WARZYWA

Przed wizytą w mojej klinice większość moich pacjentów miała zwyczaj zbyt długo gotować warzywa. Wielu z nich przyznaje się, że wcale ich nie lubią. Twierdzę, że po prostu nie umieją ich przygotowywać. Z niewiadomej przyczyny my, Brytyjczycy, zawsze mieliśmy skłonność, żeby je rozgotowywać, a przy okazji tracić najważniejsze składniki odżywcze.

Najwięcej pożytku, w większości przypadków, czerpiemy z warzyw jedzonych na surowo lub gotowanych na parze przez najwyżej 2–3 minuty.

ZŁE WĘGLOWODANY

Złe dla naszego organizmu są węglowodany proste, cukry w wysoko oczyszczonej postaci. Znajdują się one w czekoladzie, ciastach, herbatnikach i innych słodyczach oraz we wszystkim, co zawiera dodatek rafinowanego cukru, białej mąki lub przetworzonego białego ryżu. Podczas procesu oczyszczania usuwana jest większość witamin i minerałów, a spożyte pokarmy zachowują się w naszym organizmie jak czysty cukier. Bardzo szybko przenikają do krwiobiegu i powodują zakłócenie stężenia glukozy, a następnie łaknienie cukru. Jeśli będziesz jadł zbyt wiele takich produktów, niewątpliwie doświadczysz gwałtownych zmian nastroju. Możesz odczuwać przygnębienie i gniew i łatwo ulegać irytacji. Jeśli chcesz być otyły i chory, jedz złe węglowodany. Nadmiar złych węglowodanów jest magazynowany w organizmie w postaci tłuszczu. Ponadto, jedzenie latami złych węglowodanów może doprowadzić do cukrzycy. Naprawdę nie warto ryzykować.

ŻYWNOŚĆ NIEEKOLOGICZNA (NIEORGANICZNA)

Żywność nieekologiczna, np. nieekologiczne owoce i warzywa, jest spryskiwana chemikaliami i uprawiana na glebach zasilanych nawozami sztucznymi. Kiedy zjadamy produkty nieekologiczne, pozostałości tych związków chemicznych przedostają się do naszego organizmu, gdzie uszkadzają komórki, narządy i układ pokarmowy. Są po prostu toksynami, które zatruwają nasz organizm.

ZŁE BIAŁKA

Jeśli nie masz silnego układu pokarmowego, niektóre białka mogą być dla ciebie niekorzystne. Wielu uczestników programu *Jesteś tym, co jesz* miało bardzo osłabione funkcje trawienne, toteż trudno im było uporać się z białkiem z czerwonego mięsa.

Nadmiar wysokobiałkowego, tłustego czerwonego mięsa może zatruć organizm, zakwasić krew, obniżyć poziom wapnia, nadmiernie obciążyć nerki i wątrobę, zahamować trawienie i zniszczyć korzystne bakterie. Może również prowadzić do powstawania kamieni nerkowych i niewydolności wątroby, zaburzeń okrężnicy i jelit, zaparć, zapalenia stawów, osteoporozy i chorób serca.

Także krowie mleko jest dla wielu osób trudne do strawienia. Może ono wywołać reakcje alergiczne, takie jak zapalenie zatok, astmę, zapalenie ucha, zaparcia, katar, wysypkę, wyprysk, zmęczenie, ospałość i drażliwość. Pełne mleko krowie ma zbyt dużo tłuszczów nasyconych i zbyt mało witamin, a jego skład mineralny nie pasuje do ludzkich reakcji biochemicznych, toteż wielu składników po prostu nie wchłaniamy. Co gorsza, krowom podaje się mnóstwo antybiotyków i hormonów, a na dodatek zjadają z paszą rozmaite pestycydy i część tych substancji przedostaje się do mleka. Jeśli już musisz pić krowie mleko, to koniecznie przegotowane, żeby łatwiej było je strawić.

Najlepiej spróbuj, czy nie możesz go zastąpić mlekiem kozim lub owczym, które mają mniejsze, łatwiejsze do rozłożenia cząsteczki białka. Poza tym na rynku jest wiele rodzajów lekkostrawnego mleka, np. mleko sojowe, ryżowe i z innych zbóż.

RAFINOWANA ŻYWNOŚĆ

We współczesnej diecie dominuje wysoko oczyszczona żywność. Wszyscy uczestnicy programu *Jesteś tym, co jesz* głównie na niej opierali wcześniej swoje odżywianie. W trakcie produkcji rafinowana żywność jest pozbawiana większości naturalnych składników odżywczych i błonnika. Konsument otrzymuje bardziej skoncentrowaną, nienaturalną wersję pierwotnego produktu. Najpopularniejszymi przykładami takiej żywności są cukier rafinowany i biała mąka. Wykorzystuje się je do produkcji niezliczonych artykułów żywnościowych. Takie grupy żywności, jak pieczywo, czekolada, fast food i cała gama innych są pełne dodatków i konserwantów, które mają im zapewnić dłuższy termin przydatności do spożycia. W rzeczywistości taką żywność powinniśmy nazywać „nie-żywnością". Rujnuje ona nasze zdrowie, ponieważ ludzki organizm nie jest przygotowany na radzenie sobie z takim pozbawionym wartości odżywczych sztucznym pożywieniem.

Jedna z uczestniczek programu, Yvonne, jadała głównie rafinowaną, pełną konserwantów żywność. Cierpiała na nadwagę, depresję, wyczerpanie i zaparcia. Jej jadłospis opierał się na frytkach i gotowych potrawach podgrzewanych w mikrofalówce. Absolutnie nigdy nie jadła prawdziwego pożywienia. Żeby przywrócić jej rozsądek, zażartowałam dość złośliwie, że gdyby nazajutrz padła trupem, jej ciało rozkładałoby się latami – tak jest pełne konserwantów. Był to ostry żart, ale jasno zrozumiała, o co chodzi!

...jedzenie latami złych węglowodanów może doprowadzić do cukrzycy. Naprawdę nie warto ryzykować.

ZŁE TŁUSZCZE

Nasycone tłuszcze zwierzęce są ciężkie, a w organizmie zamieniają się w kamień, usztywniając tętnice i powodując ryzyko zawału serca i udaru. Tego rodzaju tłuszcze znajdują się między innymi w tłustym czerwonym mięsie, tłustej wieprzowinie, produktach mlecznych, maśle i serze. Dieta bogata w złe tłuszcze prowadzi do nadciśnienia i wysokiego poziomu cholesterolu, może zakłócać poziom cukru we krwi oraz powodować zastój w wątrobie, czego skutkiem może być depresja i nadwaga. Organizm nie potrafi skutecznie przetwarzać złych tłuszczów, toteż duża ich część zamienia się w toksyczne kulki, które są następnie magazynowane i powodują dalsze tycie.

Tłuszcze uwodornione powstają w wyniku utwardzania płynnych tłuszczów roślinnych. Przykładem mogą być margaryny i tłuszcze do pieczenia. Używa ich się do produkcji frytek, czekolady, słodyczy, lodów, pierożków i pieczywa cukierniczego, toteż wraz z tymi produktami zjadamy bardzo dużo tłuszczów uwodornionych. Przekształcają się one w bardzo niebezpieczną formę tłuszczów trans, które, jak udowodniono, powodują cukrzycę, raka i choroby serca. Kwasy tłuszczowe trans są też przyczyną tycia, gdyż zaburzają metabolizm i rozkładają niezbędne nienasycone kwasy tłuszczowe. Ponadto podwyższają poziom złego cholesterolu, a obniżają dobrego.

ŻYWNOŚĆ WYSOKO PRZETWORZONA

Przetwarzanie żywności zmienia jej oryginalny skład i proporcje składników odżywczych. Wiele potraw paczkowanych, do szybkiego przyrządzenia, do przygotowania w mikrofalówce lub do podgrzania w woreczku foliowym przeszło mnóstwo procesów technologicznych, zanim trafiły do supermarketu. Taka żywność nie ma żadnych wartości odżywczych lub ma ich niewiele.

W przetwórstwie żywności dozwolone jest stosowanie ponad trzech tysięcy dodatków. To, że oficjalnie uznaje się je za nieszkodliwe, wcale nie oznacza, że tak jest. Wszystkie te chemikalia – barwniki, substancje słodzące, dodatki smakowe, azotany, azotyny, konserwanty zapobiegające psuciu, kwasy, związki wybielające lub powodujące dojrzewanie, emulgatory dające właściwą konsystencję – trafiają do naszego organizmu wraz z gotowymi, łatwymi do przygotowania potrawami.

Tymczasem mogą one wywoływać alergię i obciążać wątrobę, która musi przetworzyć te nieraz rakotwórcze chemikalia. Dzieci żywione takimi produktami mogą stać się nadpobudliwe i mieć trudności z nauką.

NAJGORZEJ ODŻYWIAJĄCY SIĘ CZŁOWIEK W WIELKIEJ BRYTANII

Andy, dwudziestosześcioletni komputerowiec z Essex, wziął udział w pilotowym odcinku programu *Jesteś tym, co jesz*. Zaledwie tydzień wcześniej porzuciła go dziewczyna, więc kiedy go poznałam, był zdruzgotany i pogrążony w depresji.

Życie Andy'ego polegało na opychaniu się jedzeniem w dzień i piciu alkoholu wieczorami w pubie. Jego przykładowy jadłospis dzienny wyglądał następująco: chipsy, czekolada, biały chleb, hamburgery, następne hamburgery, jeszcze kilka hamburgerów, frytki i litry piwa. Ten młody jasnowłosy mężczyzna o wzroście 183 cm ważył 178 kilogramów. Był chorobliwie otyły i miał fatalne nawyki żywieniowe, które rujnowały mu życie. Stale czuł się wyczerpany, z trudem oddychał, cierpiał na niestrawność, wzdęcia i gazy, i naprawdę był w dołku. Jego maziste, śluzowate stolce wydzielały straszliwy odór, a poza tym nadmiernie się pocił, nawet kiedy siedział.

Po przeprowadzeniu badań biochemicznych okazało się, że cierpi na niedobór witamin i minerałów, a stężenie niezbędnych nienasyconych kwasów tłuszczowych we krwi było najniższe, z jakim się spotkałam w wieloletniej praktyce. Wszystko to oznaczało, że jego organizm nie może prawidłowo rozkładać pożywienia, które zjadał.

Postawiłam mu ultimatum: Albo będziesz przestrzegał mojej diety, albo młodo umrzesz. Jeśli będziesz robił to, co ci powiem, będę z tobą pracować. Jeśli się wyłamiesz, zostawię cię samego. Andy podjął właściwą decyzję. Całym sercem zaangażował się w przestrzeganie mojego programu, który wyglądał następująco:

- Zero czerwonego mięsa
- Zero rafinowanego białego cukru
- Zero klusek i pierogów z białej mąki
- Zero chipsów i frytek
- Żadnego alkoholu
- Nieograniczone ilości surowych owoców i warzyw, nasion i orzechów oraz niektórych roślin strączkowych i zbóż
- Codziennie lekkie ćwiczenia fizyczne

Ten miłośnik pubów nawet zaczął wyciskać własny sok z marchwi i źdźbeł pszenicy, zamiast pochłaniać kufle piwa w swoim ulubionym lokalu. W rezultacie Andy schudł ponad 25 kilo w niecałe trzy miesiące i czuł się świetnie. Wprawdzie nadal pracuje nad pozbyciem się nadmiaru tłuszczu, ale jest już innym człowiekiem i bez porównania lepiej wygląda.

DOBRA ŻYWNOŚĆ = LEPSZE ŻYCIE

Jak widać, pożywienie decyduje o naszym zdrowiu i samopoczuciu. Dostarcza nam większości składników odżywczych, których potrzebujemy, by żyć zdrowo i szczęśliwie. Żywność ma niewiarygodny wpływ na nasz stan emocjonalny, umysłowy i fizyczny. Jedzenie zdrowych produktów wysokiej jakości jest jednym z najłatwiejszych i dających największe efekty sposobów stworzenia sobie lepszego życia. Wystarczy się głębiej zastanowić nad swoim pożywieniem i mądrzej wybierać produkty żywnościowe, żeby jak najwięcej skorzystać z tego, co jemy, i czerpać z życia to, co najlepsze. Ponieważ naprawdę jesteś tym, co jesz!

ROZDZIAŁ 2

POZNAJ SWOJE CIAŁO

Joanne, przemiła matka trójki dzieci, po prostu nie mogła przestać jeść. Wielokrotnie już próbowała różnych cudownych diet, ale bez rezultatu. Powiedziała mi, że czuje się zbyt zmęczona, żeby choćby zabrać synów do parku. Ma ochotę tylko spać i jeść. Jej rozkład dnia opierał się na tym, co, gdzie i kiedy następnym razem zje, ale bardzo chciała znowu dobrze się czuć.

Joanne zjadała w ciągu tygodnia 1173 g tłuszczu (równoważnik czterech i pół kostki smalcu) oraz równoważność 664 łyżeczek białego cukru. Żywiła się głównie bezwartościowymi przekąskami, smażeniną, hamburgerami i czekoladą oraz wypijała dziennie dwa litry słodzonych napojów gazowanych. W jej diecie nie było nic świeżego ani surowego. W wieku 29 lat Joanne ważyła 146 kilo. Była przygnębiona, dziąsła jej krwawiły, brakowało jej energii, miała kłopoty z pamięcią i zmienne nastroje, absolutnie nie odczuwała ochoty na seks, wypadały jej włosy, miała nieświeży oddech i okropny cellulitis. Po zjedzeniu czegokolwiek męczyły ją wzdęcia i gazy. Poza tym codziennie cierpiała na bóle głowy, więc brała mnóstwo tabletek przeciwbólowych.

Joanne nie miała pojęcia, jak wyniszczający wpływ wywierają tłuszcze nasycone i rafinowany cukier na jej organizm. Wychowywała się na tego rodzaju żywności, zawsze ją jadła, a teraz jeszcze karmiła w ten sam sposób dzieci.

Dwudziestoośmioletnia Julie, matka czteroletniej dziewczynki, cierpiała na uporczywe migreny i tak silne zaparcia, że wypróżniała się tylko raz w tygodniu, i to po zażyciu środków przeczyszczających. Miała hemoroidy, problemy ze snem, trądzik, krwawiące dziąsła, bóle menstruacyjne niemal tak silne jak porodowe, stale oddawała gazy i całkowicie brakowało jej energii.

Julie i Joanne musiały się poddać dokładnemu badaniu, które zawsze przeprowadzam, sprawdzając język, paznokcie i inne części ciała w poszukiwaniu oznak świadczących o stanie organizmu. Język Joanne był pełen rowków i karbów, miejscami się łuszczył, a miejscami ją bolał i pokrywał go brzydki nalot.

Wszystko to wskazywało na niedobory istotnych składników pokarmowych, koniecznych do regulowania masy ciała i prawidłowego funkcjonowania organizmu. Po jej języku widziałam, że ma w sobie dużo szkodliwych bakterii, jej organizm nie potrafi się pozbyć ogromnych ilości tłuszczów nasyconych, których mu dostarcza, a organy wewnętrzne nie pracują tak, jak powinny. Na podstawie tych obserwacji potrafiłam określić wiele problemów zdrowotnych, które muszą ją dręczyć. Joanne była zdumiona trafnością mojego rozpoznania postawionego wyłącznie dzięki obejrzeniu języka.

Paznokcie Joanne były obgryzione do żywego, co też wskazywało na braki soli mineralnych. Nic dziwnego, że czuła się wyczerpana – sama siebie zjadała w rozpaczliwym poszukiwaniu minerałów, których nie dostarczała jej hamburgerowa dieta.

Język Julie również wiele mi powiedział, najwięcej o stanie żołądka, jelit i płuc. Widziałam, że jej żołądek słabo pracuje, trawienie jest beznadziejne, jelita ma zapchane nie wydalonym pokarmem, a płuca zniszczone latami palenia. Na jej języku, po bokach i w środku widoczne były pęknięcia wskazujące na zaburzenia równowagi mineralnej i przewlekłe niedobory.

Kiedy poprosiłam obie panie, żeby położyły się na plecach na podłodze, i zaczęłam delikatnie badać ich żołądki i przestrzeń po prawej stronie pod żebrami, gdzie mieści się wątroba, Joanne podskoczyła niemal do sufitu, a Julie syknęła z bólu. Takie reakcje nie są normalne i świadczą o tym, że coś złego dzieje się w organizmie. Obie kobiety miały stany zapalne i mnóstwo toksyn w narządach wewnętrznych. Ich sposób odżywiania po prostu je niszczył. Ich ciała wołały o pomoc.

Czasem nie trzeba iść do dietetyka, żeby stwierdzić, co jest nie w porządku z naszą dietą. Wystarczy poszukać u siebie pewnych wyraźnie widocznych oznak, które nam to powiedzą – jest to tylko kwestia poznania własnego ciała.

GŁÓWNE OZNAKI STANU ORGANIZMU

Poniżej opisane są najczęściej spotykane oznaki świadczące o stanie zdrowia. Zwracaj na nie uwagę, a sam ocenisz, co się dzieje w twoim organizmie. Przy każdej umieszczono wyjaśnienie, co oznacza, oraz wskazówki, jak można temu zaradzić. Jeśli będziesz ich przestrzegać, znajdziesz się na prostej drodze do dobrego zdrowia.

JĘZYK

Język jest bardzo ważnym wskaźnikiem zdrowia, dlatego zacznę właśnie od niego i dość szczegółowo omówię przekazywane przez niego sygnały.

Zawsze myślę o języku jak o pewnego rodzaju oknie do organów wewnętrznych. Jego czubek odpowiada sercu, a obszar tuż za nim płucom. Prawa strona pokazuje, co się dzieje z pęcherzykiem żółciowym, a lewa co z wątrobą. Środek języka świadczy o stanie żołądka i śledziony, natomiast jego tylna część o kondycji nerek, jelit, pęcherza i macicy (takie stwierdzenia nie znajdują potwierdzenia w oficjalnej medycynie – przyp. M.K.).

Zdrowy język powinien być gładki, jędrny i lekko wilgotny. Powinien mieć bladoczerwony kolor i być pokryty bardzo cienką białą warstewką. Oznaki, których szukam na języku, to pęknięcia, bruzdy, nalot (żółty, gruby, biały, włochaty), linie, guzy, czerwone plamy i ranki.

BRUZDA PRZEZ ŚRODEK

Bruzda biegnąca środkiem języka i nie dochodząca do jego czubka wydaje się niewinna, ale oznacza, że masz słaby żołądek, a trawienie nie przebiega tak, jak powinno. Najprawdopodobniej brakuje ci pewnych składników pokarmowych. Założę się, że cierpisz na wzdęcia po jedzeniu, a może nawet doświadczasz spadku energii w środku dnia, szczególnie po zjedzeniu lunchu. Z pewnością nie masz tyle sił, ile mógłbyś mieć. Tyle że większość osób nie ma pojęcia, jak dobrze mogłyby się czuć.

Rozwiązania:

▹ Naucz się, jak łączyć różne produkty żywnościowe – czyli unikać jedzenia pewnych grup żywności w tym samym czasie (patrz str. 78).

▹ Przyjmuj wraz z posiłkami enzym trawienny (dostępne preparaty zawierają enzymy trzustkowe, nie poprawiają więc funkcji żołądka – przyp. M.K.) – jest to dodatek ułatwiający rozkładanie pokarmu podczas trawienia (patrz str. 210).

▹ Jedz zupy, potrawy duszone i miksowane, które łatwiej się trawi. Dobra będzie dla ciebie zupa mleczna z prosa.

▹ Nie opijaj się słodkimi napojami gazowanymi i nie pij w czasie posiłków.

▹ Sprawdź *Produkty wzmacniające żołądek* w prawym górnym rogu.

Awokado
Jamsy
Kabaczek
Karczochy
Kiełki prosa
Marchew
Pasternak
Ryż
Rzepa
Słodkie ziemniaki
Tofu
Herbaty ziołowe
i zioła:
  koper włoski,
  mięta pieprzowa,
  lukrecja

Śledziona jest niewielkim narządem pełniącym wiele funkcji. Jest również odpowiedzialna za pozbywanie się zużytych czerwonych ciałek krwi, które przetwarza na żelazo do budowy krwi. Ponadto neutralizuje niezdrowe bakterie, więc kiedy jest zdrowa, pomaga chronić nas przed przeziębieniem i grypą.

*Czosnek
Czarny pieprz
Imbir
Pieprz cayenne
Żeń-szeń
Cynamon
Chrzan
Nasiona kopru
Pau d'arco
Traganek*

ODCISKI ZĘBÓW WOKÓŁ BRZEGÓW JĘZYKA (JĘZYK KARBOWANY)

Odciski zębów wokół brzegów języka świadczą o niedoborach pokarmowych. Prawdopodobnie masz również kłopoty z trawieniem i częściową niewydolność trzustki.

Zbyt wolne funkcjonowanie trzustki jest rozpowszechnioną przypadłością. Występowała ona na przykład u 70% pacjentów, którzy zgłosili się do mnie po pomoc. Jeśli twoja trzustka nie działa jak należy, cierpisz prawdopodobnie z powodu wzdęć i gazów.

Rozwiązanie:

Jedz produkty, które wzmacniają trzustkę, takie jak:

- Fasola adzuki
- Żółty kabaczek
- Fasola mung
- Fasola kidney
- Lucerna
- Liczi
- Jęczmień
- Proso
- Buraki
- Owies
- Marchew
- Pasternak
- Seler naciowy
- Pietruszka
- Kurczak

- Dynia
- Koper włoski
- Warzywa korzeniowe
- Ryby
- Słodkie ziemniaki
- Rzepa
- Jamsy

Żywność bogatą w chlorofil, taką jak:

- Warzywa liściaste
- Algi
- Jarmuż
- Botwina

BOLĄCY JĘZYK

Bolący język jest wyraźną oznaką niedoborów pokarmowych – często żelaza, witaminy B_6 lub witaminy PP (niacyny).

Rozwiązanie:

- Przyjmuj płynne preparaty uzupełniające i zacznij pić herbatę z pokrzywy, która zawiera dużo tych bardzo ważnych minerałów.
- Zrób sobie badanie poziomu żelaza. Niedobór żelaza jest czasem spowodowany niedoborem witaminy B_{12}, kwasu foliowego lub miedzi. Zwróć się do lekarza po poradę.

PIEKĄCY JĘZYK

Świadczy o tym, że w żołądku jest zbyt mało soków trawiennych. Ten objaw może również towarzyszyć kłopotom żołądkowym.

Rozwiązanie:

- Spróbuj przyjmować łyżeczkę kropli Swedish Bitters (lub kropli gorzkich) dziennie. Preparat ten zwiększy wydzielanie soków żołądkowych.
- Pij szklankę herbaty z mniszka lekarskiego (mleczu) dwa razy dziennie.
- Przyjmuj łyżeczkę octu jabłkowego przed każdym posiłkiem.
- Tabletki preparatu zawierającego kwas chlorowodorowy pomogą uregulować ilość soków żołądkowych.

NABRZMIAŁY JĘZYK I/LUB GRUBY BIAŁY NALOT

Takie objawy wskazują, że w organizmie jest zbyt dużo śluzu. Są też oznaką braku korzystnych bakterii oraz często zbyt wysokiego poziomu drożdżaków.

Rozwiązanie:

▸ Ogranicz spożycie nabiału, gdyż powoduje on wydzielanie śluzu i twoje narządy wewnętrzne są zbyt wilgotne, żeby sobie z nim poradzić.

▸ Przeczytaj rozdział o superpokarmach (str. 202). Wprowadź do diety jeden z zielonych superpokarmów.

▸ Sprawdź na str. 76, jak regulować poziom drożdżaków.

▸ Przez 6 miesięcy przyjmuj proszek lub tabletki ze zdrowymi bakteriami *Acidophilus* (kupisz je w aptece).

▸ Pij herbatę pau d'arco dostępną w sklepach ze zdrową żywnością. Jest to doskonały sposób, żeby obniżyć poziom drożdżaków.

▸ Może ci pomóc także homeopatyczny lek Bryonia (dostępny w sklepach ze zdrową żywnością), szczególnie jeśli odczuwasz suchość w ustach i duże pragnienie.

POZIOME RYSY, MAŁE PĘKNIĘCIA LUB ROWKI

Język pokryty takimi liniami nazywa się czasem językiem geograficznym. Spękania na języku świadczą o niewłaściwym przyswajaniu, szczególnie witamin z grupy B, i często towarzyszy im brak energii. Większość otyłych pacjentów, których przyjmuję po raz pierwszy, ma niedobory tych ważnych związków. Niedobór istnieje zapewne już od dłuższego czasu, gdyż tego typu pęknięcia formują się przez dłuższy czas.

Rozwiązanie:

▸ Dodaj do diety witaminę B compositum (50 mg dziennie).

▸ Przyjmuj podczas posiłków preparat uzupełniający z enzymami trawiennymi.

▸ Włącz do diety łatwo przyswajalną żywność bogatą w enzymy żywnościowe (patrz str. 210).

▸ Przyjmuj nalewkę z echinacei (20 kropli dziennie przez 2 tygodnie) – poprawi to przepływ chłonki i pomoże usunąć toksyny, które utrudniają wchłanianie składników odżywczych.

▸ Pij herbatki z wiązu lub mięty pieprzowej, które pomogą uspokoić żołądek.

▸ Herbata z pokrzywy dostarczy twojemu organizmowi witamin z grupy B.

▸ Pij 2 łyżeczki soku z aloesu przed posiłkami.

Zaczerwieniony koniuszek języka może świadczyć o niedawnym wstrząsie emocjonalnym

GRUBY ŻÓŁTY NALOT

Gruby żółty nalot na języku wskazuje na przegrzanie żołądka. Świadczy również o tym, że masz w organizmie zbyt mało zdrowych bakterii. Jeśli nalot znajduje się w tylnej części języka, masz problemy z okrężnicą. Twoje jelita nie pracują tak, jak powinny.

Rozwiązanie:

▸ Może to być wyczerpanie spowodowane nadmiarem pracy, więc zwolnij trochę tempo.

▸ Ochłodź się dwoma łyżkami soku z aloesu tuż przed posiłkiem.

▸ Zacznij jeść produkty wymienione w rozdziale 3 „Dieta obfitości", a problemy powinny się zmniejszyć.

▸ Pij herbatę z szałwii (2 szklanki dziennie przez miesiąc) na zmianę z herbatą z rumianku.

CZERWONY KONIUSZEK

Czerwony koniuszek języka wskazuje na wstrząs emocjonalny lub stres psychiczny. Mogą one być związane z aktualnymi wydarzeniami lub sytuacją z przeszłości, która tkwi w twojej podświadomości. Czerwony czubek może też świadczyć o napięciu spowodowanym przeżyciami emocjonalnymi.

Wstrząs emocjonalny zakłóca normalną równowagę energetyczną w organizmie, obniżając poziom energii wewnętrznej, szczególnie jeśli napięcie utrzymuje się przez dłuższy czas. W twoim organizmie może krążyć nadmiar hormonów stresu.

Niektórzy ludzie lepiej sobie radzą ze stresem niż inni. Pewnego razu przyszła do mnie na wizytę młoda kobieta tuż po trzydziestce. Kiedy oglądałam jej język, zwróciłam uwagę na bardzo czerwony koniuszek, więc spytałam, czy doświadczyła w życiu jakichś wstrząsów emocjonalnych. Błyskawicznie odparowała, że nie. Jednak po około pięciu minutach wybuchnęła płaczem i wyjaśniła, że właśnie zerwała z mężczyzną, z którym była od siedmiu lat, i jest załamana. Było to widoczne... na jej języku.

Rozwiązanie:

▸ Zobacz na str. 113, jak radzić sobie ze stresem.

▸ W zwalczaniu stresu pomaga żeń-szeń syberyjski i rożeniec górski – dostępne w sklepach ze zdrową żywnością.

GŁOWA

ŁUPIEŻ

Przyczyną łupieżu może być nadmierny rozrost drożdżaków i/lub niedobór niezbędnych nienasyconych kwasów tłuszczowych, witaminy B_6 i/lub selenu.

Rozwiązanie:

▸ Przyjmuj dwie łyżeczki deserowe oleju lnianego dziennie.

▸ Przyjmuj działający przeciwgrzybiczo preparat pau d'arco – w formie herbaty (2 szklanki dziennie) lub kapsułek (2 razy dziennie po 3 kapsułki) i natychmiast ogranicz ilość produktów o dużej zawartości cukrów.

▸ Jedz żywność o dużej zawartości enzymów żywnościowych (patrz str. 210).

▸ Codziennie uzupełniaj dietę następującymi dodatkami odżywiającymi włosy: selenem (200 mikrogramów), biotyną (600 mikrogramów) i jedną kapsułką grzybów reishi.

▸ Myj włosy szamponem z rumiankiem lub olejkiem z drzewa herbacianego. Po umyciu spłucz 1 szklanką octu jabłkowego z 10 kroplami olejku miętowego.

TWARZ

ŻYŁY NA POLICZKACH TUŻ POD POWIERZCHNIĄ SKÓRY/WIDOCZNE NACZYNIA WŁOSOWATE

Oznaka niedoboru enzymów trawiennych lub kwasów żołądkowych.

Rozwiązanie:

▸ Przyjmuj kwas chlorowodorowy (1 tabletka przed największym posiłkiem dnia) oraz enzymy trawienne z łykiem wody w połowie posiłku. Może też pomóc łyżeczka deserowa octu jabłkowego przed posiłkiem.

▸ Zrozum, że twój organizm domaga się enzymów żywnościowych (patrz str. 210). Musisz jeść więcej kiełków nasion i zbóż oraz surowych owoców i warzyw.

USZY

PĘKNIĘCIA ZA USZAMI

Pęknięcia skóry za uszami są oznaką niedoboru cynku. Wyrównywanie tego niedoboru wymaga czasu — może trwać od pół roku do roku.

Rozwiązanie:

▸ Zacznij od jednej łyżeczki płynnego preparatu zawierającego cynk dodawanej codziennie do soku, a następnie przyjmuj cytrynian cynku w kapsułkach (25 mg dziennie).

▸ Jedz nasiona dyni i sezamu oraz papaje.

NADMIERNE WYDZIELANIE WOSZCZYNY Z USZU

Świadczy o niedoborze niezbędnych nienasyconych kwasów tłuszczowych, co jest obecnie bardzo powszechnym problemem. Wiele osób unika tłuszczów, żeby schudnąć. Popełniają jednak błąd, gdyż nie jedzą nie tylko złych tłuszczów, ale także dobrych. Natomiast kiedy już jedzą tłuszcze, to zazwyczaj te złe, a nie te dobre.

Rozwiązanie:

▸ Polewaj sałatki dwoma łyżkami oleju lnianego lub posypuj dwoma łyżkami siemienia lnianego.

▸ Przyjmuj olej z wiesiołka lub ogórecznika, kwasy omega-3 (1000 mg dziennie).

▸ Ogranicz spożycie produktów z mleka krowiego.

DŁONIE

ŁAMLIWE/ROZWARSTWIAJĄCE SIĘ/WYSZCZERBIAJĄCE SIĘ PAZNOKCIE

Są to oznaki świadczące o tym, że twoja wątroba potrzebuje pomocy. Mogą też wskazywać na niedobór cynku, wapnia, niezbędnych nienasyconych kwasów tłuszczowych lub kwasów żołądkowych.

Rozwiązanie:

▸ Przyjmuj oset mleczny (2 kapsułki dziennie).

▸ Jedz brokuły, brukselkę, kapustę, produkty z pełnego ziarna, amarant, cykorię, wszystkie rodzaje nasion i wodorosty nori.

▸ Pij 2 szklanki herbaty z pokrzywy dziennie. Pokrzywa ułatwia przyswajanie substancji odżywczych przez organizm. Ja ją uwielbiam.

BIAŁE PLAMKI

Białe plamki na paznokciach są klasycznym objawem niedoboru cynku. U ponad 80% pacjentów wykrywam taki niedobór. Kiedy na paznokciach ukazują się plamy, poziom cynku w organizmie jest już bardzo niski, więc musisz szybko działać.

Rozwiązanie:

▸ Zacznij przyjmować codziennie 1 łyżeczkę płynnych alg i 1 tabletkę preparatu cynku.

▸ Jedz nasiona dyni i słonecznika, gdyż zawierają one dużo cynku.

PĘKNIĘCIA SKÓRY/MAŁE PĘCHERZYKI NA CZUBKACH PALCÓW

Oznaka niedoboru cynku.

Rozwiązanie:

▸ Takie jak przy białych plamach na paznokciach.

SPUCHNIĘTE PALCE LUB OBRZMIAŁE DŁONIE

Oznaka niedoboru witaminy B_6.

Rozwiązanie:

▸ Jedz dużo produktów bogatych w witaminy z grupy B, takich jak brązowy ryż, nasiona słonecznika, awokado, kasza gryczana i nasiona roślin strączkowych.

▸ Jeśli to będzie potrzebne, przyjmuj dodatkowo 35 mg witaminy B_6.

▸ Pij herbatę z czerwonej koniczyny (3 szklanki dziennie).

CZERWONA, ŁUSZCZĄCA SIĘ SKÓRA NA DŁONIACH

Możesz mieć niedobór cynku, niezbędnych nienasyconych kwasów tłuszczowych, witaminy C lub E. Może to być też oznaka nadwrażliwości na pewne pokarmy.

Rozwiązanie:

▸ Spróbuj dodawać 25 mg cynku, 1000 mg NNKT, 1000 mg witaminy C i 400 jednostek witaminy E do codziennego jadłospisu.

▸ Przebadaj się w kierunku nadwrażliwości na pokarmy (patrz str. 96). Możesz zacząć od wyeliminowania najczęstszych winowajców, czyli pszenicy i czekolady.

OCZY

BLADE WNĘTRZE DOLNEJ POWIEKI

Odchyl dolną powiekę. Jej wnętrze powinno być różowoczerwone. Jeśli jest bardzo blade, możesz mieć niedokrwistość. Będziesz wówczas potrzebować żelaza z witaminą B compositum z witaminą B_{12}.

Rozwiązanie:

▶ Sprawdź u swojego lekarza rodzinnego lub specjalisty dietetyka, czy nie masz anemii.

▶ Zacznij przyjmować płynny dodatek soli mineralnych, przestrzegając zaleceń na opakowaniu, lub tabletki multiwitaminowe z minerałami.

▶ Naturalnym środkiem skutecznie podnoszącym poziom żelaza jest herbata z pokrzywy.

CIEMNE KRĘGI POD OCZAMI

Zazwyczaj świadczą o alergii pokarmowej, a mogą też być oznaką słabszego funkcjonowania nerek.

Rozwiązanie:

▶ Urozmaicaj posiłki – nie jedz codziennie tego samego.

▶ Jedz ziarno komosy ryżowej.

▶ Pij sok żurawinowy (2 szklanki dziennie przez tydzień).

▶ Wzmocnij nerki, jedząc produkty wymienione poniżej.

PRODUKTY WZMACNIAJĄCE NERKI

ZBOŻA	NASIONA	RYBY	NASIONA I ORZECHY
Jęczmień	Fasola adzuki	Łosoś	Fasola mung
Komosa ryżowa	Czarna fasola	Pstrąg	Orzechy wodne
Ziarno pszenicy	Fasola kidney		Nasiona czarnego sezamu
Ryż słodki (żółty)			Orzechy włoskie

ZIOŁA/HERBATY	WARZYWA	OWOCE	DODATKI
Koniczyna	Koper włoski	Borówki amerykańskie	Magnez (300 mg dwa
Kora cynamonowa	Cebula	Czarne jagody	razy dziennie)
Kozieradka	Szczypior	Jeżyny	Skrzyp (500 mg dwa
Czosnek	Szczypiorek		razy dziennie)
Imbir	Buraki		
Malina	Pietruszka	SUPERPOKARMY	
Czarna jagoda	Seler	Wodorosty	
Cytryniec chiński		Chlorella	
Sadziec konopiasty			
Owoc dzikiej róży			
Mniszek lekarski			
Mącznica lekarska (lub w formie kapsułek 500 mg)			

USTA

PĘKNIĘCIA W OBU KĄCIKACH UST

Oznaka niedoboru witaminy B_2.

Rozwiązanie:

▶ Pij codziennie 2 szklanki herbaty z czerwonej koniczyny lub pokrzywy.

▶ Przyjmuj witaminę B compositum zawierającą B_2 (ryboflawinę) – 50 mg dziennie.

▶ Pij codziennie szklankę soku z marchwi z łyżeczką spiruliny.

▶ Jedz dużo ciemnozielonych warzyw liściastych, migdały, pietruszkę i zarodki pszenicy.

OBRZMIAŁA DOLNA WARGA

Jeśli w twoje wargi nie wstrzykiwano kolagenu, żeby nadać im pełniejszy kształt, to nabrzmiała dolna warga świadczy o spowolnieniu funkcji trawiennych, a nawet zaparciu. Pamiętaj, że nawet jeśli codziennie się wypróżniasz, to nie oznacza, że nie masz zaparcia. Nie wszystko, co zjadamy, opuszcza nasz organizm tak skutecznie, jak powinno!

Rozwiązanie:

▶ Jedz proste potrawy, łącz odpowiednio różne rodzaje produktów (patrz str. 78), pij ciepłe herbaty ziołowe i jedz zdrowe zupy jarzynowe.

▶ Pomóc mogą również enzymy żywnościowe i superpokarm spirulina.

▶ Uspokajające działanie na układ trawienny będzie miała herbata z kory wiązu.

KOŃCZYNY

BOLESNE MIEJSCE NA ZŁĄCZENIU BARKU Z RAMIENIEM

Oznaka niedoboru witaminy B_{12}.

Rozwiązanie:

▶ Przyjmuj tabletki witaminy B_{12} (1000 mikrogramów dziennie).

NIEWIELKIE WYPRYSKI NA RAMIONACH

Możliwy niedobór beta-karotenu, witamin z grupy B lub niezbędnych nienasyconych kwasów tłuszczowych.

Rozwiązanie:

▶ Przyjmuj te związki w postaci preparatów uzupełniających (dziennie 15 mg beta-karotenu, 50 mg witaminy B compositum i 500 mikrogramów NNKT).

▶ Przyjmuj enzymy trawienne, które ułatwią przyswajanie innych składników pokarmowych.

▶ Urozmaicaj swój jadłospis, szczególnie produktami o dużej zawartości witaminy B_{12}, takimi jak kiełki nasion, ryby, tempeh, zupa miso i rodymenia palczasta.

W Anglii niedobory magnezu osiągnęły alarmujący poziom, a są one przyczyną zaparć, nadciśnienia, depresji, skurczów nóg, zespołu napięcia przedmiesiączkowego, bezsenności i nadmiernego zmęczenia.

CZERWONE PLAMY NA PRZEDNIEJ CZĘŚCI UD

Możliwy niedobór witaminy A.

Rozwiązanie:

▸ Przyjmuj suplement z niebieskozielonych alg (6 tabletek lub 1 łyżeczka dziennie) lub spirulinę w formie proszku lub tabletek (1 łyżeczka lub 6 tabletek dziennie).

▸ Podczas gotowania dodawaj wodorosty do potraw (patrz. str. 208).

▸ Przyjmuj codziennie dobry preparat multiwitaminowy.

▸ Spróbuj również brać dodatkową dawkę beta-karotenu (15 mg dziennie) — może brzmi to dziwnie, ale jest on bardzo dobrym źródłem witaminy A.

▸ Jedz dużo produktów o wysokiej zawartości witaminy A. Należą do nich:

▸ Arbuz
▸ Brokuły
▸ Brukselka
▸ Czerwona papryka
▸ Dynia
▸ Halibut
▸ Jarmuż
▸ Liście gorczycy
▸ Liście mniszka lekarskiego
▸ Łosoś
▸ Marchew
▸ Papaja
▸ Pietruszka
▸ Rukiew wodna
▸ Słodkie ziemniaki
▸ Żółty kabaczek

BÓL W KOLANIE

Jeśli boli cię kolano w miejscu, gdzie rzepka łączy się z kością udową, może to być objaw niedoboru witamin i soli mineralnych.

Rozwiązanie:

▸ Spróbuj przyjmować po 400 mikrogramów selenu i witaminę E przez 2 do 3 miesięcy.

BÓL W KOŚCI PODUDZIA

Jeśli nacisk na kość podudzia wywołuje ból, wskazuje to na niedobór witamin i soli mineralnych.

Rozwiązanie:

▸ Przyjmuj wapń (1000 mg dziennie) i 500 mikrogramów amidu niacyny (witaminy PP) dziennie.

SKURCZE W NOGACH

Bolesne skurcze mięśni nóg wskazują na niski poziom wapnia oraz możliwy niedobór magnezu, gdyż magnez jest konieczny do wbudowywania wapnia w kości.

Rozwiązanie:

▸ Przyjmuj 750 mg magnezu i 500 mg wapnia dwa razy dziennie.

▸ Dodawaj wodorosty do zup i duszonych potraw.

▸ Jedz dużo zielonych warzyw liściastych.

▸ Jeśli dużo ćwiczysz fizycznie i mocno się przy tym pocisz, warto potem przyjąć preparat magnezowy.

ŻYLAKI

Wskazują na niedobory pokarmowe i/lub przekrwienie wątroby.

Rozwiązanie:

▸ Przyjmuj witaminę E (400 jednostek dziennie), bioflawonoidy (500 mg dziennie) i magnez (1000 mg dziennie).

▸ Zapoznaj się z moim dziesięciopunktowym planem walki z hemoroidami na str. 49. Przedstawione w nim wskazówki sprawdzają się również w odniesieniu do żylaków nóg! Patrz też str. 162.

POPĘKANE STOPY

Pękanie skóry na stopach może wskazywać na nadmierny rozrost drożdżaków w organizmie.

Rozwiązanie:

▸ Dodaj do jadłospisu 50 mg biotyny (witaminy H) dziennie, żeby uniemożliwić drożdżakom pełny cykl rozmnażania.

▸ Wcieraj w stopy olej lniany.

ŻOŁĄDEK

WYPEŁNIONY GAZAMI, WRAŻLIWY ŻOŁĄDEK, W KTÓRYM CHWILAMI CZUJESZ BÓL

Wskazuje na niedobór kwasów żołądkowych i enzymów trawiennych.

Rozwiązanie:

▸ Przyjmuj kwas chlorowodorowy.

▸ Do każdego posiłku dodawaj enzymy trawienne.

▸ Wyeliminuj z jadłospisu produkty z mleka krowiego, ponieważ dla wielu osób zawarte w nim cząsteczki białka są za duże, żeby mogły rozłożyć się w żołądku.

▸ Spróbuj odpowiednio łączyć grupy żywności (patrz str. 78).

Brokuły
Brukselka
Kapusta
Kalafior
Czosnek
Jajka
Kalarepa
Nasiona
   (szczególnie
   siemię lniane,
   nasiona
   słonecznika
   i dyni)
Orzechy
Rzepa

STOLCE

TŁUSTE STOLCE, KTÓRE TRUDNO SPŁUKAĆ

Stolec unoszący się na powierzchni wody, którego nie można spłukać, świadczy o zakłóceniu równowagi w wątrobie.

Rozwiązanie:

▸ Zacznij codziennie dodawać siemię lniane do zup i sałatek.

▸ Wykonuj masaż wątroby (str. 150).

▸ Trzy razy dziennie pij szklankę herbaty z szałwii.

▸ Codziennie przyjmuj łyżeczkę spiruliny.

▸ Jedz więcej produktów wzmacniających wątrobę.

▸ Przed każdym posiłkiem przyjmuj L-glutaminę w proszku (patrz str. 108).

▸ Oczyść organizm za pomocą stosowanego w ajurwedzie preparatu Triphala (trzy owoce). Jeśli nie możesz go dostać, kup łuski psyllium i zrób sobie domową lewatywę (patrz str. 151).

CUCHNĄCE STOLCE

Cuchnące stolce są oznaką złego trawienia i zalegania pokarmu w jelicie grubym. Oznacza to, że w twoim organizmie zalega dużo toksyn, a żołądek jest nadmiernie zakwaszony. Koniecznie potrzebujesz enzymów trawiennych.

Rozwiązanie:

▸ Zacznij przyjmować enzymy trawienne (1 kapsułka do każdego posiłku).

▸ Kup ciekły chlorofil w sklepie ze zdrową żywnością i przyjmuj 1 łyżeczkę przed każdym posiłkiem.

▸ Przyjmuj codziennie 100 mg koenzymu Q10.

▸ Bardzo dobre rezultaty dałoby przygotowywanie własnego soku warzywnego (np. z dwóch marchwi, dwóch łodyg selera naciowego i jednego ogórka). Wiem, że wydaje się to kłopotliwe, ale rezultaty naprawdę są warte zachodu.

BRUDZĄCE STOLCE

Twoje stolce zawierają zbyt dużo śluzu, więc
ślizgają się i przyklejają do miski klozetowej.
W twojej diecie jest za mało dobrego błonnika
oraz pokarmów bogatych w enzymy żywnościowe
(patrz str. 210). Ta kleistość stolców świadczy
o nadmiarze wilgoci w organizmie, co jest bardzo
powszechną dolegliwością w Wielkiej Brytanii.

Rozwiązanie:

▶ Zmniejsz spożycie żywności pobudzającej
wydzielanie śluzu, takiej jak produkty mleczne
i alkohol. Niestety. Zrezygnuj na pewien czas
z wizyt w pubie albo ogranicz się tam do wody
mineralnej. Nie chcę nikomu psuć zabawy, ale
naprawdę już po kilku dniach będziesz czuć się
znacznie lepiej.

▶ Włącz do diety superpokarm w postaci dzikich
niebieskozielonych alg, dostępnych w sklepach
ze zdrową żywnością (6 kapsułek dziennie). Patrz
str. 205.

STOLEC W FORMIE BOBKÓW

Jeśli twój stolec przypomina królicze bobki, to
znaczy, że wątroba jest przeciążona i potrzebuje
pomocy. Moich pacjentów w klinice namawiam na
przeprowadzenie jednodniowego odtrucia (patrz str.
140), ale zmuszam ich, żeby wytrzymali dwa dni!

Rozwiązanie:

▶ Przyjmuj przez miesiąc po dwie kapsułki ostu
mlecznego trzy razy dziennie oraz 500 mg kwasu
alfa-liponowego dziennie.

▶ Używaj preparatów oczyszczających przewód
pokarmowy – psyllium lub Triphala (2 łyżki
wymieszane z sokiem lub wodą dziennie) oraz
zażywaj 1 łyżeczkę płynnego chlorofilu przed
każdym posiłkiem. Wszystkie te preparaty kupisz
w sklepach ze zdrową żywnością.

▶ Posypuj płatki zbożowe lub sałatki dwoma
łyżkami granulek lecytyny.

JASNE STOLCE

Jeśli twoje stolce mają kolor jasnobeżowy lub
żółtawy, to oznacza, że masz trudności
z trawieniem tłustej żywności. Prawdopodobnie
w twoim organizmie brakuje dobrych tłuszczów,
czyli niezbędnych nienasyconych kwasów
tłuszczowych.

Rozwiązanie:

▶ Jedz więcej produktów zawierających NNKT,
co pomoże ci w spalaniu tłuszczów. Dodaj do
swojego jadłospisu ryby, awokado, pestki dyni,
nasiona słonecznika i wodorosty, takie jak nori
i rodymenia palczasta.

▶ W unormowaniu stolców pomoże również
posypywanie sałatek jedną łyżką siemienia
lnianego.

NIE STRAWIONA ŻYWNOŚĆ
W STOLCU

Jest sprawą normalną, że w stolcu znajduje się
skórka z nasion kukurydzy, gdyż nie ulega ona
strawieniu. Jednak jeśli zauważysz resztki innych
pokarmów, to może znaczyć, że twój układ
trawienny jest słaby albo że niedokładnie gryziesz
jedzenie. Gryź bardzo starannie i pamiętaj, że twój
żołądek nie ma zębów.

PASOŻYTY UKŁADU POKARMOWEGO

Okropne, prawda? Jednak jest to znacznie bardziej rozpowszechniony problem, niż się wydaje. Pasożyty często występują u dzieci, a te przekazują je dorosłym, jeśli nie dba się dostatecznie o higienę. Można się ich także nabawić, całując ulubione zwierzątka, jedząc niedogotowaną wieprzowinę, surowe mięso lub surową rybę.

Odrobacz się natychmiast. Jeśli masz pasożyty układu pokarmowego, to cierpisz również na niedobory pokarmowe. Pasożyty odżywiają się pokarmem, który zjadasz, toteż dla ciebie zostaje znacznie mniej składników odżywczych. U osób mających pasożyty często występuje niedokrwistość (niskie stężenie żelaza). Zbadaj sobie stężenie żelaza we krwi.

Prawdopodobnie czujesz również silne swędzenie w okolicach odbytu. Staraj się nie drapać, gdyż pasożyty mogą się roznosić tą drogą.

Rozwiązanie:

Poniższe sposoby pomagają, chociaż mogą wydawać się dziwne. Zapewne będziesz musiał się udać do sklepu po niektóre z potrzebnych rzeczy, ale warto.

▶ Jednym ze środków jest czarna nalewka z orzechów włoskich, która zabija robaki. Zażywaj ją trzy razy dziennie na pusty żołądek. Najlepiej pić mieszankę koniczyny, piołunu i czarnej nalewki z orzechów, ale nie mogą jej stosować kobiety w ciąży.

▶ Bardzo dobre efekty daje spirytusowy roztwór z korzenia gencjany, pity trzy razy dziennie.

▶ Jedz dużo pestek dyni, nasion sezamu i fig.

▶ Pij sok aloesowy raz lub dwa razy dziennie przed posiłkiem, żeby zapobiec ponownemu zakażeniu.

▶ Przyjmuj dobry preparat multiwitaminowy z dużą zawartością witamin z grupy B.

▶ Dobrym naturalnym lekarstwem jest również ekstrakt z pestek grejpfruta (20 kropli rozpuszczonych w wodzie trzy razy dziennie).

▶ Jedz bardzo dużo cebuli, ciemnozielonych warzyw liściastych i sałatek.

▶ Wyeliminuj z jadłospisu słodycze, pasteryzowane mleko i wysoko przetworzoną żywność, gdyż pasożyty świetnie się czują w takim środowisku.

▶ W pozbyciu się pasożytów pomaga również picie herbaty z senny.

▶ Smarowanie okolic odbytu maścią cynkową powinno przynieść ci ulgę.

▶ Kolejny sposób może się wydawać szalony, ale włóż sobie po ząbku czosnku do skarpetek lub butów. W trakcie chodzenia czosnek się skruszy, a jego składniki zostaną wchłonięte przez skórę i poprzez układ krwionośny dotrą do jelit. Pasożyty nie znoszą czosnku, a ty nabędziesz właściwości przeciwpasożytniczych poprzez skórę. Oczywiście dobre rezultaty daje również jedzenie czosnku, surowego lub gotowanego!

CIĄGŁE ROZWOLNIENIA

Nie chodzi tu o pojedyncze przypadki biegunki, tylko sytuację, kiedy stale masz rzadkie, nieuformowane stolce. Jest to oznaką, że twoja trzustka jest wyczerpana (patrz str. 34).

Rozwiązanie:

▶ Jest to jedyna sytuacja, kiedy nie zachęcam do jedzenia dużych ilości surowych warzyw. Zrezygnuj z nich do czasu, gdy twoje stolce się unormują.

▶ Dodaj do jadłospisu cebulę, por, imbir, cynamon, koper włoski, czosnek i gałkę muszkatołową.

▶ Przy takich dolegliwościach dobrze jest zaczynać śniadanie od ryżu, płatków owsianych lub orkiszu.

▶ Zapoznaj się z listą produktów korzystnych dla trzustki (str. 34).

▶ Przyjmuj bakterie *Acidophilus* (zgodnie z zaleceniami na opakowaniu).

▶ Jedz ciepłe potrawy i pij herbaty ziołowe lub ciepłą wodę, szczególnie w czasie zimnych i deszczowych miesięcy. Jeśli zależy ci na surówkach, zawsze jedz je z ciepłymi potrawami lub posypuj utartym imbirem. Tarty imbir działa rozgrzewająco na trzustkę.

STOLCE W FORMIE CIENKICH STRZĘPÓW

Twoja okrężnica woła o pomoc. Proszę, oczyść mnie!

Rozwiązanie:

▶ Zrób sobie lewatywę (patrz str. 151) lub pójdź na płukanie okrężnicy (str. 153).

▶ Jedz dużo produktów bogatych w błonnik, czyli owoców, warzyw i surówek z zielonych warzyw liściastych.

▶ Przeprowadź jednodniową terapię odtruwającą (str. 140), ale najlepiej przedłuż ją do kilku dni!

▶ Przyjmuj psyllium lub preparat Triphala zgodnie z zaleceniami na opakowaniu.

Ważna wskazówka: Jak długo?
Jeśli chcesz się przekonać, jak długo trawisz zjadane warzywa, to jednym ze sposobów jest zjedzenie kukurydzy. Od chwili włożenia jej do ust do wydalenia nie strawionych skórek powinno minąć sześć godzin. Jeśli trwa to dłużej, to znaczy, że twój układ pokarmowy nie pracuje tak wydajnie, jak powinien. W takiej sytuacji spróbuj pić dwie łyżki soku z aloesu przed posiłkami i przyjmować enzymy trawienne do wszystkich posiłków. To powinno usprawnić trawienie.

ŚWIĄD OKOLIC ODBYTU

Nie ma powodu, żeby się tego wstydzić. Mnóstwo ludzi odczuwa swędzenie w okolicach odbytu. Zazwyczaj jest to spowodowane jedną z trzech przyczyn: pasożytami przewodu pokarmowego (patrz str. 46), nadwrażliwością na pokarmy lub hemoroidami. Nie zapominaj o dokładnym myciu rąk.

NADWRAŻLIWOŚĆ NA POKARMY

Jeżeli chcesz sprawdzić, czy jesteś nadwrażliwy na pewne pokarmy, przeprowadź przedstawione poniżej „Badanie nadwrażliwości pokarmowej metodą mierzenia tętna". Normalnie nasze tętno jest dość równomierne, jednak kiedy zjemy produkt, na który jesteśmy nadwrażliwi, liczba uderzeń serca wzrasta.

BADANIE NADWRAŻLIWOŚCI POKARMOWEJ METODĄ MIERZENIA TĘTNA

▸ Zbadaj sobie tętno na tętnicy promieniowej natychmiast po przebudzeniu. Umieść palec wskazujący na tętnicy promieniowej (na nadgarstku). Przez 60 sekund licz uderzenia. Tętno zazwyczaj wynosi od 50 do 70 uderzeń na minutę.

▸ Po zjedzeniu posiłku ponownie zbadaj tętno. Jeśli liczba uderzeń będzie o ponad dziesięć większa niż rano, to możesz być nadwrażliwy na jeden z produktów zawartych w posiłku. Należy wówczas przeprowadzić takie samo badanie dla każdego ze składników posiłku, żeby wykryć, na który reagujesz.

Przeprowadź badanie, a jeśli po posiłku twoje tętno wzrośnie, to możesz cierpieć na nadwrażliwość pokarmową. Do badania potrzebny ci jest tylko zegarek ze wskazówką sekundową.

Rozwiązanie:

▸ Przyjmuj przed posiłkami 1 łyżeczkę L-glutaminy, która powinna zminimalizować reakcję na żywność.

▸ Takie produkty jak jajka, owoce cytrusowe, produkty sojowe, kukurydza, pszenica, nabiał, pomidory i ostre potrawy zazwyczaj zaostrzają problem, dlatego unikaj ich, jeśli to możliwe.

ŻYLAKI ODBYTU (HEMOROIDY)

Kiedy wątroba jest przeciążona, często kończy się to hemoroidami. Przeciążenie wątroby jest zazwyczaj spowodowane niewłaściwą dietą, w której jest zbyt dużo cukrów, czekolady, ciastek, kawy, śmietany, produktów mącznych i mlecznych. Żylaki odbytu to nabrzmiałe sploty żylne wokół odbytu, często w stanie zapalnym, przypominające niebieskawe, czerwonawe lub fioletowe guzki. Mogą być różnej wielkości – od przypominających groszek do rozmiarów grejpfruta – i powodować poważne dolegliwości. Mniejsze hemoroidy występują czasem wewnątrz odbytu. Hemoroidy mogą powodować ból, swędzenie, a nawet krwawienie.

MÓJ DZIESIĘCIOPUNKTOWY PLAN ZWALCZANIA ŻYLAKÓW ODBYTU

1 Spróbuj stosować na zmianę podane dalej naturalne kremy ziołowe. Zacznij od pierwszego kremu i używaj go, dopóki hemoroidy nie znikną lub aż krem się skończy. Jeśli tak się stanie, a hemoroidy nadal będą ci dokuczać, zacznij stosować drugi krem, i tak dalej.

(a) *Hamamelis virginica* (oczar wirginijski) szczególnie przydatny, gdy hemoroidy są bolesne przy dotyku. Okład z oczaru wirginijskiego spowoduje obkurczenie żył.

(b) Maść z ziarnopłonu (*Ranunculus, Filaria*)

(c) Maść z kasztanowca

(d) Maść z babki i krwawnika pospolitego.

2 Przyjmuj następujące leki homeopatyczne:

(a) *Hamamelis* 30 D – jeśli hemoroidy są bolesne przy dotyku, sine, krwawią

(b) *Sulphur* 30 D – jeśli hemoroidy palą, pieką lub swędzą

(c) *Sepia* 30 D – jeśli hemoroid przypomina piłkę tkwiącą w odbycie.

3 Pij dodatkowo herbatę z mniszka lekarskiego, żeby zmniejszyć przekrwienie wątroby (3 lub 4 szklanki dziennie).

4 Rób nasiadówki w zimnej wodzie. Może się to wydawać dziwaczne, ale pomaga zmniejszyć stan zapalny i obkurczyć nabrzmiałe naczynia krwionośne.

5 Smaruj okolice odbytu zieloną glinką wymieszaną z wodą (można dostać w aptece). Narobisz przy tym bałaganu, ale możesz złagodzić obrzmienie i ból. Glinkę usuń w kąpieli lub pod prysznicem.

6 Włącz do jadłospisu czarne jagody zawierające dużo bioflawonoidów – związków o działaniu przeciwzapalnym, które przyniosą ci ulgę. W ostrych przypadkach przyjmuj jedną kapsułkę preparatu z czarnych jagód co godzinę, aż do wyleczenia.

7 Włącz do diety 1 łyżkę oleju z siemienia lnianego – przyjmuj go przed posiłkiem.

8 Przyjmuj po jednej kapsułce ostu mlecznego dwa razy dziennie. Pomoże to zmiękczyć stolec i oczyścić wątrobę.

9 Nie napręsaj się podczas oddawania stolca. To tylko pogorszy sytuację.

10 Jedz produkty wzmacniające wątrobę, takie jak kapusta, brokuły i brukselka. Naucz się kiełkować nasiona brokułów (patrz str. 213).

OZNAKI OSŁABIENIA PĘCHERZA

Czy zauważasz u siebie poniższe objawy?

▶ Słaba kontrola nad pęcherzem

▶ Skąpy / ciemny / mętny mocz

▶ Bardzo częste oddawanie moczu

▶ Zesztywnienie w małym palcu u nogi

▶ Bóle głowy

MOCZ

KŁOPOTY Z ODDAWANIEM MOCZU

Jeśli czujesz potrzebę oddania moczu, ale masz trudności, żeby to zrobić, to znaczy, że musisz przywrócić równowagę energetyczną nerek i pęcherza. Możesz to zrobić, stosując produkty spożywcze i zioła wzmacniające pęcherz wymienione poniżej.

Rozwiązanie:

▶ Jedz artykuły żywnościowe i zioła wymienione na str. 51. Jeśli problemy nie ustąpią, skontaktuj się ze specjalistą.

▶ Spróbuj jeść ziarno komosy ryżowej (patrz str. 212). Jest to jeden z najlepszych pokarmów dla nerek i pęcherza.

ZBYT DUŻO SIUSIASZ I MUSISZ STALE CHODZIĆ DO TOALETY

Mam tu na myśli chodzenie co 15–30 minut. Jest to oznaka spadku energii nerek i osłabienia pęcherza. Może to być również skutek picia zbyt dużych ilości napojów o dużej zawartości cukru i dodatków żywnościowych.

Rozwiązanie:

▶ Pomóż nerkom, wprowadzając do jadłospisu kasze jęczmienne, ziarno pszenicy, słodki ryż, fasolę adzuki, czarną fasolę, fasolę kidney, dzikiego łososia i pstrąga. Ponadto, jeśli to możliwe, dodawaj do pikantnych potraw zieloną pietruszkę.

▶ Jeśli jesteś podatny na zapalenie pęcherza, spróbuj jeść żurawiny lub pić sok żurawinowy (żurawiny to najlepszy owoc dla pęcherza). Jedz też zupy lub buliony z warzyw, które korzystnie działają na pęcherz, takich jak seler, marchew, kabaczek, szparagi i fasola lima, oraz pij herbatę z mniszka lekarskiego i jedz siemię lniane.

PROGRAM WZMOCNIENIA PĘCHERZA WG GILLIAN McKEITH

Wprowadź do swojego jadłospisu duże ilości wymienionych poniżej produktów:

FASOLE
adzuki
kidney
lima

WODOROSTY
kombu
wakame
nori

RYBY
pstrąg
łosoś

PŁYNY
sok wiśniowy lub żurawinowy
herbata z pokrzywy lub mniszka lekarskiego
bardzo dużo wody
zupy z selera, marchwi, kabaczka, szparagów
i fasoli lima

ZIOŁA
Mącznica lekarska
w ilości 500 mg
dwa razy dziennie
czyni cuda.

UNIKAJ
kofeiny
kawy
herbaty (zawierającej kofeinę)

MĘTNY MOCZ

Oznaka, że twój organizm ma w sobie zbyt dużo wilgoci i kwasów wskutek jedzenia niewłaściwej żywności. Cukier, produkty zwierzęce, nabiał, jajka, rafinowane ziarna, na przykład biały ryż, oraz nadmiar produktów z mąki pszennej zakwaszają twoje wnętrzności, wytwarzając duże ilości chloru i toksyn. Kiedy w organizmie jest nadmiar kwasów, staje się on pożywką dla szkodliwych bakterii. U niektórych osób oddających mętny mocz pojawiają się również inne oznaki nadmiernej wilgotności organizmu, takie jak apatia, ociężałość kończyn, ospałość, uczucie zesztywnienia i trudności z zebraniem myśli.

Rozwiązanie:

▸ Jedz superpokarm w postaci dzikich niebieskozielonych alg, które pomogą ci osuszyć organizm.

▸ Korzystnie działają także: fasola adzuki, proso, rzepa, słodkie ziemniaki i inne warzywa korzeniowe.

WYPRYSKI

Wypryski wskazują na przekrwienie lub brak równowagi w organach wewnętrznych. Po ich usytuowaniu na ciele można określić, który narząd nie funkcjonuje jak należy.

UMIEJSCOWIENIE WYPRYSKÓW: DOTKNIĘTA CZĘŚĆ CIAŁA

CZOŁO: JELITA
Rozwiązanie:
▸ Przeczyść się, wypijając codziennie 1 łyżkę łusek psyllium z wodą.
▸ Regularnie rób lewatywy lub nawet weź kilka zabiegów płukania okrężnicy (patrz str. 153).

POLICZKI: PŁUCA I PIERSI
Rozwiązanie:
▸ Pij herbatę z dziewanny i trzy razy dziennie przyjmuj preparat z traganka.
▸ Przyjmuj olejek z wiesiołka, 1000 mg dziennie.
▸ Przyjmuj roztwór spirytusowy echinacei, 20 kropli dwa razy dziennie.
▸ Unikaj produktów z krowiego mleka, tłuszczów nasyconych i czerwonego mięsa.

NOS: SERCE
Rozwiązanie:
▸ Przyjmuj preparaty z głogu, 500 mg dwa razy dziennie oraz 100 mg koenzymu Q10.
▸ Jedz źdźbła jęczmienia (1 łyżeczka dziennie).
▸ Pij codziennie 2 szklanki herbaty z głogu.

SZCZĘKI: NERKI
Rozwiązanie:
▸ Jedz ziarno komosy ryżowej.
▸ Pij herbatę z mniszka lekarskiego.
▸ Przyjmuj tabletki magnezu (1000 mikrogramów dziennie) i witaminę B compositum (100 mg dziennie).

RAMIONA: UKŁAD POKARMOWY
Rozwiązanie:
▸ Przyjmuj enzymy trawienne do wszystkich posiłków.
▸ Pij 1 łyżkę soku z aloesu przed każdym posiłkiem.

PIERSI: PŁUCA I SERCE
Rozwiązanie:
▸ Pij regularnie herbatę z dziewanny i miłorzębu japońskiego (*gingko biloba*).
▸ Przyjmuj koenzym Q10 (100 mg dziennie).
▸ Posypuj surówki i płatki zbożowe granulkami lecytyny.

GÓRNA CZĘŚĆ PLECÓW: PŁUCA
Rozwiązanie:
▸ Przyjmuj 500 mg traganka dwa razy dziennie.
▸ Przyjmuj suplementy z germanem (200 mg dziennie).
▸ Dodawaj do potraw następujące przyprawy: bazylię, pieprz cayenne, koper włoski, kozieradkę, czosnek, imbir, dziewannę, pokrzywę i miętę.
▸ Pij sok z selera i herbatę z dziewanny.
▸ Jedz niewielkie, proste posiłki, unikając produktów mlecznych i cukrów.
▸ Na pewien czas wyeliminuj orzechy arachidowe.

WOKÓŁ UST: NARZĄDY ROZRODCZE
Rozwiązanie:
▸ W skorygowaniu zaburzeń równowagi hormonalnej, o których świadczą wypryski wokół ust, pomoże ziele zwane niepokalankiem. Przyjmuj je dwa razy dziennie.

NADMIERNE ZIEWANIE I WZDYCHANIE

Nie zawsze jest to oznaką znudzenia. Prawdopodobnie gonisz resztkami sił i możesz cierpieć na hipoglikemię (niskie stężenie glukozy we krwi).

Rozwiązanie:

▶ Przyjmuj po jednej łyżeczce superpokarmu spirulina dwa razy dziennie, rano i po południu. Możesz też wypróbować mój proszek energetyczny z żywej żywności, żeby doprowadzić do równowagi skład krwi (dostępny w sklepach ze zdrową żywnością; produkty niedostępne w Polsce można kupić w sklepie internetowym www.drgillianmckeith.com).

▶ W uregulowaniu poziomu cukru pomoże też 15 kropli nalewki spirytusowej z żeń-szenia w niewielkiej ilości wody, przyjmowanych po posiłkach.

Pragnę ci pomóc w poznaniu twojego ciała, żeby pokazać, jak wielki jest wpływ jedzenia na twój organizm i codzienne samopoczucie. Te podstawowe wskazówki mogą bardzo dużo zmienić, a prawdopodobnie się przekonasz, że wkrótce sam zaczniesz się wsłuchiwać w swój organizm i dostrzegać więcej, niż ja tu przedstawiłam. Już niedługo będziesz umiał określić, czy dany produkt dodaje ci energii i służy twojemu zdrowiu, czy też powoduje wzdęcia i bóle głowy! Taka wiedza jest niezwykle cenna – stanowi klucz do pełni życia i cieszenia się dobrym zdrowiem.

ROZDZIAŁ 3

DIETA OBFITOŚCI:
JEDZ WIĘCEJ, A NIE MNIEJ

NAWET NIEWIELKA ZMIANA W NAWYKACH ŻYWIENIOWYCH MOŻE CAŁKOWICIE ODMIENIĆ TWOJE SAMOPOCZUCIE. JEŚLI O MNIE CHODZI, NIE CHCĘ WCALE CI DYKTOWAĆ, CZEGO MASZ NIE JEŚĆ, TYLKO RACZEJ PRZEKONAĆ CIĘ DO SETEK NOWYCH PRODUKTÓW ŻYWNOŚCIOWYCH, O KTÓRYCH CZĘŚCI NAWET MOŻE NIE SŁYSZAŁEŚ. NIE JEST TO DIETA OGRANICZEŃ – TYLKO OBFITOŚCI. PRAGNĘ, ŻEBYŚ JADŁ WIĘCEJ, NIE MNIEJ. CHCĘ CAŁKOWICIE ZMIENIĆ TWOJE POJĘCIE O ODCHUDZANIU.

PACJENCI, KTÓRZY PRZYCHODZĄ DO MOJEJ PORADNI, ŻEBY SCHUDNĄĆ (OBOJĘTNIE ILE KILOGRAMÓW), OSIĄGAJĄ SWÓJ CEL I ŚWIETNY WYGLĄD. MUSZĄ SIĘ JEDNAK ZOBOWIĄZAĆ, ŻE OD TEJ CHWILI BĘDĄ JEDLI WIĘCEJ POLECANYCH PRZEZE MNIE ZDROWYCH RODZAJÓW ŻYWNOŚCI, A MNIEJ NIEZDROWYCH. TOBIE RÓWNIEŻ OBIECUJĘ, ŻE JEŚLI BĘDZIESZ PRZESTRZEGAĆ ZASAD MOJEJ DIETY OBFITOŚCI, NIGDY WIĘCEJ NIE BĘDZIESZ MIEĆ PROBLEMÓW Z NADWAGĄ.

TAKŻE NICHOLAS PODJĄŁ WSPOMNIANE WYŻEJ ZOBOWIĄZANIE, ALE PRZYJRZYJMY SIĘ, JAK WYGLĄDAŁY ZAPISKI W JEGO DZIENNIKU ODŻYWIANIA SIĘ, ZANIM PRZESZEDŁ NA KURACJĘ *JESTEŚ TYM, CO JESZ...*

DZIENNIK ODŻYWIANIA SIĘ NICHOLASA

PONIEDZIAŁEK

2.00 3 kawałki pizzy na grubym cieście

10.00 Kawa – mocna z częściowo odtłuszczonym mlekiem

13.00 Kawa

15.00 Kawa

16.00 Kawa

17.00 Kawa

20.00 ½ butelki wódki z 1 litrem soku pomarańczowego

22.00 4 małe bhaji cebulowe (cebule w cieście smażone na głębokim tłuszczu), 6 małych bhaji pieczarkowych i ½ pikantnej pizzy z kurczakiem, na grubym cieście

23.00 250 ml lodów karmelowych

W ciągu nocy 2,5 l wody

WTOREK

7.00 Kawa

10.00 6 kanapek z pieczoną wołowiną: 12 kromek małego chleba pszennego, 6 plastrów wołowiny z miejscowych delikatesów (380 g), masło light, 2 puszki gazowanego napoju pomarańczowego

12.00 Herbata z mlekiem i 2 kostkami cukru

14.00 Kawa

16.00 Kanapka z kurczakiem (gotowa), z ciemnego pieczywa z majonezem i sałatą

19.00 4 butelki lagera (275 ml)

22.30 3 kawałki pizzy z szynką i ananasem, na grubym cieście

ŚRODA

8.00–12.00 4 kawy, 2 kawałki panierowanego łupacza
(gotowego) z 25 g masła

16.00 Quiche z serem i cebulą

21.00 Kupiona w sklepie ryba z frytkami z brązowym sosem

CZWARTEK

2.00 2 kanapki z serem: 4 kromki średniego białego chleba z masłem,
125 g czerwonego sera Leicester, mała cebula

7.00 Kawa

9.00 Kawa

17.00–19.00 1,5 litra sherry

21.00 Hamburger (23 dag) z dużą porcją frytek pieczonych w piekarniku, 2 jajka
smażone na smalcu, ketchup, 3 kromki białego pieczywa, masło

23.00 Herbata z mlekiem i 2 kostkami cukru

PIĄTEK

5.00 3 kanapki z serem: 6 dużych kromek białego pieczywa z masłem,
150 g czerwonego sera Leicester, mała cebula

8.00 Kawa

12.00 Puszka klopsów w sosie cebulowym, duża porcja frytek pieczonych
w piekarniku, 2 duże kiełbasy wieprzowe, 4 duże kromki białego chleba, masło

14.00 3 kanapki z pieczoną wołowiną: 6 dużych kromek białego chleba, masło,
120 g paczkowanej krojonej wołowiny

15.00 Herbata z mlekiem i 2 kostkami cukru

17.00 Kawa

22.00 4 torebki chipsów ziemniaczanych, 500 g czekoladek, 6 miętówek
w czekoladzie

SOBOTA

1.00 $\frac{1}{2}$ domowej lasagne: 500 g chudej mielonej wołowiny smażonej na oliwie
z oliwek, 2 puszki pieczarek, 2 cebule, 2 słoiki gotowego sosu, 6 płatów suszonego
ciasta na lasagne

2.00 Puszka gazowanego napoju pomarańczowego

8.00 $\frac{1}{2}$ domowej lasagne, kawa

10.00 Kawa, 300 g czekoladek, 6 miętówek w czekoladzie, baton 50 g z mlecznej
czekolady z karmelem

12.00 Kawa

14.00 Herbata z mlekiem i 2 kostkami cukru

15.00 1 kg duszonej wołowiny, 2 opakowania gotowego sosu do duszenia wołowiny

18.00 Puszka puddingu ryżowego

22.00 Cała pikantna pizza z kurczakiem o średnicy 28 cm, na grubym cieście,
6 małych bhaji pieczarkowych, herbata z mlekiem i 2 kostkami cukru

NIEDZIELA

3.00 Mielone z cebulą (duży talerz pozostały z soboty), 900 g purée ziemniaczanego

9.00 4 plastry bekonu, 2 jajka smażone na maśle, 400 g kiełbasek z fasolą (z puszki),
2 kawy

13.00 500 g lodów karmelowych

16.00 1 kg pieczonego kurczaka, 6 ziemniaków utłuczonych z masłem i śmietaną,
zielony groszek z puszki, 6 średnich marchwi

17.00 Puszka puddingu ryżowego

18.00 Kawa

20.00 Kubek gorącego mleka ze słodem, 1 kostką cukru i 2 piankami

ZATEM UWAŻASZ,
ŻE ZDROWO SIĘ ODŻYWIASZ?

Kiedy przyjmuję w poradni nowego pacjenta, pierwszy poważny problem pojawia się po pytaniu o jego odżywianie. Nieodmiennie większość pacjentów zapewnia mnie, że odżywiają się zdrowo. Dopiero po wielu rozmowach, pytaniach i w końcu przygotowaniu przez nich tygodniowego dokładnego zapisu zjadanych produktów okazuje się, że większość z tych osób odżywia się okropnie, nawet jeśli im się wydaje inaczej. Zatem zanim przejdziemy dalej, proszę cię, czytelniku, o wykonanie teraz mojego testu na iloraz inteligencji żywieniowej (FIT-IQ).

Zależnie od osiągniętego wyniku będziesz mógł szybko prześlizgnąć się przez ten rozdział, traktując go jako sprawdzenie swojego stylu odżywiania (jeśli masz wysoki współczynnik), albo odwrotnie – będziesz musiał trzymać tę książkę stale przy sobie (szczególnie ten rozdział) i nigdy nie spuszczać jej z oka!

? TEST NA ILORAZ INTELIGENCJI ŻYWIENIOWEJ WEDŁUG GILLIAN

Odpowiedz ,,tak" lub ,,nie" na poniższe pytania.

1 Czy jesz co najmniej jeden surowy owoc dziennie?

2 Czy jesz co najmniej pięć porcji warzyw dziennie?

3 Czy jesz ryż, ziarno komosy ryżowej, proso, owies lub inne zboża co najmniej trzy razy na tydzień?

4 Czy jesz porcję surowych warzyw każdego dnia?

5 Czy jesz surowe nasiona co najmniej trzy razy na tydzień?

6 Czy dodajesz wodorosty do potraw?

7 Czy co najmniej dwa razy na tydzień umieszczasz w swoim jadłospisie rybę?

8 Czy dokładnie żujesz jedzenie, aż będzie całkowicie rozdrobnione?

9 Czy dokładasz wszelkich starań, żeby unikać żywności zawierającej konserwanty, dodatki, barwniki i rozmaite substancje oznaczone literą E?

10 Czy unikasz cukru i produktów, które go zawierają?

11 Czy kiedy jesteś zdenerwowany, czekasz, aż to uczucie minie, zanim przystąpisz do posiłku?

12 Czy jako dziecko byłeś karmiony piersią?

13 Czy zawsze starasz się dać sobie dość czasu na zdrowe jedzenie, nawet jeśli jesteś zmęczony lub zajęty?

14 Czy codziennie jesz śniadanie?

15 Czy codziennie pijesz butelkowaną wodę źródlaną?

16 Czy wypijasz codziennie co najmniej 8 szklanek przefiltrowanej, źródlanej lub mineralnej wody?

17 Czy w trakcie jedzenia unikasz picia napojów gazowanych, piwa lub mocniejszych alkoholi?

18 Czy pijesz wodę na około 25 minut przed posiłkiem zamiast do posiłku?

19 Czy stosujesz urozmaiconą dietę, zamiast jeść codziennie to samo?

20 Czy przygotowujesz sobie soki z surowych warzyw co najmniej raz w tygodniu?

WYNIKI

Policz, ile razy odpowiedziałeś ,,Tak"

17–20: Doskonale – jesteś mistrzem

Proszę, przejrzyj ten rozdział, a wszystko powinno być w porządku.

12–16: Nie najgorzej, ale mógłbyś się bardziej postarać

Starasz się, co jest godne pochwały, ale nie dość mocno. Lepiej dokładnie przestudiuj ten rozdział i tę książkę! Liczę, że naprawdę postarasz się wykonywać większość przedstawionych w niej zaleceń. Jak najszybciej zacznij przestrzegać mojej diety obfitości.

11 i mniej: Beznadziejnie!

STÓJ! Nie ruszaj się! Naprawdę martwię się o ciebie. Znalazłeś się w poważnych kłopotach. Polecam ci wziąć sobie do serca każde słowo tego rozdziału i książki. Dosłownie błagam cię, żebyś rozpoczął moją dietę obfitości jeszcze dzisiaj, bez zwłoki.

Zacznijmy od kilku bardzo prostych, wstępnych wskazówek na temat jedzenia:

▸ Staraj się urozmaicać swój jadłospis. Dzięki temu dostarczysz organizmowi więcej składników pokarmowych i będziesz czuł się bardziej najedzony.

▸ Dodawaj jeden lub dwa produkty tygodniowo do swojej normalnej diety.

▸ Ilekroć to możliwe, jedz żywność ekologiczną.

▸ Jedz produkty z pełnego ziarna zamiast z wysoko oczyszczonego i brązowy ryż zamiast białego. Używaj mąki razowej pełnoziarnistej, a nie białej.

▸ Ilekroć to możliwe, zastępuj produkty pszenne żywnością z innych zbóż, takich jak jęczmień, orkisz, proso, amarant, komosa ryżowa i żyto.

▸ Jedz codziennie świeże warzywa.

▸ Używaj nierafinowanej soli morskiej zamiast zwykłej soli.

▸ Używaj nierafinowanych, wyciskanych na zimno olejów, takich jak olej sezamowy, kukurydziany, słonecznikowy i oliwa z oliwek.

▸ Dżemy jedz bez dodatku cukru.

▸ Pij tylko naturalne soki owocowe (nie z koncentratu).

▸ Syrop jęczmienny i ryżowy są lepszymi naturalnymi substancjami słodzącymi niż biały cukier.

▸ Jedz ryby żyjące w naturalnych warunkach (nie hodowlane) zamiast mięsa i kurczaków.

▸ Jedz produkty o dużej zawartości białka, takie jak fasola, ziarno komosy ryżowej, tofu i tempeh zamiast mięsa i serów.

▸ Wprowadź do swoich potraw wodorosty (patrz str. 208). Są one cennym źródłem składników pokarmowych, np. wapnia, beta-karotenu i witaminy B_{12}, i pomagają obniżyć poziom cholesterolu, oczyścić organizm z toksyn oraz wzmocnić układ odpornościowy.

▸ Wprowadź do swojej diety nowe produkty żywnościowe i jedz ich więcej, szczególnie tych z mojej listy obfitości (str. 83). Nie uprzedzaj się!

Czy to nie wspaniałe, że nie musisz chodzić głodny? Największym zmartwieniem uczestników programu telewizyjnego było początkowo to, że będą głodować.

Tymczasem na mojej diecie obfitości będziesz jadł znacznie więcej produktów, niż kiedykolwiek sądziłeś. Co lepsze, możesz jeść ich tyle, ile masz ochotę. Napady głodu znikną na dobre, gdyż w końcu będziesz należycie odżywiał swój organizm.

DOKONYWANIE ZMIAN

Joanne, uczestniczka programu telewizyjnego, która przez całe życie jadła bardzo monotonnie – głównie hamburgery – najbardziej denerwowała się myślą, że trudno jej będzie zmienić nawyki. Sądziła, że na pewno nie potrafię zrozumieć, przez co ona przechodzi. Jakże się myliła.

Wiele lat temu, kiedy wyprowadziłam się z domu, żeby iść na studia, żywiłam się głównie ziemniakami i mięsem, pełnym tłuszczów nasyconych. Wypijałam dziesiątki filiżanek herbaty, aż zawarta w niej kofeina doprowadzała mnie niemal do odlotu, i zjadałam niezliczone paczki chipsów ziemniaczanych. Potem na rok przeprowadziłam się do Hiszpanii, gdzie moja dieta opierała się na czekoladowych eklerach i hiszpańskich ciastach, które spłukiwałam Sangrią, oraz na białym ryżu i kotletach wieprzowych. Doprowadziłam się do nadwagi i dużych niedoborów pokarmowych. Nie muszę nawet mówić, że całkowicie brakowało mi energii, moja skóra wyglądała okropnie i czułam się chora.

W końcu zmusiłam się jakoś, żeby zmienić nawyki. Nie było to łatwe i zajęło sporo czasu. Jednak zmiany, jakie nastąpiły w moim zdrowiu, były warte tego wysiłku. Uczestnicy programu telewizyjnego musieli dokonać zmian w ciągu zaledwie ośmiu tygodni! Ty przeznacz na nie tyle czasu, ile potrzebujesz, a przy okazji mogę cię pocieszyć, że korzyści zaczniesz odczuwać niemal natychmiast.

Kiedy już osiągniesz swój cel zdrowotny, to wystarczy, że będziesz stosował regułę 80/20, a wszystko będzie w porządku. Postępuj według moich wskazówek przez 80% czasu, a wówczas pozostaje ci jeszcze 20% na pewne odstępstwa. Jednak może się okazać, że twój organizm wcale nie pragnie odstępstw. Polubił swoje nowe wcielenie i nie chce zepsuć tego cudownego uczucia. Ale gdybyś rzeczywiście trochę oszukiwał lub przez 20% czasu był niegrzeczny w kwestiach jedzenia, nie zadręczaj się z tego powodu. Pogódź się z tym i wróć na właściwą drogę.

Zatem postaw przed sobą wyzwanie i otwórz umysł na nowe możliwości. Założę się, że nie masz nawet pojęcia, jak dobrze możesz się czuć, jak wiele energii zyskać, jak bystry mieć umysł, jakim szczęściem promieniować. Dowiesz się o tym dopiero, kiedy zaczniesz realizować ten program. Podobnie, gdybyś nigdy nie badał sobie oczu, nie wiedziałbyś, jak dobrze widzisz. Jeśli nie zmobilizujesz się w kwestii swojego zdrowia i nie dostarczysz organizmowi dobrego pożywienia, nawet nie będziesz wiedział, jak wspaniale możesz się czuć.

Kiedy jesz martwą, pozbawioną wartości żywność, twoje ciało też nie ma w sobie życia. Natomiast jeśli stosujesz pełną życia dietę, obfitującą w świeże warzywa i owoce, będziesz pełen sił życiowych i energii. Na tym to polega. Prawda, jakie to proste?

W Nepalu nasiona amarantu są jedzone w formie kleiku zwanego „sattoo" lub mielone na mąkę, z której wypieka się ćapati. Amarant może być gotowany jak płatki zbożowe, mielony na mąkę, prażony jak kukurydza, kiełkowany lub opiekany. Nasiona te można przyrządzać z innymi pełnymi ziarnami, dodawać do potraw smażonych na sposób chiński oraz do zup lub mięs duszonych jako środek zagęszczający, bogaty w składniki odżywcze.

ZBOŻA ENERGETYCZNE

Ziarna zbóż, bogate w składniki pokarmowe, są twoją podstawową żywnością energetyczną. Niemal każde pełne ziarno może być korzystne dla twojego zdrowia, podczas gdy produkty z wysoko oczyszczonego ziarna, takie jak biały ryż, biały chleb i biały makaron są pozbawiane w procesie produkcji niemal wszystkich składników odżywczych i błonnika. Kiedy zjadamy taką żywność, zostaje ona błyskawicznie przetworzona na glukozę, która w dużych ilościach zaczyna krążyć w naszym krwiobiegu. Rezultatem są gwałtowne zmiany poziomu cukru we krwi, napady apetytu na produkty zawierające cukier, zmiany nastrojów i przybór masy ciała. Dlatego właśnie zdrowa dieta powinna zawierać nie oczyszczane ziarno, takie jak brązowy ryż, pęczak jęczmienny, amarant, proso, żyto, pęczak pszenny, kaszę gryczaną itd. Zasadniczo im ciemniejszy kolor, tym mniej przetworzone ziarno, a tym samym zdrowsze dla ciebie. Poniżej przedstawiam kilka rodzajów zdrowych zbóż.

AMARANT (SZARŁAT)

Amarant bardzo wzmacnia płuca, zatem jest bardzo wartościowy w obecnych czasach zatrucia środowiska i dziury ozonowej. Na dodatek zawiera więcej wapnia i magnezu niż krowie mleko!

BRĄZOWY RYŻ

Brązowy ryż bardzo korzystnie oddziałuje na układ nerwowy i trawienny. Ma też najmniej alergenne właściwości ze wszystkich zbóż – nawet dla najbardziej wrażliwych osób.

Zasady jedzenia ryżu

▸ Krótkie ziarno – jedz jesienią i zimą, żeby ogrzać wnętrzności.

▸ Długie ziarno – jedz latem, żeby ochłodzić organizm.

▸ Basmati – idealny dla osób z nadwagą oraz nadmiarem wewnętrznej wilgoci i katarem.

JĘCZMIEŃ

Jęczmień jest sprzedawany w dwóch formach: jako kasza perłowa, w dużym stopniu oczyszczona, oraz pęczak – ziarno pozbawione tylko wierzchniej łuski. [Jest jeszcze kasza jęczmienna łamana – forma pośrednia – przyp. tłum.] Oczywiście lepiej jedz pęczak. Jęczmień ma słodkawy smak i korzystnie działa na żołądek i trawienie. Jeśli cierpisz na niestrawność, kasza jęczmienna powinna ci pomóc. Jęczmień zawiera wprawdzie gluten, ale jego zawartość jest niska. (Uwaga: superpokarm źdźbła jęczmienia nie zawiera glutenu.)

KAMUT

Kamut jest blisko spokrewniony z pszenicą, ale nie wywołuje reakcji alergicznych u wielu osób uczulonych na pszenicę. Zawiera dwa razy więcej białka niż pszenica oraz więcej minerałów, szczególnie magnezu i cynku, a ponadto 16 aminokwasów i niezbędne nienasycone kwasy tłuszczowe.

KASZA GRYCZANA

Kasza gryczana nie zawiera glutenu, natomiast jest dobrym źródłem zdrowych minerałów i nie powoduje uczuleń (w przeciwieństwie do pszenicy).
Jeśli jesteś nadwrażliwy na pszenicę, to kasza gryczana jest dla ciebie doskonałym wyjściem. Zawiera dość dużo białka (około 20%) oraz rutyny, flawonoidu wzmacniającego naczynia krwionośne i poprawiającego krążenie.
Jeśli masz żylaki, to jest to zboże dla ciebie. Wspaniale ożywia sałatki.

KOMOSA RYŻOWA (QUINOA)

Jest zbożem pochodzącym z Ameryki Południowej, które obecnie staje się coraz bardziej dostępne i zawiera wszystkie podstawowe aminokwasy. Stanowi zatem źródło kompletnego białka, znacznie łatwiejszego do strawienia niż białko zawarte w mięsie. Ziarno komosy zawiera też bez porównania mniej tłuszczu niż większość rodzajów mięsa.

KUKURYDZA

Jest bardzo popularnym zbożem. Można ją znaleźć w wielu rodzajach pieczywa. Mąka kukurydziana jest też często dodawana do gotowych paczkowanych potraw. W związku z tak powszechnym stosowaniem może mieć właściwości alergizujące, jeśli będziesz jej jadł zbyt dużo. Jeśli jesz całe ziarna kukurydzy, musisz dokładnie je pogryźć, żeby uwolnić składniki odżywcze, gdyż skórka nie ulega strawieniu.

ORKISZ

Orkisz, podobnie jak kasza gryczana, jest bogatym źródłem minerałów i białek i ma właściwości wzmacniające najważniejsze organy wewnętrzne. Jest smacznym alternatywym wyjściem o dużych własnościach odżywczych dla osób uczulonych na pszenicę. Orkisz pomaga przy zaparciach, zapaleniu okrężnicy i problemach z trawieniem. Jest jedynym ziarnem zawierającym mukopolisacharydy, związki pobudzające układ odpornościowy. Doskonałe źródło energii.

OWIES

Owies zawiera więcej dobrych tłuszczów niż inne zboża – tłuszczów, które pomagają ci chudnąć, a nie przybierać na wadze. Jest również bogatym źródłem witaminy B compositum, korzystnie działającej na układ nerwowy i wzmacniającej kości.

PROSO

Proso ma doskonałe własności odżywcze. Zawiera duże ilości żelaza, magnezu, potasu, witamin B i witaminy E. Korzystnie działa na układ trawienny, poprawia absorpcję składników pokarmowych i dodaje energii, gdyż odżywia śledzionę, nasz akumulator.

TEFF (TRAWA ABISYŃSKA)

Teff ma drobne nasiona o bardzo bogatym smaku. Zawiera dużo białka oraz sporo wapnia, magnezu i żelaza, w związku z czym doskonale nadaje się dla miłośników soli. Ponadto zawiera więcej potasu niż większość innych ziaren, dzięki czemu pomaga usunąć z krwi kwasy powstałe w wyniku niewłaściwej diety.

ŻYTO

Dobre do pieczenia na zakwasie. Niektórzy z moich pacjentów hodują kiełki z ziarna żyta (patrz str. 213 – kiełkowanie ziaren). Żyto doskonale działa na wątrobę. Jeśli często boli cię głowa, gotuj sobie bulion z tym ziarnem.

A CO Z PSZENICĄ?

Większość z nas zjada o wiele za dużo pszenicy. Wprawdzie jest to zdrowe ziarno, ale zjadanie go w zbyt dużych ilościach może w końcu wywrzeć niekorzystny wpływ na krew i narządy wewnętrzne i prowadzić do nietolerancji pokarmowej lub alergii. Powszechna konsumpcja tego zboża na Zachodzie doprowadziła do tego, że stało się ono dla nas silnym alergenem. Radzę zatem zastępować pszenicę innymi rodzajami zbóż tam, gdzie to możliwe. Produkty pszenne też można jeść, ale z umiarem i z pełnego ziarna.

PRZYDATNE WSKAZÓWKI NA TEMAT KASZ I ZIAREN

▸ Jedz tylko kasze z pełnego ziarna, a nie wysoko przetworzone.

▸ Dobrze przepłucz kaszę przed gotowaniem.

▸ Gotuj do miękkości i aż cała woda zostanie wchłonięta (sprawdź czas w tabeli na temat gotowania kasz poniżej).

▸ Dokładnie gryź, gdyż to pomaga w trawieniu.

▸ Czy wiesz, że gluten zawarty w pszenicy praktycznie znika, gdy doprowadzimy ziarno do kiełkowania. Spróbuj wyhodować sobie kiełki ulubionych zbóż (instrukcje, jak to zrobić, znajdziesz na str. 213).

▸ Przechowuj kasze w dokładnie zamkniętych pojemnikach i zużywaj w ciągu czterech miesięcy od zakupu. Można też wkładać do nich liść laurowy, żeby odstraszyć stworki, które lubią ziarno. Ja zazwyczaj przechowuję swoje kasze w lodówce lub zamrażarce, szczególnie latem.

GOTOWANIE KASZ

KASZA	ILOŚĆ (W SZKLANKACH)	ILOŚĆ WODY (W SZKLANKACH)	CZAS GOTOWANIA (W MINUTACH)
▸ Amarant	1	2½	35
▸ Brązowy ryż	1	2	20–35
▸ Kasza gryczana (prażona)	1	2	20
▸ Komosa ryżowa	1	2	8–12
▸ Owies (całe ziarna)	1	2	45–60
▸ Pęczak jęczmienny	1	3	45–60
▸ Proso	1	3	30–45

Uwaga: Jeśli kaszę namoczysz na kilka godzin przed gotowaniem, możesz skrócić czas gotowania o połowę.

DOBROCZYNNE NASIONA ROŚLIN STRĄCZKOWYCH

Większość nasion roślin strączkowych zawiera kompletne białko i znikomą ilość tłuszczu, toteż doskonale nadają się one dla osób pragnących schudnąć. Ponadto obniżają poziom cholesterolu, zapobiegają chorobom serca i oczyszczają organizm ze szkodliwych toksyn. Są też bogatym źródłem dobrych węglowodanów – tzw. węglowodanów złożonych. Warto pamiętać, że tego rodzaju węglowodany, zawarte w nasionach roślin strączkowych, ziarnach i warzywach, mają ogromne znaczenie dla równowagi biochemicznej i fizjologicznej naszego organizmu. Potrzebujemy ich, żeby zachować zdrowie i siłę oraz należycie funkcjonować jako gatunek. Niedobór dobrych węglowodanów w twoim jadłospisie spowoduje, że będziesz czuł się chory. Wszyscy moi pacjenci, którzy przestawali jeść węglowodany, stawali się osłabieni, drażliwi, przygnębieni, wymizerowani i cierpieli na zaparcia. To zupełnie jakbyś grał w rosyjską ruletkę ze swoim organizmem. Zgadzam się, że należy wyeliminować z jadłospisu złe, wysoko przetworzone węglowodany zawarte w słodyczach czy ciastkach. Jednak chcę wyraźnie powiedzieć: węglowodany złożone, takie jak nasiona roślin strączkowych, są niezbędne dla utrzymania dobrego zdrowia! Jedz je regularnie.

ADZUKI: FASOLA DLA ODCHUDZAJĄCYCH SIĘ

Fasola adzuki jest doskonałym pożywieniem, o dużej zawartości składników odżywczych i małej kaloryczności. W Japonii jest ceniona ze względu na swe właściwości lecznicze i stosowana w leczeniu infekcji nerek i pęcherza. W swojej praktyce zalecam ją pacjentom, którzy chcą schudnąć. Ta fasola o wyjątkowo wysokiej zawartości błonnika, witaminy B compositum i soli mineralnych (żelazo, mangan i cynk) działa jak naturalny diuretyk usuwający z organizmu nadmiar płynów. Usuwa też nadmiar śluzu i zmniejsza przekrwienie, pomaga w wypróżnianiu, spala tłuszcz i reguluje metabolizm, co wspomaga odchudzanie. Jeśli chcesz schudnąć, to jest to fasola dla ciebie.

MUNG: FASOLA ODTRUWAJĄCA

Fasola mung jest kolejnym dobrym źródłem składników pokarmowych. Stosuję ją w leczeniu nadciśnienia, wrzodów żołądka i jelit, problemów z układem moczowym oraz do oczyszczania krwi poprzez wprowadzanie do niej większej ilości tlenu. Ponadto fasola mung doskonale oczyszcza wątrobę, toteż zawsze włączam ją do mojego programu odtruwającego.

BÓB, SOJA I SOCZEWICA: SUBSTYTUTY MIĘSA

Bób, soja i soczewica mają bardzo wysoką zawartość białka i stanowią nawet lepsze źródło kompletnego białka niż czerwone mięso, a przy tym nie dostarczamy organizmowi tłuszczów nasyconych. Ponadto soczewica odżywia nerki i nadnercza, a bób zawiera dużo aminokwasów, witamin z grupy B, wapnia i żelaza. Soja stała się bardzo popularnym alternatywnym wyjściem dla mięsa, właśnie ze względu na swój profil białkowy. Zawiera również kilka związków przeciwnowotworowych, w tym fitoestrogeny, i reguluje poziom męskich i żeńskich hormonów.

Każdej komórce naszego ciała potrzebne jest białko. Jest ono niezbędne do wzrostu i naprawy wszystkich tkanek – od mięśni i kości po włosy i paznokcie. Białka pomagają nam też wytwarzać enzymy umożliwiające trawienie, przeciwciała zwalczające infekcje i hormony umożliwiające wydajną pracę organizmu.

POSTAW NA NATURĘ

Wolę jeść ryby, które żyły w naturalnych warunkach, niż hodowlane, gdyż te ostatnie często przebywają w nadmiernym zagęszczeniu, przez co rozwijają się wśród nich choroby. Najlepiej wybieraj te pierwsze.

ŹRÓDŁA BIAŁKA

Wprawdzie białko jest niezbędne dla zdrowia i dobrego samopoczucia, ale jedzenie go w nadmiernych ilościach jest dla nas niekorzystne, gdyż organizm nie potrafi magazynować białek, których akurat nie potrzebuje. Wątroba przetwarza ten nadmiar na glukozę i toksyny, co może prowadzić do różnych chorób i przyboru masy ciała.

Bogatymi źródłami białka są jajka, mięso, drób i mleko, ale nie są to źródła najlepsze, gdyż wątroba ma trudności ze strawieniem zawartych w nich tłuszczów, a także antybiotyków i innych związków chemicznych stosowanych w hodowli zwierząt. Twój organizm musi bardzo ciężko pracować, żeby strawić białko z mięsa.

Znacznie lepiej jest urozmaicać źródła białka i wykorzystywać w tym celu również mniej popularne pod tym względem produkty, takie jak zboża. Wiele gatunków zbóż dostarcza doskonałego białka. Przykładem może być ziarno komosy ryżowej, której białko jest zdrowsze niż to z mięsa, oraz kasza gryczana, proso i amarant. Białko można również dostarczać organizmowi, jedząc nasiona roślin strączkowych, orzechy, nasiona, zielone warzywa liściaste i kiełki nasion.

Wszystkie produkty sojowe, na przykład tofu i mleko sojowe, są dobrym źródłem białka. Jeśli już jesz mięso, unikaj czerwonego, zastępując je chudszym mięsem z indyka i kurczaka lub tłustymi rybami, zawierającymi dużo niezbędnych nienasyconych kwasów tłuszczowych. Jeśli chodzi o nabiał, wybieraj produkty niskotłuszczowe, gdyż dzięki temu dostarczysz organizmowi białka, a nie tłuszczów nasyconych.

RYBY

Wybieraj ryby o białym mięsie, takie jak karp, dorsz, łupacz, pstrąg lub, od czasu do czasu, łosoś, dziki lub hodowany ekologicznie. Tłuste ryby mają dużą zawartość niezbędnych nienasyconych kwasów tłuszczowych i bardzo dobrze regulują poziom hormonów i glukozy we krwi, co jest przydatne przy kontroli masy ciała.

ORZECHY I NASIONA

Powinieneś regularnie jadać orzechy i nasiona. Zawierają one dużo niezbędnych kwasów tłuszczowych, czyli dobrych tłuszczów, które nie tuczą, a nawet pomagają w pozbywaniu się nadwagi.

Orzechy i nasiona są też kopalnią innych składników pokarmowych: pełnego profilu aminokwasów potrzebnych do stworzenia kompletnego, łatwego do strawienia białka, witamin A, B, C i E oraz wapnia, magnezu, potasu, cynku, żelaza, selenu i manganu. Szczególnie korzystne pod tym względem są nasiona słonecznika, siemię lniane, nasiona lucerny, pestki dyni, sezam, migdały, kasztany jadalne, nerkowce, orzechy brazylijskie, pekan i włoskie.

Orzechy i nasiona są tak pełne składników odżywczych, że nie trzeba ich dużo jeść – łyżeczka do dwóch dziennie lub co drugi dzień wystarczy. Używaj ich do dekoracji dań, do nadania szczególnego smaku eleganckim potrawom, posypuj nimi płatki śniadaniowe lub po prostu jedz je jako idealną przekąskę. Ja często moczę surowe nasiona lub orzechy przez kilka godzin w wodzie. Nabierają wówczas wspaniałej konsystencji i łatwiej je strawić. Spróbuj namoczyć migdały – na pewno będą ci smakować. Jeśli chcesz mieć puszyste przybranie do deseru lub budyniu, namocz na kilka godzin nerkowce, a potem je zmiksuj.

DOBRE SŁODYCZE

Nie wszystko, co słodkie, jest dla ciebie złe. Prawdę mówiąc, niemal wszystkie słodycze dane nam przez naturę są dla nas korzystne. Przysmaki te to, w sensie dosłownym, owoce ziemi. Owoce są bogate w składniki odżywcze oraz żywe enzymy i przeciwutleniacze, które wzmacniają twój układ odpornościowy i podnoszą poziom energii. Najlepsze dla nas owoce to: jeżyny, borówki amerykańskie, maliny, truskawki, arbuzy, jabłka, morele, wiśnie, winogrona, brzoskwinie, gruszki, śliwki, rodzynki i mandarynki. Radzę, żeby jeść co najmniej jeden lub dwa świeże owoce sezonowe dziennie.

Do substancji słodzących, których można od czasu do czasu używać do przysmaków lub gotowania, należą: brązowy syrop ryżowy, słód jęczmienny i ryżowy, miód, melasa, rozcieńczony sok jabłkowy, rozcieńczony sok winogronowy i czysty syrop klonowy.

Nie dopuszczę do tego, żebyś się odcukrzył...

ELIMINACJA ZAKAZANYCH OWOCÓW

Moi pacjenci, zanim do mnie przyjdą, muszą zapisywać przez co najmniej dziesięć dni wszystko, co zjedli i wypili. Notują również godziny posiłków oraz swoje nastroje, uczucia i dolegliwości w tym czasie. Informacje te dają doskonały pogląd na ich życie. Często proszę też pacjentów o przynoszenie ze sobą opakowań i puszek po zjedzonych produktach. Możemy wówczas razem przeanalizować, jakie szkodliwe składniki zjedli, nawet o tym nie wiedząc.

Teraz chciałabym również tobie uświadomić twoje złe nawyki żywieniowe i pokazać, jaki mają wpływ na twoje zdrowie. Zatem z ręką na sercu odpowiedz na poniższe pytania.

Ile poniższych artykułów żywnościowych spożywasz średnio w ciągu tygodnia? Zapisuj swoje odpowiedzi.

▶ Filiżanki kawy

▶ Filiżanki herbaty

▶ Produkty smażone

▶ Gotowe posiłki / fast food / posiłki paczkowane

▶ Czekolada

▶ Słodycze

▶ Makaron

▶ Pieczywo

▶ Cukier do kawy lub herbaty

▶ Żywność puszkowana z dodatkiem soli

▶ Drób hodowany nieekologicznie

▶ Szklanki krowiego mleka

▶ Kromki białego chleba

▶ Jednostki alkoholu (średnio jeden mały kieliszek wina to 1 jednostka, a ok. $1/2$ litra piwa to 2 jednostki)

PONIŻEJ 15: WSPANIALE! KWALIFIKUJESZ SIĘ DO FANKLUBU GILLIAN McKEITH!

Możesz być z siebie dumny. Byle tak dalej! Masz doskonałe perspektywy na zdrowe życie.

15–25: NA DOBREJ DRODZE

Jesteś osobą, która z łatwością może się pozbyć śmieci ze swojego jadłospisu. Jeszcze nie jest za późno. Może jesteś znudzony? Twoje życie jest nieco monotonne? Zacznij uprawiać jakiś sport i znajdź sobie hobby. Nie czujesz się jeszcze tak dobrze, jak byś mógł, i doskonale o tym wiesz. Zrób z tym coś od razu.

26–50: JESTEŚ HAZARDZISTĄ

Zsuwasz się po równi pochyłej i stawiasz na szali swoje zdrowie. Jednak zadaj sobie pytanie: dlaczego. Czy musisz zachorować, zanim zdecydujesz się na zmiany? Co jest ci potrzebne? W najbliższy weekend zorganizuj sobie „dzień odtrucia" (patrz str. 140), a znajdziesz się z powrotem na właściwej drodze. Obiecaj sam sobie, że będziesz rozsądniej postępował. Jesteś tego wart.

51–100: JESTEŚ W TARAPATACH. NIE JEST Z TOBĄ DOBRZE!

Nie jestem zadowolona i ty też nie powinieneś być, bo masz kłopoty. Grasz ze swoim zdrowiem i ciałem w rosyjską ruletkę, więc martwię się o ciebie. Nawet jeśli sądzisz, że obecnie wszystko jest w porządku, to twój styl życia i jedzenia w końcu zemszczą się na tobie. Zatem twoja przyszłość, jeśli chodzi o zdrowie, maluje się w dość przerażających barwach, jeśli nie zastosujesz się do moich rad.

101–150: BEZNADZIEJNIE! OSTATNIA CHWILA, ŻEBY COŚ ZROBIĆ!

Jest naprawdę źle. Powinieneś się wstydzić! Albo zabierz się do chudnięcia, przestrzegając moich rad podanych w tej książce, albo nie marnuj mojego czasu. Błagam cię, rozkazuję ci, żebyś wprowadził duże zmiany, i to już od dzisiaj. W twoim przypadku jest to sprawa nie cierpiąca zwłoki.

DO PALACZY

Palenie tytoniu pozbawia twój organizm ważnych składników odżywczych, utrudnia ich przyswajanie z pokarmu, upośledza trawienie i zatruwa ci krew.

ZAKAZANE OWOCE

Są pewne rodzaje żywności – zakazane owoce – których musisz unikać. Albo natychmiast wykreśl je z jadłospisu, albo w najgorszym wypadku zdecydowanie ogranicz ich spożycie. Są one bezpośrednio szkodliwe dla twojego zdrowia i będą ci przeszkadzać w osiągnięciu rezultatów, do których dążysz. Nie chcę cię pouczać, czego nie powinieneś jeść lub robić. Zależy mi raczej na pokazaniu ci nowych, ciekawych produktów żywnościowych i nowego, wspaniałego stylu życia, jaki możesz przyjąć. Obok podaję listę zakazanych owoców, żeby wszystko było jasne. Nie jest ona zbyt długa, więc przypuszczam, że to jeszcze bardziej cię zachęci. Jednak proszę, powtarzam, proszę, uwzględnij moje przedstawione tu prośby. Za jakiś czas będziesz zachwycony i wdzięczny – będziesz wyglądał i czuł się fantastycznie!
Oto moja krótka lista zakazanych owoców.

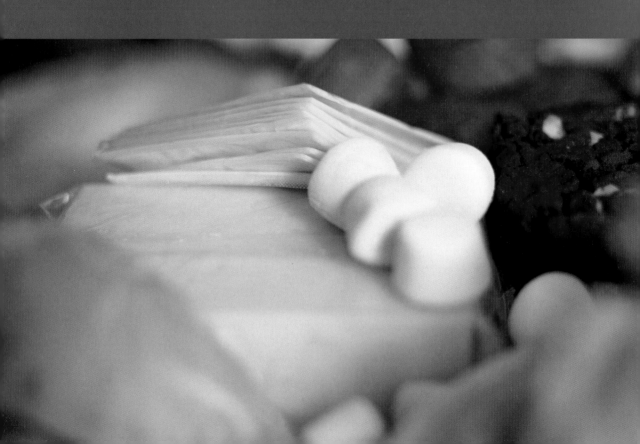

KAWA

Kawa zawiera kofeinę – związek pobudzający, obecny również w herbacie i napojach typu cola. Kiedy pijesz zbyt dużo kawy, ciśnienie krwi wzrasta i stajesz się nerwowy i niespokojny. Co ciekawe, chociaż kawa jest stymulantem, przeciąża twoje nadnercza i cały organizm. Ponadto każda kawa, nawet bezkofeinowa, może przyspieszać starzenie się skóry. Zmniejsza też zdolność przyswajania cynku i żelaza nawet o 50%, co osłabia układ odpornościowy. Odzwyczajaj się od kawy powoli. Stopniowo wprowadzaj zamiast niej rozmaite herbaty ziołowe, np. miętową, rumiankową, z mniszka lekarskiego, pokrzywy i czerwonej koniczyny lub świeżo wyciśnięte soki owocowe zmieszane z ciepłą wodą.

TŁUSTE POKARMY

Nadmiar tłustej żywności, takiej jak czerwone mięso, produkty mleczarskie, potrawy smażone lub tak zwane „śmietnikowe jedzenie" może prowadzić do zatykania tętnic, obniżenia poziomu wapnia i upośledzenia funkcji serca oraz innych ważnych organów. Nie da się tego powiedzieć dyplomatycznie – chodzi o to, że jedzenie dużych ilości tłustych pokarmów prowadzi do otyłości. Poza tym powoduje nadciśnienie, alergię pokarmową, choroby serca, cukrzycę, zaburzenia odżywiania, choroby nerek i wątroby, osteoporozę, zapalenie stawów oraz nowotwory okrężnicy, piersi i macicy.

SŁODYCZE

Jedzenie zbyt wielu słodkich produktów oraz zbyt dużych ilości białego cukru rafinowanego, dekstrozy (glukozy), syropu kukurydzianego, sztucznych słodzików i czekolady może spowodować poważne zaburzenia poziomu cukru we krwi, huśtawkę nastrojów i nadpobudliwość oraz zmniejszyć odporność na infekcje i zahamować funkcje śledziony, wątroby, trzustki i jelit. Stosuj raczej naturalne substancje słodzące, takie jak miód, melasa oraz czyste owoce i soki owocowe, ale niezbyt często.

NABIAŁ

Mleko krowie ma wysoką zawartość tłuszczu oraz białka zwanego kazeiną, które ludziom trudno jest strawić. Dlatego krowie mleko często powoduje reakcje alergiczne, takie jak astma, ból ucha, katar, wypryski, apatia i drażliwość.

Ponadto wiele osób nie ma w organizmie enzymu zwanego laktazą, który umożliwia trawienie laktozy, czyli cukru zawartego w mleku. Jeśli nie tolerujesz laktozy, możesz mieć wzdęcia, gazy, biegunkę lub zaparcia. Zamiast krowiego mleka spróbuj pić łatwiejsze do strawienia mleko kozie lub ryżowe, sojowe, orzechowe, z trzech zbóż lub z owsa. Jeśli zrezygnujesz z nabiału, jedz inne artykuły bogate w wapń, takie jak: tofu, nasiona roślin strączkowych, orzechy, nasiona i zielone warzywa liściaste, aby pokryć zapotrzebowanie organizmu na wapń. Także amarant (patrz str. 64) zawiera dużo wapnia i dodatkowo magnezu.

Jeśli absolutnie nie możesz się obyć bez krowiego mleka, to zawsze przed wypiciem je gotuj. Gotowanie rozkłada duże, trudne do strawienia cząsteczki białka.

ALKOHOL

Alkohol wyczerpuje twój układ trawienny i wątrobę. Wątroba przekształca alkohol w aldehyd octowy, który jest toksycznym kuzynem formaldehydu stosowanego do garbowania skóry i w procesach balsamowania. Nadmiar alkoholu może prowadzić do otyłości i związanych z nią problemów oraz do zaburzenia stężenia cukru we krwi, zmęczenia, spowolnienia pracy organów wewnętrznych i degeneracji tkanki.

Nadmiar kawy może zwiększyć podatność na przeziębienia i grypę.

PRODUKTY TAKIE SOBIE
– SPOŻYWAJ Z UMIAREM

Produktów z tej grupy nie musisz wyrzekać się na zawsze, ale jedz je z umiarem.
Innymi słowy, należy zachować ostrożność.

DROŻDŻE

Wiele rodzajów pieczywa zawiera dodatek drożdży, które powodują rośnięcie ciasta i wzbogacają smak. Paczkowane artykuły żywnościowe często wzbogacane są dodatkami na bazie drożdży, które mogą być określone jako autolizowane białko drożdży, ekstrakt drożdżowy, hydrolizowane białko roślinne, białko roślinne, drożdże piekarnicze, drożdże piwne lub drożdże torula, zatem czytaj uważnie etykiety. Kolejnym źródłem drożdży są produkty fermentowane (np. ocet, sos sojowy, ser) i napoje alkoholowe (szczególnie wino i piwo). Drożdże stanowią problem tylko dla osób, które są na nie uczulone. Jeśli cierpisz na alergię, kandydozę, astmę, egzemę, pokrzywkę, bóle głowy lub migreny, to prawdopodobnie będziesz musiał wyeliminować nadmiar drożdży.

Nadwrażliwość na drożdże może być wynikiem zjadania ich w zbyt dużych ilościach. Nie twierdzę, że nie wolno ci jeść żywności zawierającej drożdże. Pragnę tylko ci uświadomić, że powinieneś ograniczać ich spożycie. I jeszcze jedna uwaga na koniec: Większość pieczywa cukierniczego zawiera również mnóstwo cukru, zatem powinno ono być traktowane jako rzadki przysmak, a nie stała pozycja jadłospisu.

MAKARON

Jeśli sądzisz, że biały makaron jest produktem pełnym wartości odżywczych, to jesteś w błędzie. Gotowy makaron produkuje się z białej mąki, która

w procesie oczyszczania traci 70% witamin i do 90% soli mineralnych. Biała mąka jest pozbawiona błonnika, ma bardzo niską zawartość minerałów i zawiera „żelazo nieorganiczne", które może w nadmiarze gromadzić się w organizmie, wypierając inne wartościowe składniki pokarmowe. Nie mówię, żeby n i g d y nie jeść makaronu, tylko proszę, żeby spożywać go z umiarem.

Radzę natomiast wprowadzić do diety inne rodzaje makaronu. Zamiast białego, można jeść ryżowy, szpinakowy, orkiszowy, kukurydziany i sojowy, dostępne w sklepach ze zdrową żywnością i niektórych supermarketach.

CZERWONE MIĘSO

Nadmierne spożycie czerwonego mięsa może spowodować zatrucie i zakwaszenie organizmu, obniżenie poziomu wapnia, przeciążenie nerek i wątroby. Nadmiar mięsa może zalegać w jelitach, zabijając pożyteczną florę bakteryjną. Może to prowadzić do powstawania kamieni nerkowych, chorób wątroby, raka jelit i narządów rozrodczych, zapalenia stawów i osteoporozy. Czerwone mięso wystawia na ciężką próbę zdolność organizmu do produkowania enzymów i kwasu solnego, które są niezbędne do trawienia. Jeśli masz zwyczaj jeść czerwone mięso, naucz się prawidłowo łączyć różne grupy żywności, tak żeby trawienie mięsa w twoim organizmie przebiegało efektywniej (patrz str. 78). Staraj się też, zawsze kiedy to możliwe, jeść mięso zwierząt hodowanych ekologicznie.

PSIANKOWATE

Jeśli miewasz problemy z mięśniami, stawami lub kośćmi, ograniczaj spożycie roślin z rodziny psiankowatych, czyli na przykład pomidorów, ziemniaków, bakłażanów i papryki.

Szczególnie niekorzystne są one dla osób cierpiących na zapalenia stawów, gdyż zawierają związek zwany solaniną, która zakłóca działanie enzymów w mięśniach, powodując ból, oraz zaostrza dolegliwości stawowe. Jeżeli naprawdę bardzo lubisz te warzywa, to najlepiej gotuj lub opiekaj je z odrobiną zupy miso, co neutralizuje solaninę.

DRÓB

Metody stosowane przy masowej hodowli kurcząt powodują, że na twoim talerzu może się znaleźć mięso chorych zwierząt. Dlatego radzę, żeby w miarę możliwości jeść drób hodowany ekologicznie.

ŁĄCZENIE RÓŻNYCH GRUP ŻYWNOŚCI

Wielu pacjentów przychodzi do mnie po pomoc w ułożeniu właściwej diety. Większość z nich ma nadwagę i cierpi na wzdęcia i gazy po posiłkach. Doskonałym rozwiązaniem tych problemów jest właściwe łączenie różnych produktów żywnościowych. Dzięki tej metodzie tłuszcz jest prawidłowo spalany, a w twoim przewodzie pokarmowym nie zalegają resztki nie strawionej żywności. Najważniejsze to pamiętać, że żywność dzieli się na różne grupy (patrz str. 80) i nie należy jeść pewnych grup żywności w tym samym czasie, gdyż to utrudnia prawidłowe trawienie.

Właściwe łączenie żywności:

▶ Pomaga organizmowi skuteczniej spalać tłuszcz

▶ Zapewnia maksymalne wchłanianie składników pokarmowych, enzymów i białek

▶ Zapobiega wzdęciom, gazom, odbijaniu się i niestrawności

▶ Ogólnie zapobiega wielu problemom związanym z otyłością lub je łagodzi.

Niewłaściwe łączenie żywności:

▶ Uniemożliwia całkowite strawienie pokarmu

▶ Upośledza działanie enzymów trawiennych

▶ Utrudnia wchłanianie składników pokarmowych

▶ Zwiększa ryzyko licznych dolegliwości, takich jak wzdęcia, zgaga, niestrawność, złe wchłanianie, zaparcia, bóle, zespół nadwrażliwego jelita i wiele gorszych.

Problem polega na tym, że pewne produkty są trawione szybciej niż inne, niektóre wymagają innych enzymów trawiennych, a jeszcze inne odmiennych warunków w przewodzie pokarmowym, żeby ich składniki odżywcze zostały należycie wchłonięte. Na przykład do strawienia białek potrzebne są kwaśne soki trawienne, a do rozłożenia węglowodanów zasadowe.

Kiedy moi pacjenci zaczynają stosować metodę odpowiedniego łączenia produktów żywnościowych, często już po kilku dniach zauważają znaczące zmniejszenie dolegliwości fizycznych, jak również poprawę nastroju, przypływ energii i zwiększenie ogólnej witalności.

ZACZNIJ CHUDNĄĆ

Odpowiednie łączenie grup żywności jest doskonałym sposobem na uregulowanie masy ciała. Dzieje się tak dlatego, że kiedy jesz tylko jeden produkt naraz lub większą ich liczbę we właściwym połączeniu z innymi, maksymalnie wykorzystujesz zdolności organizmu do skutecznego rozkładania pokarmów. Dzięki temu twój organizm nie ma problemów ze złą przemianą materii prowadzącą do powstawania toksyn i skórki pomarańczowej. Odpowiednie łączenie żywności umożliwia też prawidłowe spalanie tłuszczu. W mojej praktyce przekonałam się, że jest to jedna z najskuteczniejszych metod odchudzania i utrzymywania prawidłowej masy ciała.

NA CZYM TO POLEGA

Grupa 1: Białka (mięso, drób, sery, ryby, jajka, mleko, orzechy) są trawione w środowisku kwaśnym. Ich trawienie przebiega powoli.

Grupa 2: Węglowodany – wszystkie rodzaje ziaren i wyprodukowana z nich żywność (pieczywo, makaron, płatki, mąka, ciastka itp.) oraz warzywa bogate w skrobię (np. ziemniaki, jamsy, kukurydza), do których strawienia potrzebne są zasadowe soki trawienne. Węglowodany szybko ulegają strawieniu i wymagają do tego innych enzymów niż białka.

Kiedy jesz jednocześnie produkty z grupy 1 i 2, enzymy i soki trawienne wydzielane w celu ich rozłożenia działają na siebie antagonistycznie i neutralizują się nawzajem. W rezultacie pokarm nie zostaje należycie strawiony i gnije w jelitach, powodując gazy, wzdęcia, zgagę, bóle brzucha, niestrawności, złe przyswajanie składników pokarmowych oraz wyczerpanie organizmu.

Grupa 3: Surówki, warzywa korzeniowe, warzywa o niskiej zawartości skrobi, nasiona, zioła, orzechy i oleje z nasion. Te produkty można jeść zarówno z grupą 1, jak i 2.

Grupa 4: Owoce. Są trawione najszybciej i za pomocą zupełnie innych enzymów niż pozostałe trzy grupy.

Rozwiązanie:

▸ Nie jedz produktów z grupy 1 (białka) i z grupy 2 (węglowodany) podczas jednego posiłku.

▸ Żywność z grupy 3 (warzywa) można jeść z grupą 1 i 2.

▸ Owoce (grupa 4) należy zawsze jeść osobno, w odstępie co najmniej pół godziny od innych grup produktów. Najlepiej jeść owoce rano na pusty żołądek. Jeśli jesz owoce po innych rodzajach żywności, zalegają ci w przewodzie pokarmowym za produktami wymagającymi znacznie dłuższego trawienia i zaczynają fermentować w jelitach. Kiedy zjesz owoce z inną żywnością, możesz się spodziewać wzdęć, gazów i niestrawności. (Nigdy nie łącz melonów z innymi owocami. Melony są trawione najszybciej ze wszystkich owoców, toteż jedz je osobno.)

▸ Po zjedzeniu posiłku złożonego z węglowodanów zaczekaj dwie godziny, zanim zjesz białko. Z kolei po posiłku białkowym należy zrobić trzygodzinną przerwę przed spożyciem węglowodanów. Białka potrzebują czterech godzin, a węglowodany dwóch, żeby dotrzeć z ust do jelit.

GRUPA 1

Białka

▸ Sery
▸ Jajka (wiejskie)
▸ Orzechy
▸ Ryby
▸ Dziczyzna, królik
▸ Mięso
▸ Mleko
▸ Drób
▸ Skorupiaki
▸ Soja, tofu i inne produkty sojowe
▸ Jogurty

GRUPA 2

Węglowodany

▸ Kasze i płatki zbożowe, makaron, ryż, żyto, kukurydza, proso
▸ Produkty zbożowe, herbatniki, pieczywo, ciasta, krakersy, pierożki i paszteciki
▸ Miód
▸ Syrop klonowy
▸ Ziemniaki i inne warzywa o dużej zawartości skrobi
▸ Cukier i słodycze

GRUPA 3

Warzywa o niskiej zawartości skrobi i tłuszcze

▸ Warzywa liściaste i świeże zioła
▸ Nasiona
▸ Masło, śmietana, tłuszcze do smarowania
▸ Oliwa z oliwek (tłoczona na zimno)
▸ Zioła suszone, przyprawy korzenne i ostre

GRUPA 4

▸ Wszystkie owoce

Wejdź na drogę wiodącą do doskonałego zdrowia. Stosuj się do wskazówek podanych poniżej, a poprawisz swoją przemianę materii i odporność oraz zwiększysz zasób energii.

ŁĄCZENIE ŻYWNOŚCI

ZŁE	DOBRE
Ziarna z mięsem lub nabiałem = gazy	Same owoce = nie wywołują gazów, prawidłowe trawienie
Owoce z warzywami = gazy	Ziarna z warzywami = nie wywołują gazów
Owoce z mięsem = gazy	Makarony z warzywami = nie wywołują gazów
Owoce z ziarnami lub nabiałem = gazy	Nasiona roślin strączkowych z warzywami = nie wywołują gazów*
	Ryby lub mięso z warzywami = nie wywołują gazów
	Nasiona roślin strączkowych z ziarnami = nie wywołują gazów

*Uwaga na temat nasion roślin strączkowych i ziaren jedzonych razem: wegetarianom łatwiej jest odpowiednio łączyć grupy żywności. Wprawdzie nasiona roślin strączkowych zawierają mieszaninę skrobi i białka, ale w większości z nich, poza soją i białą fasolą (średnią), dominuje skrobia. Dlatego większość z nich można łączyć zarówno z ziarnami, jak i warzywami.

LISTA PRODUKTÓW DIETY OBFITOŚCI

W dzisiejszych czasach nikt nie może narzekać, że ma za mały wybór produktów spożywczych. Chciałabym, żebyś zaczął jeść więcej niż do tej pory, ale też jednocześnie wybierał odpowiednie rodzaje żywności, dzięki którym będziesz szczupły, sprawny i zdrowy. Wspaniałe jest to, że możesz jeść do woli, a nie będziesz tył.

Dalej przedstawiam listę produktów diety obfitości. Zawiera ona ponad 100 najzdrowszych artykułów żywnościowych, które powinny się znaleźć w twoim normalnym jadłospisie. A to dopiero początek. Jeśli rzeczywiście zaczniesz regularnie jadać wszystkie te pokarmy, mogę cię zapewnić, że twój organizm, nastrój i ogólny stan zdrowia bardzo na tym skorzystają. Jak się przekonasz, lista zawiera wiele produktów, których nigdy nie jadłeś, a może nawet o nich nie słyszałeś. Cóż, teraz nadeszła pora, żeby je poznać i zacząć żyć pełnią życia.

Kiedy zaczniesz stosować moją dietę obfitości, poczujesz się silniejszy, bardziej pociągający, pełniejszy energii i szczęśliwszy.

ZIELONE WARZYWA LIŚCIASTE

Boćwina
Cykoria
Endywia
Endywia kędzierzawa
Jarmuż
Kapusta bezgłowa
Liście buraka
Liście gorczycy sarepskiej
Liście mniszka lekarskiego (mleczu)
Liście rzepy
Rokieta siewna
Roszponka
Rukiew wodna
Sałata liściasta
Sałata lodowa
Sałata rzymska
Szczaw
Szpinak

SUROWE ORZECHY

Kasztany jadalne
Migdały
Nerkowce (z umiarem)
Orzechy brazylijskie
Orzechy laskowe
Orzechy włoskie
Orzeszki piniowe
Pekan
Pistacje

NASIONA

Chia (nasiona szałwii kolumbijskiej)
Pestki dyni
Pestki słonecznika
Sezam
Siemię lniane

WARZYWA

Awokado
Bakłażany
Bok choy (kapusta chińska)
Brokuły
Brukselka
Buraki
Cebula
Cukinia
Jamsy
Kabaczek
Kalafior
Kalarepa
Karczochy
Marchew
Okra
Papryka
Pasternak
Pietruszka
Pomidory
Rukiew wodna
Rzepa
Rzodkiew
Rzodkiewki
Seler
Seler naciowy
Szparagi
Zielony groszek
Ziemniaki

MĄKI

Amarant
Graham
Owsiana
Sojowa
Tapioka
Z nasion słonecznika
Ziemniaczana
Z pszenicy durum

WODOROSTY

Agar
Arame
Hijiki
Kelp
Kombu
Nori
Palma morska
Rodymenia palczasta
Wakame

ZBOŻA

Amarant
Brązowy ryż
Jęczmień
Kamut
Kasza bulgur
Kasza gryczana
Komosa ryżowa
Kukurydza
Orkisz
Owies
Proso
Ryż basmati
Żyto

NASIONA ROŚLIN STRĄCZKOWYCH

Biała fasola (odmiany o dużych i średnich ziarnach)
Bób
Ciecierzyca
Czarna fasola
Fasola adzuki
Fasola anasazi (biało-brązowa)
Fasola pinto (beżowa nakrapiana)
„Piękny Jaś"
Soczewica
Soja

ŚWIEŻE ZIOŁA

(jako przyprawy)

Bazylia
Cynamon
Estragon
Goździki
Imbir
Kardamon
Kmin
Kolendra
Koper
Koper włoski (fenkuł)
Kozieradka
Liść laurowy
Majeranek
Mięta
Morela (śliwka) umeboshi
Oregano
Rozmaryn
Szafran
Trybula
Tymianek

HERBATY ZIOŁOWE

Czerwona koniczyna
Dzika róża
Głóg
Imbir
Koper włoski
Korzeń waleriany
Lukrecja
Malina właściwa
Melisa
Mięta ogrodowa
Mięta pieprzowa
Mniszek lekarski
Pau d'arco
Pokrzywa
Rumianek
Skrzyp
Wiąz śliski
Żeń-szeń

OWOCE	OWOCE	OWOCE	TOFU
Agrest	Borówki amerykańskie	Wszystkie owoce suszone	
Ananasy	Brzoskwinie	Banany	TEMPEH
Cytryny	Czarne jagody	Daktyle	
Daktyle	Gruszki	Figi	RYBY
Granaty	Guawy	Melony:	
Grejpfrut	Jabłka	*arbuz*	
Kumkwat	Jeżyny	*kantalup*	
Limonki	Kiwi	*melon bananowy*	
Mandarynki	Liczi	*melon zimowy*	
Pomarańcze	Mango	*(Honeydew)*	
Porzeczki	Morele		
Skrzyżowanie jeżyny	Morwy		
z maliną	Nektarynki		
Tangelo (skrzyżowanie	Nieśpliki japońskie		
grejpfruta	Papaje		
z mandarynką)	Pitaki (owoce opuncji)		
Truskawki	Winogrona		
Żurawiny	Wiśnie		

Ludzie często mnie pytają:
"Na czym, w skrócie, polega program Gillian McKeith?" Oto odpowiedź: Odkrywaj i wypróbowuj dziesiątki nowych, pysznych produktów żywnościowych, które czekają, by skusić twoje kubki smakowe.
Do dzieła!

ROZDZIAŁ 4

5 GŁÓWNYCH KOSZMARÓW

PRZEKONAŁAM SIĘ, ŻE NIEMAL KAŻDY NATYKA SIĘ NA JEDEN LUB KILKA Z PIĘCIU PROBLEMÓW, KTÓRE NAZWAŁAM „KOSZMARAMI". MOGĘ STWIERDZIĆ, ŻE OKOŁO 95% MOICH PACJENTÓW CIERPI Z POWODU PROBLEMÓW NALEŻĄCYCH DO JEDNEJ Z TYCH KATEGORII. JEŚLI ROZPOZNAJESZ KTÓRYŚ Z NICH U SIEBIE, WSKAZÓWKI ZAMIESZCZONE W TYM ROZDZIALE POMOGĄ CI UPORAĆ SIĘ Z NIM.

5 GŁÓWNYCH KOSZMARÓW:

CIĄGŁA WALKA Z NADWAGĄ

NIEUSTANNE ZMĘCZENIE

ZABURZENIA TRAWIENIA

ZESPÓŁ NAPIĘCIA PRZEDMIESIĄCZKOWEGO
  I INNE PROBLEMY HORMONALNE

STRES

Kiedy po raz pierwszy zobaczyłam dziennik odżywiania się Yvonne, nie mogłam uwierzyć, jak mało je. Na jej jadłospis składały się głównie chipsy, biały chleb i czekolada. W rezultacie jej organizm przestawił się na spowolniony tryb funkcjonowania – jej metabolizm, wraz ze spalaniem tłuszczów, stopniowo stawał się coraz słabszy. Dlatego, mimo że Yvonne tak niewiele jadła, miała poważne problemy z nadwagą.

DZIENNIK ODŻYWIANIA SIĘ YVONNE

PONIEDZIAŁEK

9.00 2 kromki białego chleba, opieczone w tosterze i posmarowane margaryną light, kubek herbaty.

14.00 Duża paczka chipsów krewetkowych, paczka chrupek ziemniaczanych o smaku krewetek, duża tabliczka czekolady, puszka dietetycznego napoju gazowanego.

23.00 Duża paczka chipsów krewetkowych, paczka chrupek ziemniaczanych o smaku krewetek, duża tabliczka czekolady.

WTOREK

9.00 2 kromki białego chleba, opieczone w tosterze i posmarowane margaryną light, kubek herbaty.

11.00 Baton czekoladowo-kokosowy, filiżanka gorącej czekolady.

14.00 Koktajl truskawkowy będący zamiennikiem posiłku.

15.00 Makaron z mikrofalówki, sos do makaronu, 2 opieczone kromki białego chleba.

18.00 Spaghetti po bolońsku – gotowa mrożonka z Tesco, kubek herbaty.

21.30 2 kromki białego chleba, opieczone w tosterze i posmarowane margaryną light, kubek herbaty.

ŚRODA

9.00 2 kromki białego chleba, opieczone w tosterze i posmarowane margaryną light, kubek herbaty

13.00 Duża bagietka nadziewana pomidorami i kurczakiem cajun w sosie śmietanowym, butelka dietetycznej coli.

15.00 Puszka piwa imbirowego, paczka chipsów o smaku bekonowym, paczka chipsów o smaku wędzonego bekonu, paczka chipsów solonych, kubek herbaty.

18.00 Kubek gorącej czekolady, cztery wafelki oblewane czekoladą.

19.30 Ok. 4 porcji czekoladowej rolady z kremem, kubek herbaty.

21.30 Paczka chipsów o smaku wędzonego boczku, puszka piwa imbirowego, $1/2$ paczki fasolek czekoladowych.

CZWARTEK

8.00 Paczka chipsów krewetkowych.

9.00 2 pszenne bułki posmarowane margaryną light i paczka chipsów, kubek herbaty.

15.00 Kubek herbaty, 2 kawałki ciasta biszkoptowego.

18.00 1 zapiekanka z mięsa wołowego i ciasta, 1 zapiekanka z kurczaka z pieczarkami i ciasta, puszka piwa imbirowego, $\frac{1}{2}$ paczki fasolek czekoladowych.

PIĄTEK

9.00 Puszka piwa imbirowego, 2 pszenne bułki posmarowane margaryną light i dżemem truskawkowym.

12.00 2 paczki ciasteczek nadziewanych masą serową, szklanka wody.

17.30 Domowe curry, ryż z ananasem i jabłkiem, kubek kawy.

20.30 2 paczki chipsów.

21.00 Paczka chipsów, kubek kawy z likierem.

SOBOTA

12.00 Płatki Red Berries z odtłuszczonym mlekiem.

15.00 2 kromki białego chleba zapieczone z masą Marmite, kubek herbaty.

18.30 2 paczki chipsów

21.00 Kurczak słodko-kwaśny po chińsku – porcja na wynos, smażony ryż z jajkiem, krakersy krewetkowe, $\frac{1}{2}$ litra dietetycznego napoju gazowanego.

NIEDZIELA

9.00 2 herbatniki w czekoladzie

16.00 Puszka zupy o obniżonej zawartości tłuszczu, 4 kromki białego chleba, paczka chipsów, kubek herbaty.

20.30 2 paczki chipsów, $\frac{1}{2}$ paczki ciasteczek maślanych, 2 kubki herbaty.

CIĄGŁA WALKA Z NADWAGĄ

Ciągła walka z nadwagą jest bardzo powszechna. Przybierasz na wadze, kiedy ilość energii pobieranej z pożywienia jest większa niż ilość energii zużywanej na procesy metaboliczne i wysiłek fizyczny. Nadmiar pokarmu jest magazynowany w postaci tłuszczu. Dzięki przestrzeganiu mojej diety obfitości przedstawionej w rozdziale 3 uporasz się ze wszystkimi przedstawionymi poniżej czynnikami, które mogą obecnie hamować u ciebie spadek masy ciała.

CZYNNIKI HAMUJĄCE SPADEK MASY CIAŁA:

▸ Zanieczyszczona okrężnica, problemy jelitowe

▸ Jedzenie niewłaściwych rodzajów żywności

▸ Zjadanie nadmiernych ilości żywności (szczególnie tłustej lub niewłaściwej)

▸ Zaburzenia gospodarki insulinowej (spowodowane zjadaniem nadmiaru cukrów)

▸ Brak enzymów

▸ Brak ćwiczeń fizycznych

▸ Zaburzenia funkcji trawiennych

▸ Zaburzenia poziomu minerałów i witamin

▸ Pasożyty przewodu pokarmowego powodujące wilczy apetyt

▸ Złe funkcjonowanie nadnerczy

▸ Złe nawyki jedzeniowe, niedostateczne gryzienie pożywienia, nieregularne pory posiłków

▸ Zła przemiana materii

▸ Spowolnienie funkcji wątroby

▸ Problemy z tarczycą

▸ Zatrzymywanie wody w organizmie

▸ Słabe nerki

▸ Przerost drożdżaków

CZY MASZ NADWAGĘ?

Do określania prawidłowej masy ciała stosuje się tzw. wskaźnik masy ciała BMI, który obliczamy, dzieląc masę ciała w kilogramach przez wzrost w metrach podniesiony do kwadratu. BMI powyżej 25 oznacza nadwagę, a powyżej 30 otyłość.

JAK OBLICZYĆ SWÓJ BMI

Podziel swoją masę ciała wyrażoną w kilogramach przez wzrost wyrażony w metrach podniesiony do kwadratu.

Na przykład:
$55 \text{ kg} : (1,55)^2 = 55 : 2,4025 = 22,9$
$95 \text{ kg} : (1,8)^2 = 95 : 3,24 = 29,3$

Sprawdź swój wynik według poniższej skali:
Niedowaga: poniżej 18,5
Prawidłowa masa ciała: 18,5 – 24,9
Nadwaga: 25 – 29,9
Otyłość: powyżej 30

Można również obliczyć BMI, stosując jednostki anglosaskie, według wzoru:
waga w funtach x 704 : (wzrost w calach)^2

Na przykład:
$126 \times 704 : (62)^2 = 88704 : 3844 = 23,1$

WYJAŚNIENIE GWAŁTOWNYCH NAPADÓW ŁAKNIENIA CUKRU

Napady silnego łaknienia cukru pojawiają się wówczas, gdy masz stale zaburzoną równowagę cukru we krwi, co może być spowodowane niedoborem składników pokarmowych, przerostem drożdżaków lub dietą bogatą w wysoko przetworzone węglowodany i bezwartościowe produkty. Takie ataki mogą świadczyć, że cierpisz na hipoglikemię, która powoduje dalsze łaknienie cukru.

Kończy się tym, że przeżywasz nieustanną huśtawkę poziomu glukozy we krwi – jej stężenie gwałtownie rośnie, a po chwili spada. Dlatego wystarczy zjeść jeden baton czekoladowy, żeby organizm wkrótce zaczął się domagać następnej porcji cukru. Cukier powoduje przypływ energii, ale nie trwa to długo i niebawem znów czujesz, że brakuje ci sił. Najlepszym sposobem wyrwania się z tego błędnego koła jest całkowite odstawienie słodyczy i innych rodzajów żywności o dużej zawartości cukrów na miesiąc. Pij w tym czasie herbatę z traganka, który podniesie poziom energii (500 mg dziennie).

Musisz również pomóc swojemu organizmowi, dostarczając mu żywych, bogatych w składniki pokarmowe superpokarmów, które pomogą zrównoważyć skład krwi. Dobrym rozwiązaniem jest spirulina (patrz str. 205) oraz preparat uzupełniający w płynie, zawierający chrom, mangan i magnez. Brak któregokolwiek z tych pierwiastków zakłóca normalne stężenie glukozy we krwi, powodując łaknienie cukru. (Ponad 80% chromu jest tracone w procesie przetwarzania żywności.)

Pewne rodzaje żywności pomagają uregulować stężenie glukozy we krwi i opanować apetyt na cukier. Należą do nich produkty z pełnego ziarna i świeże warzywa. Z kolei jamsy, słodkie ziemniaki i kabaczek zaspokajają apetyt na coś słodkiego, a nie podnoszą poziomu cukru we krwi tak jak słodycze.

Często proszę pacjentów, żeby przyjmowali przed posiłkami pół łyżeczki L-glutaminy w proszku w celu zahamowania napadów łaknienia. To naprawdę pomaga.

PRZEJADANIE SIĘ

Przejadanie się jest często spowodowane obecnością pasożytów przewodu pokarmowego lub problemami emocjonalnymi. (Na str. 46 znajdziesz wskazówki, jak pozbyć się pasożytów.) Może też być skutkiem zaburzeń funkcjonowania organów wewnętrznych i gruczołów wydzielania wewnętrznego. Na przykład, zbyt duże spożycie mięsa może doprowadzić do stanów zapalnych wyściółki żołądka i wytworzenia się w tym organie zbyt dużej ilości ciepła. Właśnie ten nadmiar ciepła powoduje, że masz ochotę zjeść jeszcze więcej.

NAPADY ŁAKNIENIA PEWNYCH POKARMÓW

Słodycze oraz inne rodzaje żywności o dużej zawartości wysoko oczyszczonych węglowodanów podnoszą w organizmie poziom związków chemicznych wywołujących uczucie przyjemności (takich jak endorfiny, serotonina, norepinefryna). Problem polega na tym, że cukier z takich produktów bardzo szybko przenika do krwiobiegu i powoduje gwałtowne wydzielanie insuliny i serotoniny. Duża ilość insuliny szybko rozkłada cukier, powodując gwałtowny spadek jego stężenia, a także stężenia endorfin. Sprawia to, że czujesz się gorzej niż przedtem, więc sięgasz po następne słodycze, żeby poprawić sobie nastrój, i w ten sposób rozpoczynasz cykl składający się z napadów łaknienia, przybierania masy ciała, ciągłego zmęczenia i huśtawki nastrojów, który potem trudno przerwać. Każdy z uczestników programu telewizyjnego *Jesteś tym, co jesz* był uzależniony od cukru. Większość z nich nie zdawała sobie z tego sprawy, dopóki nie wykazano im, jak dużo cukru zjadają w ciągu tygodnia.

ZABURZENIA WYDZIELANIA INSULINY

Kiedy zjadamy pokarm, glukoza powstająca w procesie jego trawienia przenika przez jelita do krwi. Nasz organizm zużywa jej tyle, ile potrzebuje, i wydziela insulinę, żeby obniżyła jej stężenie do normalnego, przetwarzając nadmiar cukru w glikogen, magazynowany przez wątrobę.

Przy zdrowej diecie cały ten mechanizm działa idealnie. Natomiast nadmierne spożycie rafinowanych węglowodanów, szczególnie produktów o dużej zawartości cukru, prowadzi do zakłócenia tej równowagi i wszystko zaczyna szwankować. Twój organizm musi produkować coraz większe ilości insuliny, żeby rozłożyć cukier. W końcu nabywasz tak zwanej insulinooporności i nadmiar glukozy zamienia się w tłuszcz zamiast w glikogen. Wpadasz w ten sposób w błędne koło, w którym im bardziej niestabilne jest stężenie glukozy we krwi, tym bardziej jesteś podatny na napady łaknienia słodyczy i innych wysoko przetworzonych węglowodanów, jak biały chleb.

Zaburzenie równowagi insulinowej może być przyczyną otyłości. Zjadanie nadmiernych ilości cukrów prowadzi do nietolerancji glukozy przez organizm, a przy nadwadze cukier jest rozkładany mniej efektywnie.

SAMODZIELNE SPRAWDZENIE TOLERANCJI GLUKOZY

Jeśli rozpoznajesz u siebie co najmniej trzy z podanych poniżej objawów, mogą występować u ciebie nieprawidłowości w wydzielaniu insuliny i rozkładaniu glukozy.

▸ Problemy z koncentracją
▸ Nadmierne spożycie kawy i czekolady oraz wypalanie dużej liczby papierosów
▸ Nadmierna potliwość
▸ Nadmierne pragnienie
▸ Wyjątkowe trudności ze wstaniem z łóżka
▸ Zasypianie w środku dnia lub odczuwanie wyjątkowej senności
▸ Niemożność funkcjonowania bez dawki kofeiny lub nikotyny
▸ Duża drażliwość, jeśli posiłki są rzadkie
▸ Potrzeba więcej niż ośmiu godzin snu w nocy

NADWRAŻLIWOŚĆ POKARMOWA

Niektórzy codziennie mają apetyt na te same produkty. Miałam pacjentkę, malarkę, która codziennie jadła na śniadanie owsiankę, a na kolację wyłącznie panierowane nóżki z kurczaka – i tak od 30 lat! Była wyczerpana, nie miała już ochoty malować i straciła zainteresowanie życiem. Kiedy nakłoniłam ją do urozmaicenia monotonnego jadłospisu, nabrała energii, poczuła siły twórcze i znów zaczęła tworzyć, a na dodatek schudła ponad 6 kilogramów w ciągu miesiąca.

Jeśli latami jesz codziennie to samo, często stajesz się nadwrażliwy na te produkty, co może prowadzić do alergii pokarmowej. Poza tym zazwyczaj te rodzaje żywności, których łakniemy najbardziej, są też tymi, które powodują otyłość. Jest to błędne koło.

U osób z nadwrażliwością pokarmową może się pojawić opóźniona reakcja immunologiczna. Może ona wystąpić w kilka godzin lub nawet dni po zjedzeniu danego produktu. Do objawów nadwrażliwości należą między innymi podrażnienie jelit, wypryski skórne, owrzodzenia jamy ustnej, choroba Leśniowskiego-Crohna lub inne zapalne choroby jelit, kolka, choroby uszu oraz zmęczenie. Związek między objawami a spożywaniem pewnych produktów może nie być oczywisty. Nadwrażliwość pokarmowa ma bezpośredni niekorzystny wpływ na wchłanianie składników odżywczych, funkcjonowanie narządów wewnętrznych i utrzymanie prawidłowej masy ciała. Przy ustalaniu pokarmów uczulających zazwyczaj wskazuje się najpierw na te najpopularniejsze, takie jak pszenica, nabiał, cukier i kukurydza. Spożywamy ich bardzo dużo, gdyż znajdują się w wielu gotowych produktach. Zatem w obecnych czasach łatwo jest nabawić się nadwrażliwości pokarmowej, szczególnie jedząc wysoko przetworzone produkty.

Problem polega na tym, że jeśli codziennie jesz produkty, których nie tolerujesz, znacząco zmniejsza się tempo przemian metabolicznych w twoim organizmie. Dochodzi do upośledzenia działania enzymów, w związku z czym tłuszcze przestają być prawidłowo rozkładane.

Ponadto, jedząc codziennie to samo, nie dostarczasz organizmowi wszystkich niezbędnych składników odżywczych, witamin, minerałów i koenzymów.

Moje rady są następujące:

▶ Urozmaicaj dietę. Powiedzmy, że dziś zjesz określony produkt, to postaraj się go nie jeść przez następne trzy lub cztery dni. W ten sposób możesz zapobiegać wytworzeniu się nietolerancji pokarmowej.

▶ Warto się przebadać w kierunku alergii lub nietolerancji pokarmowej. Dzięki temu będziesz dokładnie wiedzieć, które produkty mogą u ciebie wywoływać przybór masy ciała lub złe samopoczucie, nadmierne zmęczenie i apatię. Pacjenci z tego rodzaju problemami muszą się poddać badaniom w kierunku nadwrażliwości pokarmowej. Ty także możesz poddać się takim badaniom. Poza tym warto przeprowadzić badanie metodą opartą na mierzeniu pulsu (str. 48).

Możesz uzyskać bliższe informacje na temat moich testów w kierunku alergii pokarmowej („McKeith Food Allergy Test") drogą elektroniczną, pisząc na adres test@mckeithresearch.com lub faksem pod numerem 02074319700. Można również znaleźć je w mojej witrynie internetowej pod adresem www.drgillianmckeith.com (kliknij na „Biochemical Tests").

JAK WŁAŚCIWE ODŻYWIANIE MOŻE POMÓC SIĘ WYDOSTAĆ Z BŁĘDNEGO KOŁA?

Dobrze zbilansowana, bogata w składniki pokarmowe dieta pomoże ci się wydostać z nie kończącego się cyklu gwałtownych napadów apetytu, spożywania cukrów i tycia. Jest to możliwe dlatego, że taka dieta nie tylko odżywia organizm, ale również reguluje stężenie cukru we krwi, tak że nie doświadczasz tych chwil nagłego osłabienia, które skłaniają cię do sięgnięcia po coś słodkiego na wzmocnienie. Poza tym dzięki bardziej ustabilizowanemu poziomowi energii znacznie rzadziej będziesz odczuwał apetyt na produkty, których w rzeczywistości nie potrzebujesz lub które są dla ciebie niezdrowe.

CHRONICZNE ODCHUDZANIE SIĘ

Diety cud, kończące się efektem jo-jo, nie pomogą ci na stałe pozbyć się nadwagi. Stosując je, chudniesz przez pewien czas, ale praktycznie niemożliwe jest utrzymanie przez dłuższy czas tych efektów. Dzieje się tak dlatego, że tempo, z jakim zjadany przez ciebie pokarm jest rozkładany i zużywany przez organizm — czyli proces zwany termogenezą — jest osłabiane przez stres związany z nieustannym odchudzaniem się. W ten sposób schudnięcie i utrzymanie prawidłowej masy ciała staje się praktycznie niemożliwe. Poniżej przedstawiam najważniejsze wskazówki, które umożliwią ci powrót na właściwą drogę, jeśli dotychczas ciągle się odchudzałeś.

▸ Stosuj zdrową, dobrze zbilansowaną dietę, bogatą w składniki odżywcze.

▸ Jedz różnorodne produkty z mojej listy diety obfitości.

▸ Jedz często niewielkie porcje, tak aby utrzymać na stałym poziomie stężenie cukru we krwi, złagodzić napady apetytu i wrócić na właściwą drogę.

▸ Wybieraj produkty pomagające utrzymać stałe stężenie cukru we krwi, a więc wszystko, na co masz ochotę z mojej diety obfitości (str. 83–84). Wyeliminuj żywność, która powoduje skoki stężenia cukru, szczególnie słodycze i produkty wysoko przetworzone.

▸ Zwiększ swoją aktywność fizyczną. Ćwiczenia są niezwykle pomocnym narzędziem przy długofalowej dbałości o prawidłową masę ciała, a przy tym sprzyjają zdrowemu, szczęśliwemu życiu.

▸ Zmniejsz spożycie soli i pij dużo wody (6–8 szklanek dziennie), aby zredukować ilość płynów zatrzymywanych w organizmie.

▸ Zjadaj najwięcej na śniadanie i lunch, ponieważ dzięki aktywności w ciągu dnia zdążysz spalić spożyte kalorie.

▸ Takie zioła jak cynamon, imbir, pieprz cayenne, kardamon i żeń-szeń pobudzają termogenezę (tempo, w jakim żywność jest rozkładana) i sprzyjają utracie masy ciała.

▸ Staraj się zapewnić organizmowi dostateczną porcję zdrowego snu. Niedostatek snu zwiększa ryzyko niezdrowego odżywiania się i tycia.

▸ Zadbaj o właściwą motywację:

  ▸ Zastanów się nad tym, dlaczego chcesz schudnąć, i uświadom sobie, jakie to będzie korzystne dla twojego zdrowia i samopoczucia.

  ▸ Zacznij od dziś zapisywać wszystko, co jesz i pijesz. Kiedy lepiej poznasz swoje nawyki dietetyczne i przekonasz się, co pobudza napady apetytu, będziesz mógł zacząć rozwiązywać ten problem.

  ▸ Nie spiesz się podczas jedzenia. Dokładnie przeżuwaj kęsy, odkładając w tym czasie nóż i widelec i delektując się smakiem potrawy. Potrzeba czasu, żeby żołądek przekazał mózgowi sygnał, że jest pełen, a wielu z nas je tak szybko, iż sygnał ten nigdy nie dociera na czas.

  ▸ Zapisz masę ciała, jaką chcesz osiągnąć, i/lub swoje cele zdrowotne i podejmij wobec siebie zobowiązanie. Badania pokazują, że zapisanie celów pomaga się skoncentrować na ich osiągnięciu.

  ▸ Wytłumacz sobie, że nie jesteś na diecie. Odchudzanie się przez dzień, tydzień czy miesiąc należy już do przeszłości. Od tej pory po prostu zdrowiej się odżywiasz, żeby stworzyć swoje nowe, ciekawe „ja".

SPRAWDŹ SWOJĄ TARCZYCĘ

Czy zauważasz u siebie następujące objawy?

- Apatia rano, przypływ energii wieczorem
- Bardzo wysuszona skóra i włosy
- Brak ochoty na seks
- Ciągłe pękanie pięt
- Ciągłe uczucie chłodu; rozgrzanie się zajmuje ci wieki
- Częste bóle głowy
- Napięcie przedmiesiączkowe
- Niepłodność
- Obrzmienie powiek, kostek lub dłoni
- Utrata zewnętrznej jednej trzeciej brwi
- Wyczerpanie, nawet po wielogodzinnym śnie
- Zaparcia
- Zbyt słabe pocenie się
- Zimne dłonie i/lub stopy
- Żółtawy odcień skóry

Jeśli udzieliłeś co najmniej trzech twierdzących odpowiedzi, to możesz mieć niedoczynność tarczycy. Poproś lekarza rodzinnego o skierowanie na badanie krwi, żeby to sprawdzić. Jednak pamiętaj, że czasem, kiedy mamy do czynienia z bardzo łagodnym zaburzeniem funkcjonowania tarczycy, badanie krwi może tego nie wykazać.

ZNACZENIE TARCZYCY

Tarczyca kontroluje metabolizm całego organizmu, regulując produkcję energii i pobieranie tlenu. Ciągły stres może upośledzić jej normalne funkcjonowanie. Nadmierna stymulacja tarczycy może być spowodowana spożyciem cukrów, kawy i alkoholu i doprowadzić ten gruczoł do stanu wyczerpania, czego skutkiem będzie przyrost masy ciała (szczególnie w okolicy pasa, bioder i ud), którego szczególnie trudno się pozbyć.

Rozwiązanie:

- Przy leczeniu niedoczynności tarczycy pomocne są suplementy z krasnorostów o nazwie kelp oraz zielone superpokarmy (patrz str. 203). Ponadto wodorosty, które mają dużą zawartość jodu, poprawiają również przemianę materii.

- Jedz pokarmy o dużej zawartości tyrozyny, takie jak pestki dyni, awokado i migdały, żeby poprawić swój metabolizm.

- Jeśli cierpisz na przymus jedzenia, przyjmuj suplement tyrozyny (500 mg, cztery razy dziennie) oraz suplement cynku (50 mg dziennie).

POKARMY BOGATE W:

MAGNEZ	WAPŃ	POTAS
Awokado	*Brokuły*	*Banany*
Brązowy ryż	*Groch*	*Dorsz*
Daktyle	*Jarmuż*	*Groszek*
Jabłka	*Kalafior*	*Łosoś*
Lucerna	*Nasiona*	*Marchew*
Migdały	*sezamu*	*Morele*
Orzechy	*Nasiona*	*Pełne ziarno*
brazylijskie	*słonecznika*	*Pietruszka*
Pietruszka	*Tahini*	*Sardynki*
Ryby		*Szpinak*
Seler		
naciowy		

NIEDOBORY SKŁADNIKÓW POKARMOWYCH

Niedobory składników pokarmowych, a szczególnie magnezu, wapnia i potasu, mogą być przyczyną przybierania na wadze.

Niedobór **magnezu** powoduje łaknienie cukrów.

Niedobór **wapnia** upośledza działanie enzymów biorących udział w przemianie materii. Jeśli jesteś miłośnikiem mięsa, to jeszcze bardziej powinieneś dbać o dostarczanie organizmowi dostatecznej ilości wapnia, gdyż dieta wysokobiałkowa powoduje obniżanie jego poziomu.

U osób z nadwagą często występuje niedobór **potasu**, gdyż piją one zbyt dużo kawy, jedzą dużo produktów zawierających cukier, piją alkohol oraz stosują środki przeczyszczające i odwadniające. Potas wspomaga pracę serca i reguluje poziom wody w organizmie. Jeśli jego stężenie jest zbyt niskie, w organizmie zaczyna się gromadzić nadmiar kwasów z resztek złej żywności i leków odchudzających, które przy prawidłowym stężeniu potasu są skuteczniej usuwane. Nadmiar kwasów zakłóca metabolizm i zdolność organizmu do rozkładania pokarmów. Obniżonemu stężeniu potasu towarzyszy zazwyczaj zbyt wysokie stężenie sodu w organizmie. Osoby z nadwagą, u których obserwuje się zbyt niskie stężenie potasu i zbyt wysokie sodu, przeważnie dodają zbyt dużo soli do potraw. Im mocniej solimy potrawy i im więcej zjadamy soli ukrytej w gotowych produktach, tym więcej potasu powinniśmy dostarczać organizmowi.

JAK POZBYĆ SIĘ TŁUSZCZYKU – GŁÓWNE ZALECENIA GILLIAN McKEITH

▸ Jedz wcześnie ostatni posiłek. Jedzenie późnym wieczorem gwarantuje ci przybór masy ciała, gdyż podczas snu organizm magazynuje więcej pokarmu.

▸ Łącz odpowiednio grupy żywności (patrz str. 78).

▸ Wyeliminuj żywność rafinowaną i wysoko przetworzoną (patrz str. 26).

▸ Pij 8 szklanek wody dziennie. Woda jest naturalnym środkiem zmniejszającym apetyt. *Uwaga: Przy odchudzaniu doskonała jest herbatka z pokrzywy, gdyż poprawia przemianę materii i ma własności odwadniające.*

▸ Unikaj margaryn, pełnotłustego mleka, serów i innych produktów mleczarskich z mleka krowiego. Są one trudne do strawienia. Możesz używać mleka produkowanego ze zbóż (sojowego).

▸ Unikaj cukru, gdyż spowalnia metabolizm.

▸ Ogranicz produkty z pszenicy (szczególnie pieczywo), gdyż mają one dużą zawartość glutenu, a wiele osób nie toleruje glutenu.

▸ Jedz dobre tłuszcze i eliminuj złe. Dobre tłuszcze znajdują się w awokado, pestkach dyni i słonecznika, rybach, orzechach i warzywach. Nie unikaj tych produktów, gdyż zawarte w nich dobre tłuszcze poprawiają przemianę materii – możesz dzięki nim schudnąć i utrzymać pożądaną masę ciała. Złe tłuszcze, to tłuszcze nasycone, znajdujące się na przykład w czerwonym mięsie i maśle. Są one trudne do strawienia, zatykają tętnice i powodują choroby oraz problemy z masą ciała.

▸ Nie opuszczaj posiłków i zawsze jedz śniadania. Rano twój żołądek i śledziona są w najlepszej kondycji, a poza tym masz cały dzień na spalenie tego, co zjadłeś. Jeśli chcesz poprawić swoją przemianę materii, powinieneś jeść o tej porze. Kiedy tego zaniedbasz, mózg otrzymuje sygnał, który interpretuje jako niedobór pożywienia. Następuje wówczas wydzielanie hormonów stresu i zużywanie tkanki mięśniowej, żeby zrekompensować niedobór pokarmu.

Kiedy później dobrze się najesz, organizm wydziela więcej insuliny, żeby zmagazynować więcej tłuszczu, bo może zabraknąć pożywienia!

▸ Zorganizuj sobie „dzień odtrucia" (patrz str. 140). W tkankach tłuszczowych twojego ciała gromadzą się toksyny. Jeśli organizm jest pełen szkodliwych substancji, to masz wyższy stosunek tkanki tłuszczowej do mięśniowej. Pozbycie się trucizn i innych niepotrzebnych związków chemicznych pomoże ci kontrolować masę ciała.

▸ Nie stosuj cudownych diet. Takie głodzenie się osłabia działanie enzymów wpływających na przemianę materii. Komórki tłuszczowe powiększają się, stają się toksyczne i gromadzą w tkankach. Tracisz napięcie mięśniowe. Popadasz w przygnębienie. Zamiast się głodzić, przejdź na moją dietę obfitości. Jedz więcej niż dawniej, ale wybieraj odpowiednie produkty (patrz str. 82).

▸ Zacznij wykonywać ćwiczenia fizyczne. Dzięki temu będziesz spalać tłuszcz. Wysiłek fizyczny zwiększa tempo przemian metabolicznych, więc szybciej zużywasz zjedzone kalorie. Na początek zacznij spacerować – to bardzo dobry sposób, żeby się pozbyć tłuszczyku.

▸ Wspomagaj swoją przemianę materii. Rano wypijaj na czczo szklankę ciepłej wody z sokiem cytrynowym.

▸ Wyeliminuj alkohol. Osłabia on wątrobę, organ odgrywający podstawową rolę przy trawieniu tłuszczów. Na dodatek piwo i wino są pełne cukrów, a każdy alkohol pobudza apetyt.

▸ Przyjmuj preparaty uzupełniające. Wszystkim osobom z nadwagą brakuje podstawowych składników odżywczych. Istnieją też bardzo przydatne preparaty, które pomagają spalać tłuszcz, poprawiają metabolizm itd. Dalej podaję listę najważniejszych składników pokarmowych i dodatków spożywczych. Oczywiście nie oznacza to, że masz przyjmować wszystko naraz.

PREPARATY UZUPEŁNIAJĄCE WSPOMAGAJĄCE ODCHUDZANIE

▸ *Witaminy z grupy B* – wspomagają przetwarzanie węglowodanów i białek. Przyjmuj 50–100 mg dziennie.

▸ *L-tyrozyna* – zmniejsza apetyt. Przyjmuj 500 mg przed każdym posiłkiem.

▸ *Koenzym Q10* – pobudza metabolizm, co sprzyja utracie masy ciała. Jest szczególnie przydatny, kiedy jesteś naprawdę zmęczony. Przyjmuj 100 mg dziennie.

▸ *Triphala* – oczyszcza okrężnicę.

▸ *Superpokarmy* – poprawiają metabolizm, dostarczają dobrej jakości białka i regulują stężenie cukru w organizmie. Patrz str. 202.

▸ *Enzymy trawienne* – poprawiają przyswajanie składników pokarmowych i pomagają zmniejszyć apetyt. Przyjmuj jedną kapsułkę do każdego posiłku.

▸ Dodatek odżywczy w formie proszku Dr Gillian McKeith Living Food Energy – jest doskonałym substytutem posiłku, kiedy musisz jeść w biegu.

▸ *Olej lniany lub siemię lniane* – w celu uzupełnienia niezbędnych nienasyconych kwasów tłuszczowych.

▸ *Polinikotynian chromu* – reguluje stężenie cukru we krwi, chroniąc cię przed jego gwałtownymi zmianami. Przyjmuj 200 mikrogramów dziennie do obiadu lub kolacji.

▸ *Gwiazdnica* – pomaga spalić tłuszcz, którego od dawna nie możesz się pozbyć. Wypijaj 2 szklanki herbaty z gwiazdnicy dziennie.

▸ *Kelp (ekstrakt alg morskich)* – wspomaga funkcjonowanie tarczycy i utratę masy ciała. Przyjmuj trzy tabletki dziennie lub dodawaj do potraw wodorost o nazwie kombu.

▸ *Lecytyna* – spala tłuszcz zgromadzony w organizmie. Przyjmuj łyżeczkę granulek lecytyny dwa razy dziennie.

▸ *Dobrej jakości błonnik* – oczyszcza układ pokarmowy. Przyjmuj łuski psyllium z dużą ilością wody w przerwach między posiłkami.

▸ *Żeń-szeń* – wspomaga przemianę materii i pomaga wątrobie skuteczniej rozkładać tłuszcze. Przyjmuj 2 tabletki dziennie (500 mg) lub pij herbatę z żeń-szenia dwa razy dziennie.

SUBSTANCJE ZMNIEJSZAJĄCE ŁAKNIENIE

Nie jestem zwolenniczką stosowania leków w celu zmniejszenia apetytu. Są natomiast środki ziołowe i dodatki pokarmowe, które w zdrowy sposób pomagają ograniczyć chęć jedzenia. Należą do nich:

▸ L-5HTP – zmniejsza łaknienie. Przyjmuj 500–1000 mg dwa razy dziennie przed posiłkiem.

▸ HCA (hydroksykwas cytrynowy) – hamuje przekształcanie cukrów w tłuszcz i pomaga opanować napady głodu (przyjmuj 500 mg dwa razy dziennie).

▸ L-karnityna (aminokwas) – pomaga regulować poziom cukru we krwi i przyspiesza metabolizm. Przyjmuj 2000 mg dziennie w równo podzielonych dawkach pomiędzy śniadaniem, obiadem i kolacją.

NIEUSTANNE ZMĘCZENIE

Pacjenci najczęściej szukają u mnie porady, jak zwiększyć swoje zasoby energii. Mają już dość nieustannego zmęczenia. Można to zmienić! Wcale nie musisz już dłużej być zmęczony. Jeśli chcesz mieć dużo energii, musisz włączyć do jadłospisu pewne rodzaje żywności, które poprawiają przemianę materii i podtrzymują stały poziom energii. Najważniejszym składnikiem pokarmowym niezbędnym do osiągnięcia tego celu są witaminy z grupy B. Ich brak często wpływa niekorzystnie na funkcjonowanie nadnerczy, a tym samym powoduje spadek energii. Inne składniki pokarmowe wspomagające przemianę materii to witamina C, magnez, cynk, żelazo, koenzym Q10. Korzystnie wpływa też picie herbaty z traganka.

NAJWAŻNIEJSZE PRODUKTY PODNOSZĄCE POZIOM ENERGII

KIEŁKI – WSZYSTKIE RODZAJE

Wszystkie rodzaje kiełków (np. nasion roślin strączkowych lub zbóż) są pokarmem dodającym energii i sił witalnych – ożywiają, wzmacniają i regenerują organizm. Zawierają bardzo duże stężenie przeciwutleniaczy, wszystkie pierwiastki śladowe oraz białko, enzymy i błonnik. Kiedy skiełkujemy nasiona, ich wartości odżywcze wzrastają. Patrz str. 213.

ZBOŻA

Zboża powoli uwalniają zawarty w nich cukier, dzięki czemu dają nam stały przypływ energii, a nie jej szybki wzrost, po którym następuje nagły spadek. Są ponadto dobrym źródłem witamin z grupy B, które odżywiają śledzionę, nasz akumulator. Bez witamin z grupy B z pewnością trzeba by cię „uruchamiać na pych".

PŁATKI OWSIANE

Płatki owsiane nie tylko są pełne składników pokarmowych dodających energii, ale ponadto pomagają utrzymywać stężenie cukru we krwi na stałym poziomie, co sprzyja koncentracji i jasności myślenia. Zjadaj na śniadanie miskę owsianki, a przez cały ranek będzie doskonale podtrzymywała twoją energię.

PIETRUSZKA

Pietruszka jest dosłownie spichlerzem składników pokarmowych. zawiera dużo witaminy B_{12}, więcej witaminy C niż owoce cytrusowe i niemal wszystkie inne składniki odżywcze.

WODOROSTY

Wodorosty są najbogatszym strawnym źródłem wszystkich minerałów oraz witamin B i C. Patrz str. 208.

WARZYWA

W świeżych zielonych warzywach, najlepiej surowych, takich jak brokuły, szparagi i szpinak, znajduje się kompleks witamin B oraz podwyższające energię żelazo i magnez. Brokuły są ponadto dobrym źródłem koenzymu Q10, mającego decydujące znaczenie dla wytwarzania energii na poziomie komórkowym.

BRZOSKWINIE

Brzoskwinie zawierają dużo wody i mają działanie przeczyszczające. Doskonale zmniejszają kwasowość krwi, regulują pracę jelit i zawierają składniki potrzebne do wytwarzania krwi. Są jednym z najlepszych owoców, jeśli chodzi o zwiększanie naszej energii, gdyż zawarte w nich składniki odżywcze są łatwo przyswajane, co daje natychmiastową poprawę samopoczucia. Często stosuję je do przyrządzania koktajli owocowych. Ponadto świetnie pomagają w usuwaniu toksyn z organizmu i doskonale nadają się do jedzenia w trakcie diety odchudzającej.

SIEMIĘ LNIANE

Siemię lniane ma bardzo dużą zawartość ważnych dla organizmu niezbędnych nienasyconych kwasów tłuszczowych omega-3 i omega-6 występujących w idealnej równowadze.

PESTKI SŁONECZNIKA

Nasiona słonecznika są doskonałym źródłem białka oraz magnezu, żelaza, miedzi, kompleksu witamin z grupy B, niezbędnych nienasyconych kwasów tłuszczowych, cynku i żelaza. Przyzwyczaj się nosić przy sobie pestki słonecznika, żeby były pod ręką, kiedy będziesz potrzebować natychmiastowego wzmocnienia.

WINOGRONA

Leczniczą wartość winogron przypisuje się ich dużej zawartości magnezu, który bierze udział w pierwszej fazie procesu przekształcania glukozy na energię.

JAMSY I KABACZKI

Jamsy są pełne minerałów dostarczających energii oraz witaminy C. Mają ponadto właściwości odtruwające i regulujące stężenie hormonów oraz cukru we krwi, dzięki czemu pomagają w utrzymaniu stałego dopływu energii. Kabaczki pobudzają przepływ energii w meridianach, szczególnie wzmacniając funkcje trawienne.

ŹDŹBŁA PSZENICY

Źdźbła pszenicy zawierają jeden z najbogatszych zestawów witamin, minerałów i pierwiastków śladowych – 25 razy więcej niż najzdrowsze warzywa. Patrz str. 204.

FASOLA MUNG

Dzięki jedzeniu fasoli mung poczujesz, że dosłownie rozsadza cię energia.

JAK UNIKNĄĆ POPOŁUDNIOWEGO SPADKU ENERGII

Popołudniowe spadki energii świadczą o złym funkcjonowaniu nadnerczy, złej przemianie węglowodanów i cukrów, naturalnych i sztucznych, oraz o diecie ubogiej w składniki odżywcze. Musisz ograniczyć spożycie cukrów, kofeiny i produktów mleczarskich, a zamiast tego wprowadzić do diety brązowy ryż, nasiona roślin strączkowych, jamsy i pestki słonecznika. Jako przekąski wykorzystaj też kiełkowane nasiona, które szybko cię wzmocnią. Warto również pomóc nadnerczom, przyjmując w porze lunchu 50 mg witaminy B compositum. Ja piję szklankami ciepłą wodę z dodatkiem wyciągu z traganka lub żeń-szenia, naturalnego źródła witamin z grupy B.

5 GŁÓWNYCH KOSZMARÓW

ZABURZENIA TRAWIENIA

JEST SPRAWĄ NORMALNĄ, ŻE OD CZASU DO CZASU ODDAJEMY GAZY, ALE JEŚLI ZDARZA SIĘ TO ZBYT CZĘSTO, NASZE STOLCE SĄ CUCHNĄCE I MĘCZY NAS ZGAGA, ŚWIADCZY TO O UPOŚLEDZENIU FUNKCJI TRAWIENNYCH, NIEDOBORZE SKŁADNIKÓW POKARMOWYCH, OBECNOŚCI W JELITACH BAKTERII GNILNYCH ORAZ SPOWOLNIENIU FUNKCJI JELIT I ŻOŁĄDKA. ZIGNOROWANIE TYCH OBJAWÓW MOŻE DOPROWADZIĆ DO WIELU PROBLEMÓW ZDROWOTNYCH.

ZAPARCIA

Powinieneś się wypróżniać mniej więcej dwa razy
dziennie, regularnie i bez wysiłku. Jeśli ma to miejsce
rzadziej niż raz dziennie, to oznacza, że prawdopodobnie
masz zaparcie. Inne oznaki tej dolegliwości to trudności
z wypróżnieniem, które powodują, że godzinami siedzisz
w toalecie, próbując coś „wydusić", lub wydalanie kału
przypominającego królicze bobki. Jeśli zauważasz
u siebie tego rodzaju problemy, zastosuj się do
przedstawionych poniżej wskazówek.

JEDZ LUB PIJ MNIEJ:

▸ Produktów mlecznych
▸ Mięsa
▸ Tłuszczów nasyconych
▸ Pikantnych potraw
▸ Cukru i słodyczy
▸ Herbaty i kawy

JEDZ LUB PIJ WIĘCEJ:

▸ Świeżych owoców (jedz owoce rano i bez produktów
  z innych grup żywności; patrz str. 79)
▸ Zielonych warzyw
▸ Kiełków nasion
▸ Produktów z pełnego ziarna
▸ Płynów

PONADTO:

▸ Więcej wypoczywaj
▸ Wykonuj umiarkowanie intensywne ćwiczenia
  fizyczne
▸ Jedz powoli i dokładnie gryź każdy kęs

DORAŹNE ZALECENIA PRZY ZAPARCIU

▸ Jedz surową kapustę kwaszoną.
▸ Przyjmuj bakterie *Acidophilus* (1 lub 2 kapsułki
  dziennie).
▸ Przyjmuj porcję enzymów trawiennych przy każdym
  posiłku.
▸ Jedz siemię lniane lub pestki dyni (2 łyżki siemienia
  lnianego zmiel z 1 łyżką pestek dyni). Dodawaj do
  sałatek i bardzo dokładnie gryź. Zamiennie stosuj
  1 łyżkę czarnego sezamu.

PREPARATY UZUPEŁNIAJĄCE POMAGAJĄCE PRZY ZAPARCIACH

▸ Aloes, 1 łyżka dwa razy dziennie (jeśli wolisz,
  wymieszaj z sokiem jabłkowym)
▸ Triphala, 1 łyżeczka w szklance wody lub soku na
  godzinę przed snem
▸ Dzikie niebieskozielone algi lub spirulina, 2 łyżeczki
  lub 2 tabletki dziennie
▸ Olej lniany, 1 kapsułka lub 1 łyżeczka dziennie
▸ Łuski psyllium, 1 łyżeczka w 280 ml wody lub soku
▸ Oset mleczny, 1 kapsułka lub 20 kropli roztworu
  spirytusowego z wodą trzy razy dziennie
▸ Witamina C z bioflawonoidami, 1000 mg trzy razy
  dziennie
▸ Witamina B compositum, 25–50 mg dwa razy dziennie
  przy posiłkach
▸ Magnez, 400 mg trzy razy dziennie

ZIOŁA POMAGAJĄCE PRZY ZAPARCIACH

▸ Szakłak amerykański (doraźna ulga)
▸ Senna (doraźna ulga)
▸ Jagody berberysu
▸ Korzeń rabarbaru
▸ Z pewnością w aptece znajdziesz
  też inne preparaty ziołowe przeciw
  zaparciu

▸ Herbaty:
  Szałwia, 3 szklanki dziennie doskonale
  wpłyną na pracę jelit
▸ Wiąz śliski

GAZY

Normalne jest oddawanie gazów od czasu do czasu, ale nie ciągłe wzdęcia. Przyczyną tej dolegliwości jest bezwartościowe jedzenie, nadmiar cukru, produktów z pszenicy i produktów mlecznych.

Rozwiązanie

- Pij 20–25 minut p r z e d posiłkami lub godzinę po ich zjedzeniu. Nie pij podczas posiłków.
- Wcześnie zjadaj kolację. Jedzenie późnym wieczorem pozbawia żołądek płynów w porze, kiedy jego poziom energii jest najniższy. Prowadzi to do niestrawności i nieprawidłowego wchłaniania składników pokarmowych.
- Łącz odpowiednio grupy żywności; patrz str. 78.
- Jedz, kiedy jesteś odprężony. Całkowite odprężenie podczas jedzenia zapewnia najwyższą skuteczność trawienia. Nie powinieneś jeść, kiedy jesteś rozgniewany, zdenerwowany lub zmartwiony.
- Wypijaj 1 łyżkę soku z aloesu i 1 łyżeczkę płynnego chlorofilu przed najobfitszym posiłkiem dnia, żeby pobudzić trawienie.
- Przyjmuj przy posiłkach enzymy trawienne; patrz str. 210.
- Możesz zmniejszyć ilość gazów w jelitach, stosując przyprawy ziołowe (np. koper, koper włoski, tymianek i miętę). Nie dodawaj soli, gdyż utrudnia ona trawienie białek i wchłanianie składników odżywczych. Zamiast niej używaj przypraw z wodorostów.
- Jedz powoli i dokładnie gryź.
- Jedz mniejsze posiłki.
- Przy wzdęciach pomaga zupa miso, produkty z pełnego ziarna, świeże warzywa i owoce.
- Pij herbaty z mięty i kopru włoskiego.
- Przyjmuj codziennie bakterie *Acidophilus*, żeby odbudować florę bakteryjną w jelitach, oraz enzymy trawienne do każdego posiłku, żeby ułatwić organizmowi rozkładanie żywności.

ZESPÓŁ NADWRAŻLIWEGO JELITA (ZNJ)

Objawy zespołu nadwrażliwego jelita są bardzo nieprzyjemne i zróżnicowane. Zazwyczaj składają się na nie bóle brzucha, wzdęcia, skurcze, zaparcia i biegunka. Dodatkową oznaką tej dolegliwości jest śluz w stolcach.

Wiele osób twierdzi, że przyczyną zespołu nadwrażliwego jelita jest stres, w jakim żyjemy. Oczywiście, stres może wywoływać skurcze żołądkowo-jelitowe, ale, moim zdaniem, główną przyczyną jest to, co nazywam „zatkaniem się" twojego układu kanalizacyjnego – układ pokarmowy jest zbyt obciążony i jelita nie pracują prawidłowo. W rezultacie skurcze przewodu pokarmowego przesuwające trawioną masę stają się nierównomierne. Kiedy są one zbyt szybkie i mocne, kończy się to biegunką, a kiedy zbyt wolne – zaparciem. Do tego dochodzi niedobór składników odżywczych, gdyż podczas tej choroby ich wchłanianie jest utrudnione.

Uwaga: Zespół jelita nadwrażliwego można pomylić ze znacznie poważniejszymi schorzeniami, takimi jak wrzodziejące zapalenie jelita grubego, zapalenie uchyłka lub choroba Leśniowskiego-Crohna, dlatego należy zasięgnąć porady lekarza.

ZALECENIA:

▸ Na dwa miesiące wyeliminuj z jadłospisu pszenicę, sery, nabiał, jajka, kukurydzę, przetworzoną żywność, cukry, substancje słodzące, margaryny, czerwone mięso, alkohol i kawę i obserwuj skutki. Być może przeciążałeś dotychczas swój układ pokarmowy glutenem i śluzem z tych produktów.

▸ Nie przejadaj się i bardzo dokładnie gryź. Warto też pić raz dziennie sok warzywny. Pomysły znajdziesz na str. 145.

▸ Jedz produkty o dużej zawartości błonnika, takie jak pełne ziarno, warzywa, nasiona roślin strączkowych i kiełkowane nasiona (patrz str. 212), które gładko przechodzą przez układ pokarmowy.

▸ Jednak na początku uważaj z brokułami, kalafiorem, cebulą i kapustą, gdyż mogą nasilać dolegliwości.

Dodatki odżywcze:

▸ Przyjmuj enzymy trawienne.

▸ Przyjmuj 2 łyżki oleju lnianego dziennie.

▸ Posypuj sałatki 1 łyżką siemienia lnianego.

▸ Przyjmuj 1 łyżkę soku z aloesu przed posiłkami, żeby złagodzić stan zapalny w jelitach.

▸ Przyjmuj 50 mg witaminy B compositum dziennie, żeby twój organizm lepiej rozkładał pokarm, oraz enzymy trawienne do każdego posiłku.

▸ 1000 mg L-glutaminy w proszku dwa razy dziennie może zdziałać cuda.

▸ Pomogą ci również tabletki Triphala oraz wyciąg z ostu mlecznego (15 kropli trzy razy dziennie). Pij też herbatę pau d'arco.

▸ Dobre efekty daje również sześciomiesięczna kuracja preparatem probiotycznym w proszku lub w kapsułkach.

Zioła:

▸ Przy tego typu dolegliwościach najlepszy jest korzeń gencjany (dostępny w sklepach ze zdrową żywnością). Należy wypijać przed każdym posiłkiem trzydzieści kropli wyciągu z gencjany rozpuszczonych w wodzie, a powinna nastąpić poprawa.

▸ Pomagają również kapsułki z olejkiem z mięty pieprzowej. Przyjmuj je zgodnie z zaleceniami na opakowaniu.

NIESTRAWNOŚĆ

Jest zazwyczaj spowodowana jedzeniem dużych ilości tłustych lub pikantnych potraw albo objadaniem się w zbyt szybkim tempie. Oddawanie gazów od czasu do czasu jest zupełnie normalne, ale zbyt częste wzdęcia, cuchnące stolce i zgaga świadczą o upośledzeniu funkcji trawiennych, niedoborze składników odżywczych, obecności bakterii gnilnych w jelitach lub spowolnieniu czynności jelit i żołądka. Jeśli nie podejmiesz odpowiednich działań, żeby zaradzić tym nieprawidłowościom, mogą one doprowadzić do licznych problemów zdrowotnych.

Sposoby, które przyniosą ci ulgę:

▶ Sok gruszkowo-brzoskwiniowy – wspaniałe rezultaty daje sok wyciśnięty z dwóch gruszek i dwóch brzoskwiń, wypity powoli. Skutek będzie jeszcze lepszy, jeśli wsypiemy do niego szczyptę imbiru w proszku i wciśniemy odrobinę soku z limonki.
▶ Mieszanka z bananem – wymieszaj banana z sokiem z gruszki lub mango. Otrzymasz gładki, lekko-strawny napój, który złagodzi stan zapalny żołądka.

Sposoby zapobiegania:

▶ Przyjmuj L-glutaminę (1 łyżeczkę przed posiłkami).
▶ Unikaj bardzo pikantnych potraw, bezwartościowego jedzenia, potraw smażonych, kofeiny, alkoholu, napojów gazowanych, potraw ze śmietaną, serów pełnotłustych i produktów z pszenicy.
▶ Ocet winny z jabłek doskonale poprawia trawienie. Wlej 1–2 łyżeczki octu do niewielkiej ilości ciepłej wody i wypij powoli przed posiłkiem.
▶ Pij herbatę z kopru włoskiego, kocimiętki, wiązu śliskiego, mięty pieprzowej, rumianku i tymianku.

Uwaga: Dostępne w handlu środki przeciw nadkwaśności neutralizują kwasy żołądkowe, ale przy dłuższym stosowaniu mogą spowodować zwiększenie wydzielania kwasów przez ten narząd. Ponadto wiele z nich zawiera glin, który wypiera wapń z kości.

JEDZ ŻYWNOŚĆ KORZYSTNĄ DLA WĄTROBY

Skoro wątroba musi przetwarzać produkty uboczne wszystkiego, co zjemy, ułatw jej to zadanie, odżywiając się właściwie. Staraj się, żeby w twoim jadłospisie było jak najwięcej nieprzetworzonych produktów. Gotowe paczkowane potrawy, pełne konserwantów, barwników, dodatków wzbogacających smak i innych, nadmiernie obciążają wątrobę. W ciastkach i słodyczach, a także w przetworzonej, rafinowanej lub smażonej żywności jest zbyt mało składników odżywczych, a na dodatek taki pokarm jest źle wchłaniany, co jeszcze bardziej osłabia wątrobę. Jedz zatem więcej produktów z wymienionych poniżej grup żywności, które mają szczególnie korzystny wpływ na wątrobę i jej funkcjonowanie.

NAPOJE

Wyeliminuj napoje gazowane, gdyż utrudniają one trawienie i często zawierają fosforany, wypierające z organizmu ważne minerały. Pij wodę i soki.

OWOCE

Niektóre świeże owoce stymulują przepływ energii przez wątrobę. Należą do nich ciemne winogrona, jeżyny, borówki amerykańskie, truskawki, czarne jagody i maliny. (Uwaga: Owoce zawsze jedz same, najlepiej rano.)

ZBOŻA, WARZYWA I NASIONA ROŚLIN STRĄCZKOWYCH

Włącz do jadłospisu żywność, która jest zbawienna dla energii wątroby: zboża, warzywa i nasiona roślin strączkowych. Niektóre z tych produktów są z natury nieco słodkie, ale jest to dobra słodycz, która wprowadza równowagę w wątrobie. Tymczasem typową reakcją zmęczonej lub zestresowanej mamy jest sięgnięcie po przekąskę, która szybko uzupełni zapas cukru, taką jak ciasto, ciasteczka, lody czy czekolada. Kiedy poczujesz, że zbliża się taka pokusa, wybierz raczej słodkie warzywo, na przykład jamsy lub słodkie ziemniaki. Zupa ze słodkich ziemniaków i kabaczka w wielu wypadkach pomoże ci opanować tego rodzaju zachcianki. Ponadto postaraj się polubić produkty podane poniżej.

PRODUKTY ZAWIERAJĄCE SIARKĘ

Warzywa zawierające siarkę są bogate w pewne enzymy wzmacniające wątrobę. Dlatego jedz:

▸ Brokuły
▸ Brukselkę
▸ Kalafior
▸ Kalarepę
▸ Kapustę
▸ Nasiona (szczególnie siemię lniane oraz pestki dyni i słonecznika)
▸ Orzechy
▸ Rzepę

LECYTYNA

Obficie posypuj sałatki granulkami lecytyny, gdyż pomaga ona wątrobie.

ZBOŻA

▸ Amarant
▸ Komosa ryżowa
▸ Proso

NASIONA ROŚLIN STRĄCZKOWYCH

▸ Fasola kidney
▸ Groch
▸ Soja
▸ Tofu

WARZYWA

▸ Bazylia
▸ Buraki
▸ Cebula
▸ Cytryna
▸ Czarny pieprz
▸ Czerwone buraki
▸ Czosnek
▸ Imbir
▸ Kardamon
▸ Kmin
▸ Koper
▸ Koper włoski (fenkuł)
▸ Liście gorczycy sarepskiej

▸ Liście laurowe
▸ Liście rzodkiewki
▸ Ogórki
▸ Rozmaryn
▸ Rukiew wodna
▸ Rzodkiew
▸ Rzodkiewki
▸ Sałata rzymska
▸ Seler naciowy
▸ Szparagi
▸ Śliwki umeboshi
▸ Wodorosty

ZESPÓŁ NAPIĘCIA PRZEDMIESIĄCZKOWEGO I INNE PROBLEMY HORMONALNE

Bóle menstruacyjne, gniewny nastrój i napięcie przedmiesiączkowe mogą przysporzyć ci wielu problemów w codziennym życiu. Dawniej ja też czułam się jak „królowa miesiączek z piekła rodem". W tym czasie regularnie stawałam się niemal inwalidką: migreny, skurcze, obrzmienia, wzdęcia, nabrzmiałe piersi, gorączka, mdłości, wymioty... Na szczęście to już przeszłość.

Pewnego razu zaproszono mnie na konferencję American Health Foods Industry. Była to duża ogólnokrajowa wystawa, w której brały udział firmy zajmujące się naturalnymi środkami ochrony zdrowia. Przed wystąpieniem postanowiłam pospacerować po hali, gdzie setki wystawców prezentowały swoje produkty zdrowotne. Był tylko jeden problem – przechodziłam akurat najgorsze dni miesiączki i czułam się koszmarnie! Kiedy weszłam do jednego ze stoisk, poczułam nagle silne mdłości i zawroty głowy. Wszystko wokół mnie zaczęło wirować.

Potem zemdlałam. Straciłam przytomność akurat w jednym z najruchliwszych miejsc największego w kraju zjazdu poświęconego naturalnym metodom ochrony zdrowia. Kiedy doszłam do siebie, okazało się, że leżę na podłodze, a wokół mnie stoją dziesiątki producentów i dystrybutorów zdrowej żywności. Jeden z mężczyzn wzywał lekarza, ktoś inny wołał, żeby przyniesiono sole trzeźwiące. Mnie tymczasem krążyła po głowie tylko jedna myśl: „Spokojnie, chłopcy, ja tylko mam okres".

KILKA WSKAZÓWEK, KTÓRE UŁATWIĄ CI PRZEŻYCIE TEGO CIĘŻKIEGO OKRESU

1 Przyjmuj oset mleczny (2 kapsułki trzy razy dziennie) przez 4 dni przed miesiączką i w trakcie. Oset mleczny chroni wątrobę i pomaga normalizować poziom estrogenów. Nawet jeśli nie będziesz robiła nic innego, bierz chociaż to.

2 Oczyść wątrobę za pomocą środków lipotropowych. Lipotropy przyspieszają usuwanie złogów tłuszczu i żółci. Mówiąc prościej, ,,przetykają" wątrobę, usprawniając jej funkcjonowanie i wspomagając przemianę tłuszczów. Za jedną z przyczyn zespołu napięcia przedmiesiączkowego uważa się nieprawidłowe metabolizowanie tłuszczów przez wątrobę. Dobry środek lipotropowy powinien zawierać około 1000 mg choliny, 500 mg metioniny i/lub cysteinę.

3 Niedobór magnezu lub cynku wpływa na pracę wątroby. Na przykład, niedostateczny poziom magnezu powoduje zwiększone wchłanianie ołowiu. Większość pacjentek z zespołem napięcia przedmiesiączkowego miała zbyt niski poziom magnezu i/lub cynku i wysoki ołowiu oraz innych toksycznych metali. Niedobór magnezu wskazuje się jako jedną z przyczyn tego problemu zdrowotnego. Cynk z kolei jest ważny, gdyż pomaga regulować poziom hormonów. Przyjmuj około 1200 mg magnezu i 50 mg cynku dziennie.

4 Zwiększ spożycie witamin B, w tym B_6 (niedobór magnezu może prowadzić do zmniejszenia aktywności witamin B). Nie przyjmuj B_6 oddzielnie, tylko razem z B compositum lub w formie preparatu z mleczka pszczelego (mleczko pszczele zawiera dużo witamin z grupy B). Bierz 50–100 mg B compositum dziennie lub po 2 kapsułki mleczka pszczelego trzy razy dziennie.

5 Wykazano, że witamina A łagodzi objawy zespołu napięcia przedmiesiączkowego. Przyjmuj około 10 000 j.m. dziennie w formie beta-karotenu. Nie bierz preparatów zawierających witaminę A, jeśli jesteś w ciąży.

6 Badania witaminy E oparte na podwójnej ślepej próbie wykazały, że zmniejsza ona fizyczne objawy zespołu napięcia przedmiesiączkowego, gdyż reguluje poziom hormonów. Przyjmuj 400 j.m. dziennie.

7 Przyjmuj codziennie łyżkę oleju z siemienia lnianego, wiesiołka lub ogórecznika. Wykazano, że u kobiet z problemami menstruacyjnymi występują nieprawidłowości w poziomie niezbędnych nienasyconych kwasów tłuszczowych.

8 Wymienione poniżej zioła mogą ci przynieść ulgę na kilka dni przed menstruacją i w jej trakcie:
Przyjmuj przez cały okres trwania dolegliwości: niepokalanek mnisi – łagodzi bóle piersi i reguluje stężenie hormonów.
Przyjmuj na zmianę:
dzięgiel chiński – działanie przeciwskurczowe
kalinę koralową – łagodzi bóle brzucha
lukrecję – przeciw zatrzymywaniu wody w organizmie
pluskwię groniastą (*Actaea racemosa*) – przy włókniakomięśniakach
Jeśli musisz wybrać tylko jeden z powyższych preparatów, zdecyduj się na niepokalanek. Może on zdziałać cuda.

9 Jedz odpowiednią żywność, zgodnie z informacjami zawartymi w tej książce. Zrezygnuj z produktów mlecznych na co najmniej dziesięć dni przed rozpoczęciem miesiączki; może to bardzo pomóc. Jednocześnie z mleczkiem pszczelim jedz takie superpokarmy, jak spirulina, dzikie niebieskozielone algi lub chlorella. Powinnaś zwiększyć ich spożycie w dniach poprzedzających menstruację.

10 Umiarkowane ćwiczenia fizyczne wykonywane regularnie pomagają przywrócić równowagę hormonalną, usunąć z organizmu toksyny, poprawiają wchłanianie składników pokarmowych, wzmacniają narządy i w efekcie łagodzą objawy zespołu napięcia przedmiesiączkowego.

ROZWIĄZANIA NA OKRES MENOPAUZY

Decydujące znaczenie dla dobrego samopoczucia w okresie menopauzy ma zdrowa, prawidłowo funkcjonująca wątroba. Dostarcza ona energii życiowej wszystkim układom organizmu, reguluje trawienie, pomaga w usuwaniu toksyn i niepotrzebnych pozostałości pokarmu, poprawia metabolizm, reguluje poziom hormonów oraz odżywia włosy, skórę, paznokcie, oczy i komórki całego ciała. U kobiet w okresie menopauzy zmniejsza się poziom substancji i płynów odżywiających wątrobę. Tymczasem właśnie w tym czasie zmian hormonalnych koniecznie należy zapewnić temu organowi wszystkie niezbędne składniki pokarmowe.

Dlatego dbaj o swoją wątrobę, wzmacniając ją produktami przedstawionymi na stronie 108 oraz preparatami uzupełniającymi wymienionymi poniżej, a twoje objawy związane z menopauzą znikną, a przynajmniej zdecydowanie złagodnieją.

PRODUKTY ŻYWNOŚCIOWE NA OKRES MENOPAUZY

▸ Fasola adzuki
▸ Fasola kidney
▸ Groch
▸ Jabłka
▸ Jamsy
▸ Koper włoski
▸ Nasiona sezamu
▸ Oliwki
▸ Pestki słonecznika
▸ Płatki owsiane
▸ Siemię lniane
▸ Soja

Zalecenia:

▸ Uderzenia gorąca i inne objawy menopauzy doskonale łagodzi szałwia – 2 szklanki herbaty z szałwii lub 15 kropli wyciągu z szałwii w niewielkiej ilości wody dziennie. Podobne skutki, dzięki produkcji estrogenów, daje pluskwia groniasta (*Actaea racemosa*), którą należy przyjmować w ilości 40 mg dziennie.

▸ Pomaga również lek homeopatyczny Lachesis 12 D.

▸ Niepokalanek mnisi wspomaga wytwarzanie progesteronu, tym samym przywracając równowagę hormonalną. Pomaga przy dolegliwościach menstruacyjnych, ale również i przy menopauzie. Dla większej skuteczności przyjmuj go wraz z dzięgielem chińskim.

▸ Pomaga również suplement DHEA. DHEA to hormon produkowany przez nadnercza, z którego u kobiet powstają estrogeny. Ilość wytwarzanego DHEA spada wraz z wiekiem.

▸ U moich pacjentek zaobserwowałam również korzystny wpływ czerwonej koniczyny i gamma oryzanolu. Można je kupić w sklepach ze zdrową żywnością; nie obawiaj się o nie pytać.

▸ Wykazano, że w łagodzeniu skutków ubocznych menopauzy pomocne jest naturalne mleczko progesteronowe otrzymywane z jamsów (ignamu). Zawiera ono występujący w naturze hormon DHEA.

STRES

Każdy mówi, że jest zestresowany. Stres wszędzie podnosi swój paskudny łeb:
w pracy, w domu, w stosunkach międzyludzkich, a nawet w kuchni – z powodu złej
żywności, jaką niektórzy jedzą.

Stres jest przejawem tego, jak radzimy sobie z życiem. Niektórzy ludzie mają
wrodzoną zdolność lepszego radzenia sobie ze stresem. Inni mogą ćwiczyć i nauczyć
się bardziej skutecznych sposobów jego przezwyciężania. Również odpowiednio
dobrana dieta może ogromnie pomóc organizmowi w walce ze stresem. Zatem mamy
nad stresem znacznie większą kontrolę, niż to sobie na co dzień uświadamiamy.

Niemniej jednak warto wiedzieć, że stres powoduje wydzielanie do krwiobiegu
szkodliwych substancji, które sprawiają, że jesteśmy wyczerpani, zirytowani
i drażliwi. Ponadto pozbawia organizm witamin, minerałów i innych składników
odżywczych. Upośledza także funkcje trawienne i spowalnia metabolizm, co
prowadzi do tycia.

Na szczęście m o ż e s z coś na to poradzić. Możemy osłabić reakcję na stres.
Możemy również zmienić styl życia i w ten sposób poprawić reakcje biochemiczne
i fizjologiczne organizmu, tak żeby lepiej zwalczał stres. W chwilach kiedy
doświadczamy stresów, zamiast jeść bezwartościową żywność, sięgnijmy po zdrowe
produkty odstresowujące, które pomogą nam się uspokoić. Na stronach 118–120
znajdziesz listę ,,produktów odstresowujących'', które sprawią, że się uspokoisz
i odprężysz.

SAMODZIELNA OCENA NATĘŻENIA STRESU

Dzięki przeprowadzeniu poniższego testu będziesz mógł sam ocenić, jak silne przeżywasz stresy. Na poniższe pytania odpowiedz „Tak" lub „Nie".

CZY ZAUWAŻASZ U SIEBIE:

Ciągłe zmęczenie?

Gwałtowne spadki energii w ciągu dnia?

Zwał tłuszczyku wokół pasa?

Ciągły apetyt na chleb lub makaron?

Łaknienie soli lub słodyczy?

Huśtawkę nastrojów?

Złość? Łatwe irytowanie się?

Wzdęcia po jedzeniu?

Wyczerpanie podczas chodzenia?

Przygnębienie lub smutek?

Nerwowość? Niepokój?

Ospałość? Niechęć do zajmowania się czymkolwiek?

Bezsenność?

Niestrawność? Gazy? Wzdęcia?

Długotrwały stres emocjonalny?

Picie dużych ilości napojów pobudzających?

Alergię i nadwrażliwość na produkty spożywcze lub chemikalia?

Potrzebę wypicia alkoholu?

Ciągłe uczucie głodu?

Kołatanie lub trzepotanie serca?

Bóle głowy?

Skłonność do płaczu?

Zaparcia lub biegunki?

Infekcje grzybicze?

Oszołomienie, zawroty głowy?

Napięcie przedmiesiączkowe?

Wypadanie włosów?

Brązowe plamy na skórze?

Niezdolność do radzenia sobie z własnymi uczuciami? („Dłużej tego nie zniosę")

Trudności z odprężeniem się lub wyłączeniem?

WYNIKI

Jeśli odpowiedziałeś twierdząco na mniej niż pięć pytań, to jesteś człowiekiem niezwykle spokojnym i wygrywasz w moim konkursie na samodzielne odstresowywanie się.

Jeśli odpowiedziałeś twierdząco na pięć do dziewięciu pytań, to czujesz się nieco zestresowany i z pewnością przydadzą ci się moje rady.

Jeśli odpowiedziałeś twierdząco na dziesięć lub więcej pytań, to naprawdę żyjesz w wielkim napięciu i powinieneś zacząć stosować się do moich wskazówek natychmiast. Już wkrótce odczujesz pozytywne zmiany.

WALKA ALBO UCIECZKA

Początkową reakcją na stres jest pobudzenie organizmu zwane często reakcją typu walka lub ucieczka. Dzieje się tak dlatego, że przysadka mózgowa (zarządzająca całym układem hormonalnym twojego organizmu) wysyła do nadnerczy związek chemiczny stanowiący dla nich sygnał, żeby wydzielać adrenalinę i inne hormony stresu.

Reakcja typu walka lub ucieczka ma na celu pomóc ci poradzić sobie z niebezpieczeństwem. Mięśnie, serce, płuca i mózg otrzymują specjalną porcję paliwa, a wszystkie inne układy organizmu zostają im podporządkowane. Zwiększa się częstość uderzeń serca, do mięśni są wysyłane większe porcje tlenu i glukozy, oddech staje się szybszy i zaczyna się wydzielać większa ilość potu, żeby ochłodzić ciało. Podwyższa się także poziom cukru we krwi, gdyż wątroba wysyła magazynowaną dotychczas glukozę do krwiobiegu. Nadnercza cały czas produkują hormony stresu, żeby podtrzymać organizm w gotowości do walki lub ucieczki.

Wszystkie te i inne skomplikowane zmiany, dokonujące się czasem w ułamku sekundy, służą jednemu celowi – odpowiedniemu wyposażeniu cię do działania lub natychmiastowej reakcji w sytuacji kryzysowej. Takim błyskawicznym działaniem jest na przykład złapanie dziecka, które ma właśnie wybiec na ruchliwą jezdnię. Kiedy niebezpieczeństwo mija, związki chemiczne wydzielone podczas stresu są już zużyte do poradzenia sobie z tą sytuacją i organizm adaptuje się do normalnego poziomu napięcia, wracając do równowagi. Nie doznaje żadnych trwałych szkód.

SPUSTOSZENIA DOKONYWANE PRZEZ HORMONY

Problemy się pojawiają, kiedy stres trwa przez dłuższy czas, na przykład w sytuacji, której nie można szybko rozwiązać albo na którą nic nie możesz poradzić – spóźnienie pociągu, płacz dzieci, dzwonienie telefonu, połknięcie twojej karty przez bankomat, spóźnienie na ważne spotkanie, denerwujące zebranie lub nie lubiana praca. Wówczas reakcja stresowa nie jest chwilowa, tylko trwa przez dłuższy czas i może to mieć bardzo niekorzystny wpływ na organizm. Twoje ciało pozostaje w stanie podwyższonej gotowości, adrenalina przez cały czas krąży w krwiobiegu i poziom hormonów nie może powrócić do normalnego stanu.

Ten chaos hormonalny spowodowany przedłużającym się napięciem powoduje zwiększenie ryzyka podwyższonego stężenia cukru we krwi, nadciśnienia, ciągłego zmęczenia, nadmiernego obciążenia nadnerczy i przyboru masy ciała.

ŻYWNOŚĆ POWODUJĄCA STRES ORGANIZMU

Dobrze zbilansowana dieta ma decydujące znaczenie dla zdrowia, a ponadto pomaga łagodzić stres. Pewne produkty żywnościowe i napoje działają silnie pobudzająco i w związku z tym same stanowią bezpośrednią przyczynę stresu. Taka stymulacja może nadmiernie obciążyć wątrobę, spowodować duże wahania stężenia cukru i być szkodliwa w dłuższej perspektywie.

▸ Kofeina. Znajduje się w kawie, herbacie, czekoladzie, napojach typu cola i innych. Powoduje wydzielanie adrenaliny, tym samym zwiększając poziom stresu. U osób uzależnionych od kofeiny dochodzi do wyczerpania nadnerczy, które produkują hormony stresu. Hormony te zaburzają przemianę materii. Dlatego w dalszej perspektywie kofeina powoduje przybór masy ciała, szczególnie jeśli niewłaściwie się odżywiamy. Spożywanie zbyt dużej ilości kofeiny powoduje takie same skutki jak długotrwały stres.

▸ Alkohol jest głównym produktem spożywczym stresującym organizm. Ironia polega na tym, że większość ludzi pije alkohol właśnie po to, żeby zwalczyć stres. Alkohol i stres to bardzo szkodliwe połączenie. Alkohol pobudza wydzielanie adrenaliny, co prowadzi do takich problemów jak napięcie nerwowe, drażliwość i bezsenność. Nadmierne spożycie alkoholu powoduje powiększanie złogów tłuszczu w sercu i osłabia układ odpornościowy. Alkohol zmniejsza też zdolność wątroby do usuwania z organizmu szkodliwych substancji. Kiedy przeżywamy stres, nasz organizm wytwarza kilka trucizn, więc jeśli wątroba nie pozbędzie się ich, krążą one w naszym krwiobiegu, powodując poważne szkody.

▸ Słodycze. Cukier nie zawiera ważnych składników pokarmowych. Zapewnia nam chwilowy przypływ energii, jednocześnie jednak wyczerpuje nadnercza. Prowadzi to do nadmiernej drażliwości, przygnębienia i obniżenia koncentracji. Duże spożycie cukrów silnie obciąża trzustkę i zwiększa prawdopodobieństwo zachorowania na cukrzycę.

▸ Słone potrawy. Sól zwiększa ciśnienie krwi, wyczerpuje nadnercza i wywołuje niestabilność emocjonalną. Używaj substytutu soli, który zawiera potas zamiast sodu. Unikaj przetworzonej żywności o dużej zawartości soli, takiej jak bekon, szynka, pikle, kiełbasa itd.

▸ Tłusta żywność. Wyeliminuj z diety żywność o dużej zawartości tłuszczów nasyconych, takich jak produkty mięsne, mleczarskie, smażone i popularne bezwartościowe przekąski. Tłuszcze niepotrzebnie obciążają układ sercowo-naczyniowy.

▸ Mleko krowie i produkty nabiałowe. Wywołują one stres w naszym organizmie, gdyż zawierają substancje takie jak kazeina, do których trawienia nie jesteśmy przystosowani, i mogą powodować reakcje alergiczne.

▸ Czerwone mięso. Czerwone mięso, o dużej zawartości białka, zwiększa poziom dopaminy i norepinefryny w mózgu, a oba te związki łączy się z wyższym poziomem lęku i stresu.

▸ Żywność rafinowana lub wysoko przetworzona, taka jak biała mąka i pieczywo, niepotrzebnie obciąża organizm, ponieważ ma niewiele składników pokarmowych, a dużo pustych kalorii. Ponadto do ich strawienia organizm musi wykorzystać własne witaminy i minerały, tym samym uszczuplając ich zapas. Biała mąka znajduje się między innymi w tortach, ciastkach, pieczywie i pierożkach.

- Margaryny i inne przetworzone oleje roślinne. Mają wysoki poziom kwasów tłuszczowych w formie trans, które podnoszą poziom złego cholesterolu, tym samym zwiększając ryzyko chorób serca. Mogą też blokować przyswajanie przez organizm niezbędnych nienasyconych kwasów tłuszczowych, tak ważnych dla naszego zdrowia.

- Pikantna żywność. Ostre przyprawy zawierają olejki lotne, które mogą podrażniać wyściółkę żołądka. Najlepiej unikać ostrego curry, chili oraz sosów chili stosowanych w kuchni indyjskiej i meksykańskiej, a także niektórych napojów. Dania zawierające mieszankę bardzo ostrych przypraw mogą dosłownie wypalić dziurę w wyściółce żołądka.

- Konserwanty i inne dodatki do żywności. Stanowią one ogromne obciążenie dla organizmu, który musi ciężko pracować, żeby je usunąć. Traci w ten sposób energię i wartościowe składniki, które mogłyby zostać znacznie lepiej wykorzystane, na przykład na wzmocnienie układu odpornościowego.

ŻYWNOŚĆ ODSTRESOWUJĄCA

Twoje ciało reaguje na stres zwiększonym wydzielaniem hormonów stresu, które są odpowiedzialne za wiele objawów kojarzonych ze stresem: podwyższenie ciśnienia krwi, zwiększenie napięcia mięśniowego, zaburzenia trawienia itp. Nadprodukcja wydzielanych przez nadnercza hormonów stresu może również prowadzić do niedoborów pokarmowych oraz wyczerpania tych narządów. Kiedy nadnercza są przeciążone, może się zmienić twoja reakcja na stres i w rezultacie będziesz cierpieć na przewlekłe wyczerpanie i lęki. Ze względu na znaczenie, jakie mają nadnercza dla prawidłowego odżywienia organizmu i reagowania na stres, szczególnie korzystny wpływ na redukcję stresu ma żywność bogata w składniki pokarmowe wspomagające funkcjonowanie nadnerczy.

▸ Seler naciowy. Jest to stary ludowy lek na obniżenie ciśnienia krwi. Moim zestresowanym pacjentom zalecam jedzenie 2–4 gałązek selera dziennie. Związki zawarte w tym warzywie obniżają stężenie hormonów stresu, które powodują kurczenie się naczyń krwionośnych. Seler zawiera związki uspokajające, w tym imid niacyny. Gałązka selera zjedzona przed położeniem się do łóżka może nawet poprawić sen.

▸ Pestki słonecznika. Są bogatym źródłem potasu, witamin B (szczególnie B_6 i kwasu pantotenowego) oraz cynku, który ma decydujące znaczenie dla dobrego stanu nadnerczy. Badania wskazują, że w okresach stresu poziom tych składników może gwałtownie spadać.

▸ Brązowy ryż zawiera węglowodany powoli wchłaniane przez organizm, pomagające zapoczątkować proces wydzielania związków dających odczucie przyjemności – serotoniny i norepinefryny. Ułatwia radzenie sobie ze stresem, gdyż pomaga poprawić nastrój i daje równomierny przypływ energii.

▸ Algi. Serotonina i norepinefryna, hormony przyjemności, mogą być wytwarzane również z tryptofanu i L-fenyloalaniny, aminokwasów obecnych w pewnych pokarmach białkowych. Algi zawierają około 60% białek utworzonych ze wszystkich ośmiu podstawowych aminokwasów. Wspomagają funkcjonowanie wątroby i ułatwiają usuwanie toksyn, tym samym obniżając poziom stresu. Algi zawierają dosłownie wszystkie znane składniki pokarmowe, w tym te wywierające pozytywny wpływ na działanie układu nerwowego. Jedząc je, uzupełniamy podstawowe składniki odżywcze, które stres usuwa z organizmu. Możesz je kupić w sklepach ze zdrową żywnością.

▸ Kapusta również działa przeciwstresowo, gdyż jest dobrym źródłem przeciwutleniaczy – witamin A, C i E, beta-karotenu i selenu. Przeciwutleniacze likwidują szkodliwe skutki działania wolnych rodników powstających podczas reakcji na stres oraz wspomagają przekształcanie tryptofanu na serotoninę, wpływając w ten sposób na poprawę nastroju.

▸ Migdały zawierają dużo magnezu, który ma szczególne znaczenie dla wspomagania funkcji nadnerczy i metabolizmu niezbędnych nienasyconych kwasów tłuszczowych. Zbyt niski poziom magnezu powoduje napięcie nerwowe, lęk, drażliwość i bezsenność. Migdały najlepiej namoczyć na noc, żeby łatwiej je potem strawić.

▸ Owoce jagodowe. Jeżyny zawierają dużo manganu i witaminy C. Niedobór witaminy C osłabia układ odpornościowy i sprawia, że czujesz się ogólnie zestresowany i wyczerpany. Inne dobre źródła manganu i witaminy C to truskawki i maliny.

- Nasiona sezamu. Podczas stresu wzrasta zapotrzebowanie organizmu na cynk, a jest on ważnym czynnikiem przy przemianie kwasów tłuszczowych i wytwarzaniu serotoniny. Nasiona sezamu są dobrym źródłem cynku.
- Ogórki. Ogórek ochładza krew i wątrobę. Kiedy wątroba jest dobrze odżywiona i nieprzegrzana, pomaga utrzymać równowagę hormonalną, poprawić nastrój, pokonać stres i zadbać o nasze zdrowie. Spróbuj pić sok z ogórka i selera naciowego.
- Szparagi. Zielone szparagi zawierają wiele pierwiastków budulcowych wątroby, nerek, skóry, więzadeł i kości. Ponadto pomagają w wytwarzaniu otoczek krwinek czerwonych i zawierają enzym o właściwościach przeciwutleniających – glutation, który pomaga utrzymywać funkcje wątroby na optymalnym poziomie. Wszystko, co ma korzystny wpływ na wątrobę, korzystnie wpływa również na nastrój i zdolność radzenia sobie ze stresem.

- Czosnek jest od dawien dawna stosowany do leczenia przeziębień i grypy oraz stanów ogólnego wyczerpania; obecnie medycynę ludową wsparła także nauka. Czosnek zawiera związek odtruwający o nazwie alicyna, odpowiedzialny za jego charakterystyczny smak i zapach. Kiedy pozbywasz się krążących w organizmie toksyn, czujesz się mniej zestresowany. Ponadto czosnek obniża ciśnienie krwi, podwyższone wskutek stresu. Alicyna, będąca silnym naturalnym antybiotykiem, ma działanie przeciwwirusowe i przeciwgrzybicze, obniża poziom cholesterolu, redukuje ciśnienie krwi i podnosi nastrój.
- Awokado zawierają 14 minerałów regulujących funkcje organizmu oraz stymulujących wzrost. Warto zwrócić uwagę na dużą zawartość żelaza i miedzi, które wspomagają regenerację czerwonych krwinek i zapobiegają niedokrwistości niedoborowej – jednej z bardzo częstych przyczyn ciągłego zmęczenia i niezdolności do skutecznego zwalczania stresu.

HERBATY ZMNIEJSZAJĄCE NAPIĘCIE

Herbaty ziołowe mogą bardzo skutecznie pomóc nam w zwalczaniu wielu objawów stresu.
Otrzymywane są z kwiatów, liści, nasion, gałązek, łodyg i korzeni roślin. Zawierają naturalne substancje
odżywiające ośrodkowy układ nerwowy i układ hormonalny.
Wypróbuj je i sprawdź, które najlepiej ci pomagają.

- Rumianek
- Melisa
- Żeń-szeń

- Lukrecja
- Waleriana (kozłek lekarski)

- Chmiel
- Źdźbła owsa
- Kava kava (*Piper methysticum*)

- Męczennica

ZIOŁA, KTÓRE POMOGĄ CI ZWALCZYĆ STRES

Według opinii moich pacjentów doskonałe rezultaty dało stosowanie wymienionych poniżej ziół.

- *Eleutherococous senticosus*, żeń-szeń syberyjski (100–500 mg dziennie). Żeń-szeń poprawia funkcjonowanie nadnerczy, regulując wydzielanie hormonów. Badania wykazały, że chroni przed skutkami stresu fizycznego i psychicznego.
  Uwaga: Nie należy przyjmować wyciągu z żeń-szenia przy nadciśnieniu.

- Korzeń lukrecji (70 mg w kapsułkach lub 15 kropli wyciągu 5:1 trzy razy dziennie). Lukrecja bardzo dobrze reguluje wydzielanie kortyzolu i umożliwia nadnerczom odpoczynek i regenerację.

- Rożeniec górski zwiększa naturalną odporność organizmu na czynniki stresujące.

- Traganek wspomaga układ odpornościowy i pomaga organizmowi adaptować się do stresu (500 mg, raz lub dwa razy dziennie).

WITAMINY I MINERAŁY

Kiedy przeżywasz stres, zasoby tych ważnych składników pokarmowych szybko się wyczerpują. Przyjmuj codziennie poniższy zestaw przeciwstresowy:

- 1000–2000 mg witaminy C (wybierz preparat z dodatkiem bioflawonoidów, dla lepszej ochrony);

- 300 mg magnezu;

- 200 mg wapnia;

- 500 mg witaminy B_5 (kwasu pantotenowego);

- dużą tabletkę B compositum (najlepiej zawierającą po 75 mg każdej z witamin B);

- przeciwutleniacz (wybierz preparat zawierający około 25 000 j.m. beta-karotenu, 200 j.m. witaminy E, 30 mg cynku i 200 mikrogramów selenu);

- 100–500 mg tyrozyny dwa razy dziennie, kiedy przeżywasz poważny przedłużony stres;

- lub przyjmuj preparat multiwitaminowy według zaleceń na opakowaniu.

SAMODZIELNE SPRAWDZENIE WYDOLNOŚCI UKŁADU ODPORNOŚCIOWEGO

Czy dotyczą cię poniższe stwierdzenia?

Dieta składająca się w dużej mierze z produktów wysoko przetworzonych lub o dużej zawartości cukrów.

Alergie lub nadwrażliwość na pokarmy.

Wypełnienia zębów z amalgamatu.

Choroba zwyrodnieniowa stawów u bliskich członków rodziny.

Codzienne wdychanie zanieczyszczonego powietrza.

Zmęczenie lub złe samopoczucie przez większość czasu.

Częste przeziębienia lub grypy.

Problemy żołądkowo-jelitowe.

Brak aktywności fizycznej.

Krótszy niż ośmiogodzinny sen w nocy lub bezsenność.

Mieszkanie w dużym mieście lub w jego pobliżu albo przy ruchliwej głównej ulicy.

Mieszkanie w pobliżu słupów wysokiego napięcia, masztów telefonii komórkowej lub elektrowni jądrowej.

Życie w ciągłym stresie.

Nawracające pleśniawki lub inne infekcje drożdżakowe.

Regularne picie wody z kranu, napojów gazowanych i wody sodowej.

Oznaki przedwczesnego starzenia.

Palenie tytoniu lub picie alkoholu.

Odciski zębów lub karby wokół krawędzi języka.

Codzienne korzystanie z komputera lub telefonu komórkowego.

Regularne korzystanie z mikrofalówki.

Na im więcej pytań odpowiedziałeś twierdząco, tym bardziej obciążony jest twój układ odpornościowy.

PRODUKTY ZWIĘKSZAJĄCE WYDOLNOŚĆ UKŁADU ODPORNOŚCIOWEGO

KIEŁKOWANE NASIONA BROKUŁÓW

Sprawdź na stronie 213, jak samodzielnie wyhodować kiełki. Naukowcy odkryli, że w porównaniu z brokułami kiełkowane nasiona brokułów zawierają od trzydziestu do pięćdziesięciu razy więcej aktywnych przeciwutleniaczy, które wzmacniają odporność organizmu. (Jednak brokuły też są bardzo korzystne dla naszego zdrowia i szczególnie je polecam.) Kiełki brokułów zawierają związek o nazwie sulforafan o bardzo silnych własnościach przeciwutleniających. Ma on długotrwałe działanie wzmacniające układ odpornościowy. Należy jeść kiełki dwa razy w tygodniu.

TRAGANEK

500 mg dwa razy dziennie podtrzymuje zdolności obronne naszego organizmu. Ten ziołowy superpokarm podnosi odporność na patogeny zewnętrzne i skuteczność organizmu w zwalczaniu wirusów i innych infekcji.

KORZEŃ ŻEŃ-SZENIA

Żeń-szeń jest odżywczym środkiem tonizującym. Neutralizuje działanie wolnych rodników (cząsteczek powodujących uszkodzenia komórek) w czasie stresu. Pobudza układ odpornościowy do wydzielania pewnych hormonów niezbędnych do obrony immunologicznej.

GRZYBY REISHI I SHITAKE

Dodawaj je do zup i duszonych potraw lub podawaj jako przystawkę. Te niesamowite grzyby są naturalnym źródłem białek pobudzających reakcje odpornościowe. Zawierają one związek, który mobilizuje naturalne siły obronne organizmu i zwalcza stany zapalne spowodowane nadmierną kwasowością spożywanego pokarmu. Grzyby te są też doskonałym źródłem germanu, przeciwutleniacza wspierającego nasz układ odpornościowy.

BERBERYS

Jego preparaty można łatwo kupić w sklepie ze zdrową żywnością. Zawiera związek o nazwie berberyna, który pomaga w zwalczaniu szkodliwych bakterii.

LIŚCIE OLIWKI

Zawierają naturalne antybiotyki wspierające organizm w walce z dziesiątkami zakażeń bakteryjnych.

KORZEŃ IMBIRU

Imbir dba o regulowanie stężenia związków ważnych dla naszej odporności. Działa kojąco i aseptycznie na nasz organizm, chroniąc go przed skutkami niesprzyjających warunków atmosferycznych – zimna i wiatru.

KORZEŃ LUKRECJI

Pomaga przeciwdziałać osłabieniu odporności spowodowanemu przez stres. Ponadto nawilża i wygładza błony organów układu odpornościowego.

SKÓRKA CYTRYNOWA

Włóż skórkę cytrynową i wyciśnij trochę soku z cytryny do szklanki ciepłej wody.

HERBATA PAU D'ARCO

Zawiera aktywny związek o nazwie lapachol, który ma właściwości grzybobójcze, pasożytobójcze i bakteriobójcze. Ponadto pomaga utrzymywać integralność czerwonych ciałek krwi i innych narządów układu odpornościowego. Jeśli poczujesz, że łapie cię choroba, lub masz ogólnie złe samopoczucie, jest to herbata dla ciebie.

ECHINACEA (JEŻÓWKA)

Echinacea wzmacnia odporność organizmu i zwalcza infekcje. Jest dostępna w postaci wyciągu, tabletek i herbaty. Najlepiej przyjmować ją z przerwami – po tygodniu przyjmowania zrobić tydzień przerwy.

CORAZ CZĘSTSZE BÓLE PLECÓW W WYNIKU STRESU

Z moich doświadczeń wynika, że wzrasta liczba przypadków bólów pleców i krzyża spowodowanych stresem i niewłaściwym odżywianiem. Warto pamiętać, że kręgosłup stanowi główny trakt nerwowy w naszym ciele. Dlatego wszelkie stresy emocjonalne, psychiczne i fizyczne mogą objawiać się w plecach, szczególnie w ich dolnej części, gdzie mieszczą się nerki. Nerki są układem oczyszczającym organizm. Kiedy przeżywasz stres lub twoje ciało jest niedożywione z powodu złej diety, twoje nerki muszą nadmiernie się wysilać i nie mogą pracować tak skutecznie jak zawsze. Dlatego właściwe odżywianie może mieć duże znaczenie w zapobieganiu bólom pleców.

ODŻYWIANIE ŁAGODZĄCE BÓLE PLECÓW

▸ Pij więcej wody; co najmniej 6–8 szklanek dziennie. Odwodnienie powoduje bóle pleców nawet u osób, które normalnie nie są na nie zbyt podatne. Ponadto woda pomaga wypłukać z nerek nadmiar kwaśnych cząsteczek.

▸ Unikaj czerwonego mięsa, kofeiny i, w niektórych przypadkach, produktów z mleka krowiego (sprawdź język – jeśli przez środek twego języka biegnie wyraźna linia, to znaczy, że twój organizm nie potrafi trawić dużych cząsteczek białka znajdujących się w krowim mleku). Cukier, alkohol i przetworzona żywność także mogą się przyczyniać do bólu pleców.

▸ Jedz więcej zielonych warzyw liściastych oraz migdałów, orzechów włoskich, nasion i ryb z zimnych wód. Włącz do swojego jadłospisu więcej surowych owoców i warzyw oraz produktów z pełnego ziarna.

▸ Zmniejsz ilość złych tłuszczów w diecie. Ze złych tłuszczów powstają związki, które mają wpływ na zwyrodnienia dysków w kręgosłupie.

▸ Zadbaj o dostateczną ilość magnezu i wapnia w pożywieniu (patrz str. 99).

▸ Jeśli cierpisz z powodu bólów w dolnej części kręgosłupa, przyjmuj codziennie następujące suplementy:
  ▸ magnez (1000 mg)
  ▸ wapń (750 mg)
  ▸ krzemionka (1–2 łyżek płynnej krzemionki)
  ▸ minerały w postaci płynnej
  ▸ soki z zielonych warzyw, żeby wypłukać kwasy
  ▸ bor (3 mg) dla poprawy wchłaniania powyższych dodatków spożywczych
  ▸ sok z aloesu (2 łyżki) godzinę przed snem.

ROZDZIAŁ 5

OCZYSZCZANIE ORGANIZMU

SŁOWO „ODTRUCIE" CZĘSTO KOJARZY NAM SIĘ
Z KOSZMAREM, JAKIM JEST GWAŁTOWNE OCZYSZCZANIE
ORGANIZMU. PRAGNĘ TU PRZEDSTAWIĆ CHOĆBY TRZY ZE
ZNANYCH MI PRZYKŁADÓW.

Pierwszy to poznany przeze mnie niedawno instruktor sztuk walki, który przez 30 dni stosował dietę składającą się wyłącznie z soku marchwiowo-ogórkowego. Oczywiście, był kompletnie wyczerpany.

Drugim jest moja przyjaciółka, która pewnego razu zapisała się na odtrucie w jednym z ośrodków w Kalifornii, żeby, jak to ujęła, „oczyścić tętnice z czekolady i lodów". Przez trzy tygodnie wolno jej było jeść tylko kilka łyżeczek kiełków lucerny i koniczyny dziennie. Kiedy bardzo grzecznie stosowała się do tych zasad, pod koniec tygodnia mogła zjeść w nagrodę cienki plaster arbuza. Po opuszczeniu tego ośrodka myślała tylko o jednym – żeby zjeść dużego hamburgera, i to natychmiast. A była to osoba, która od lat nie jadła czerwonego mięsa.

Trzeci przypadek to mój kolega z pracy, który zdecydował się na „post oczyszczający oparty na fasoli mung i ryżu". Ten kawał chłopa przez 60 dni nie jadł nic poza fasolą mung i brązowym ryżem, na śniadanie, obiad i kolację. Dowiedziałam się potem od niego, że podczas tej diety czuł „...zawroty głowy, oszołomienie, jakby chwilami miał zemdleć", ale miało mu to pomóc „odnaleźć swoją duszę".

Każdy z uczestników programu *Jesteś tym, co jesz* wraz z rozpoczęciem wprowadzania zmian w diecie miał wykonywane płukanie okrężnicy. Jeden z nich do tego stopnia był zadowolony z rezultatu, że zdecydował się na serię dziesięciu zabiegów. Pierwszy z nich przypominał erupcję wulkanu. Te ogromne ilości nie strawionych cząsteczek pokarmu (oględnie mówiąc), które przez lata starały się wydostać z jego organizmu, odzyskały w końcu wolność w jednym gigantycznym wybuchu. Stracił tego dnia kilka kilogramów!

W rzeczywistości odtrucie organizmu wcale nie musi mieć tak dramatycznego przebiegu ani nie musi być nieprzyjemne czy uciążliwe. Może być łagodne, łatwe i proste. Nie powinno również przebiegać tak ostro, że byłbyś gotów zabić dla tabliczki czekolady.

Nasz organizm i tak codziennie automatycznie się odtruwa. Nasze ciało ma naturalne, fizjologiczne sposoby oczyszczania się: na przykład pocenie, oddawanie moczu czy wypróżnianie się. Jednak w obecnej dobie zanieczyszczeń przemysłowych, skażenia metalami ciężkimi, promieniowania z komputerów i telefonów komórkowych, papierosów, ostrych środków czyszczących, sprayów przemysłowych, pestycydów, alkoholu i wielu innych szkodliwych czynników ludzki organizm jest narażony na ogromne przeciążenie rozmaitymi toksynami. Dlatego od czasu do czasu potrzebuje pomocy.

Pacjenci, którzy skorzystali z moich prostych wskazówek na temat odtruwania się w codziennym życiu, a następnie przeprowadzili „dzień odtrucia" według mojego programu, uporali się dzięki temu z wieloma problemami zdrowotnymi, w tym:

- Zmniejszonym popędem seksualnym
- Niepłodnością
- Impotencją
- Zespołem napięcia przedmiesiączkowego
- Niestrawnością
- Torbielami jajników
- Bólami głowy
- Bólami stawów
- Nieświeżym oddechem
- Alergiami
- Zaparciami
- Łamliwością paznokci
- Wypryskami skórnymi
- Problemami z pamięcią
- Depresją
- Bezsennością
- Nadwagą

A co najważniejsze, czuli się wspaniale! W pierwszej części tego rozdziału przedstawię sześć prostych zaleceń, które możesz wprowadzić do codziennego życia. Dzięki temu będziesz utrzymywać organizm w stanie stosunkowo wolnym od toksyn. Potem możesz zastosować mój „dzień odtrucia" przedstawiony w drugiej części.

PO CO SIĘ ODTRUWAĆ?

Obce substancje i toksyny są przez organizm magazynowane w złogach tłuszczu. Dlatego niektórzy noszą w sobie nawet po kilka kilogramów niezdrowej, toksycznej, pełnej śluzu materii!

A potem się dziwisz, dlaczego ciągle czujesz zmęczenie, masz nieświeży oddech i wypryski, pękają ci paznokcie, cierpisz z powodu napięcia przedmiesiączkowego, zaburzeń trawienia, bólów głowy i stawów, oddechu, alergii, zaparć, depresji, słabej pamięci, bezsenności i nadwagi? Żyjemy w zatrutym środowisku, a ty być może również w coraz bardziej zatrutym ciele.

Przez pewien czas organizm walczy, żeby uchronić się od szkodliwych toksyn, i w tym celu otacza je śluzem lub tłuszczem, uniemożliwiając wywołanie reakcji odpornościowej. Jednak jest to rozwiązanie doraźne. Po niedługim czasie toksyny zaczynają przenikać do krwiobiegu i przez błony komórek, zakłócając ich funkcje metaboliczne i uszkadzając tkanki.

Jeśli nadal cię nie przekonałam, wykonaj test na stopień zatrucia organizmu i przekonaj się, czy nie trzeba go oczyścić.

CZYM JEST TOKSYNA?

Toksyna to każda substancja, która wywiera szkodliwy wpływ na organizm, powodując alergię, nietolerancję pokarmową i ogólne wrażenie choroby. Jesteśmy narażeni na toksyny pochodzące z wody, którą pijemy, żywności, którą jemy, i powietrza, którym oddychamy. Najbardziej podstępne toksyny są niewidoczne, tak że nie zdajemy sobie sprawy z ogromu ryzyka. Na szczęście nasz organizm potrafi całkiem sprawnie usuwać toksyny, jeśli mamy odpowiednią wiedzę, narzędzia i mój plan odtrucia, żeby się ich pozbyć.

TEST NA STOPIEŃ ZATRUCIA ORGANIZMU

?

Odpowiedz ,,tak'' lub ,,nie'' na każde z poniższych pytań.

Czy mieszkasz w mieście?

Czy pracujesz w biurze?

Czy regularnie korzystasz z metra?

Czy często biegasz lub chodzisz ulicami lub drogami o dużym natężeniu ruchu?

Czy regularnie używasz telefonu komórkowego?

Czy regularnie używasz komputera?

Czy mieszkasz w pobliżu słupów trakcji elektrycznej, elektrowni lub masztów telefonii komórkowej?

Czy regularnie palisz papierosy lub inne substancje?

Czy często zażywasz narkotyki lub leki?

Czy często i regularnie pijesz alkohol lub oddajesz się pijaństwu w weekendy albo przy innych okazjach?

Czy prowadzisz siedzący tryb życia i nie uprawiasz żadnej aktywności fizycznej?

Czy przeciętnie łapiesz ponad trzy przeziębienia, grypy lub inne infekcje wirusowe w roku?

Czy masz wypełnienia amalgamatowe w zębach?

Czy pijesz codziennie któryś z następujących napojów: kawę, słodkie napoje gazowane, wodę z kranu, mleko krowie i/lub wodę sodową?

Czy jesz codziennie któryś z następujących produktów: cukier, słodycze, czekoladę, biały chleb, potrawy puszkowane, potrawy mrożone, potrawy do przyrządzenia w mikrofalówce, potrawy smażone, mięso, wędliny, herbatniki, ciasta?

Czy normalnie słodzisz kawę lub herbatę cukrem lub substytutem cukru?

Czy regularnie solisz potrawy podczas gotowania lub dosalasz gotowe dania?

Czy nie przykładasz wagi do czytania etykiet na produktach w celu sprawdzenia zawartych w nich dodatków i konserwantów?

WYNIKI

Jeśli odpowiedziałeś twierdząco na więcej niż pięć pytań, to możesz być dość mocno zatruty. Radzę, żebyś zdecydował się na mój ,,dzień odtrucia'' w najbliższym dogodnym dla ciebie terminie. Może w najbliższy weekend?

Jeśli odpowiedziałeś twierdząco na ponad dziesięć pytań, to jesteś po prostu nasiąknięty toksynami. Najprawdopodobniej zalegają one w twoich narządach, komórkach, krwi i reszcie ciała. Możesz nawet mieć nieświeży oddech, nieprzyjemny zapach ciała i cierpieć na wzdęcia. Jeśli jeszcze nie masz tych problemów, to wkrótce się pojawią, wraz z licznymi poważnymi schorzeniami, chyba że zaczniesz działać natychmiast. W związku z tym musisz niezwłocznie przeprowadzić ,,dzień odtrucia'' zgodnie z ułożonym przeze mnie programem. Mówiąc natychmiast, mam na myśli dzisiaj – nie pozostawiam ci w tym przypadku żadnego wyboru!

Na szczęście odtrucie nie musi być nieprzyjemne, poniżające czy trudne. Może być łagodne, łatwe i proste.

PROSTE WSKAZÓWKI NA TEMAT CODZIENNEGO ODTRUWANIA ORGANIZMU

PRZEKONAŁAM SIĘ, ŻE PACJENCI, KTÓRZY WPROWADZAJĄ MOJE PROSTE ZALECENIA DO CODZIENNEGO ŻYCIA, A POTEM PRZEPROWADZAJĄ ŁATWE, JEDNODNIOWE ODTRUCIE WEDŁUG MOJEGO PROGRAMU, ZNACZNIE SZYBCIEJ ZRZUCAJĄ NIEPOTRZEBNE KILOGRAMY. PONADTO POZBYWAJĄ SIĘ LICZNYCH PROBLEMÓW ZDROWOTNYCH, TAKICH JAK: NISKI POPĘD PŁCIOWY, BEZPŁODNOŚĆ, IMPOTENCJA, ZESPÓŁ NAPIĘCIA PRZEDMIESIĄCZKOWEGO, NIESTRAWNOŚĆ, ZŁE WCHŁANIANIE, TORBIELE JAJNIKÓW, BÓLE GŁOWY I STAWÓW, NIEŚWIEŻY ODDECH, ALERGIE, ZAPARCIA, ŁAMLIWOŚĆ PAZNOKCI, WYPRYSKI SKÓRNE, PROBLEMY Z PAMIĘCIĄ, DEPRESJA, BEZSENNOŚĆ, NADWAGA... TĘ LISTĘ MOŻNA JESZCZE DŁUGO CIĄGNĄĆ. JEDNAK, CO NAJWAŻNIEJSZE, OSOBY PRZESTRZEGAJĄCE MOICH RAD DOTYCZĄCYCH ODTRUWANIA CZUJĄ SIĘ ŚWIETNIE! TERAZ TAKŻE TOBIE PODAM SZEŚĆ PROSTYCH ZALECEŃ, KTÓRE MOŻESZ WPROWADZIĆ DO SWOJEGO CODZIENNEGO ŻYCIA, DZIĘKI CZEMU UTRZYMASZ SWÓJ ORGANIZM W STANIE STOSUNKOWO WOLNYM OD TOKSYN. POTEM PRZEDSTAWIĘ MÓJ JEDNODNIOWY PROGRAM ODTRUCIA.

Pamiętaj, że
nie wystarczy raz
zastosować się
do tych zaleceń;
muszą stać się
częścią twojego
normalnego życia.

Szczotkowanie ciała usuwa niepotrzebne substancje i toksyny z twoich układów wewnętrznych. Spróbuj, a wkrótce poczujesz się jak nowo narodzony.

1 PRZEANALIZUJ LISTĘ PRODUKTÓW ŻYWNOŚCIOWYCH PRZEDSTAWIONĄ NIŻEJ

Trzymaj tę listę stale pod ręką, ponieważ wskazuje ona, które produkty mają najlepsze właściwości odtruwające, a które są najbardziej toksyczne.

Najlepsze produkty odtruwające

› Soki owocowe i warzywne
› Woda
› Surowa żywność / kiełki / zielone warzywa liściaste
› Owoce, warzywa, pełne ziarno, nasiona roślin strączkowych, nasiona innych roślin

Produkty, których należy unikać

› Cukier
› Potrawy smażone
› Mleko krowie i jego przetwory
› Alkohol
› Kofeina

2 JUŻ DZIŚ KUP:

› **Sokowirówkę lub wyciskarkę do soków**, żeby przygotowywać sobie własne soki warzywne. Nie musisz kupować najnowocześniejszego modelu, tylko taki, na jaki cię stać. Kiedy przygotowywanie soków już cię wciągnie, poszukasz sobie czegoś lepszego.
› **Mikser**, żeby zacząć przyrządzać sobie pyszne, łatwe do strawienia koktajle.

3 ZACZNIJ SZCZOTKOWAĆ SKÓRĘ

Kup szczotkę do ciała i proszę, żebyś jej używał. Szczotkowanie skóry na sucho przyspiesza tempo wydalania toksyn, gdyż pobudza komórki krwi i tkankę limfatyczną, dwie główne drogi fizjologicznego oczyszczania się organizmu. Zabiegu tego nie należy wykonywać podczas kąpieli, tylko kiedy skóra jest sucha. Możesz wykąpać się potem, ale nie w trakcie.

Metoda:

Szczotkuj ciało płynnymi ruchami, zaczynając od podeszew stóp i posuwając się w górę nóg, a następnie w górę rąk i od góry do dołu pleców. Wykonuj długie, zamaszyste ruchy w kierunku serca, co poprawia krążenie oraz napięcie i wygląd skóry. Zawsze szczotkuj lekko i delikatnie i omijaj skaleczenia, nabrzmiałe żyły oraz popękane naczynka.

4 ODDYCHAJ!

Sposób, w jaki oddychasz, może mieć ogromny wpływ na twoje zdrowie, gdyż tlen ma dobre właściwości odtruwające. Najważniejsze to oddychać głęboko. Większość ludzi oddycha płytko i pozbawia w ten sposób komórki, narządy i gruczoły tak potrzebnego im tlenu. Tlen dosłownie odżywia krew i komórki, gdyż odtruwa narządy i gruczoły i jest równie ważny jak odpowiednia ilość wody i dobrej jakości pożywienia. Jego brak prowadzi do zagłodzenia mózgu, układu nerwowego, nadnerczy, przysadki mózgowej, nerek, pęcherzyka żółciowego, śledziony, wątroby, przepony i okrężnicy.

Przedstawione poniżej ćwiczenie oddechu ma na celu nauczyć cię głębszego, pełniejszego sposobu oddychania zwanego oddychaniem przeponowym, które wypełnia powietrzem całe płuca. Tak powinieneś oddychać codziennie. Jednak zanim głębokie oddychanie stanie się dla ciebie czymś normalnym, proszę, żebyś poćwiczył zgodnie z opisanymi zaleceniami dosłownie po kilka minut dziennie. Kiedy już opanujesz tę metodę, przekonasz się, że o wiele łatwiej jest ci głęboko oddychać w codziennym życiu, kiedy spacerujesz, rozmawiasz, siedzisz, pracujesz lub odpoczywasz.

Metoda:

▸ Połóż się na plecach na podłodze w jak najwygodniejszej pozycji, na przykład ze zgiętymi kolanami lub rozstawionymi stopami. Zamknij oczy, jeśli to pomaga ci się odprężyć.

▸ Połóż jedną rękę na brzuchu, a drugą na piersi. Następnie odetchnij głęboko i zwróć przy tym uwagę, która dłoń uniesie się najpierw. Jeśli ta na piersi, to znaczy, że nie wykorzystujesz w pełni możliwości swych płuc. Niewątpliwie pozbawiasz swoje komórki i narządy tlenu, który mógłby do nich dotrzeć.

▸ Teraz wciągnij powoli powietrze przez nos. Policz do dziesięciu, jeśli to pomaga ci się skupić.

▸ Powoli wydaj z siebie dźwięk „uuu", a następnie wydmuchnij resztę powietrza, jak najwolniej i najdelikatniej, jednocześnie lekko naciskając na dolną część brzucha, żeby pomóc usunąć całe zastałe powietrze.

▸ Wykonaj powolny wdech przez nos, trzymając jedną dłoń na brzuchu tuż poniżej pępka. Wyobraź sobie, jak wdychane powietrze rozchodzi się w płucach, dociera do żeber i boków. Przypomina to napełnianie powietrzem balonu. Kiedy wykonujesz wdech, balon się nadyma i powietrze rozchodzi się do żeber, boków i pleców. Kiedy je wydychasz, balon wiotczeje.

▸ Kiedy wykonujesz wydech, poczuj, jak żebra przesuwają się w dół, a twoje napięcie stopniowo znika, podczas gdy brzuch i górna część ciała opadają. Znowu powtórz dźwięk „uuu" i delikatnie wydmuchnij resztę powietrza, całkowicie opróżniając płuca. Kiedy nabierzesz większej praktyki, możesz nie wydawać tego dźwięku.

Podczas wykonywania tych poleceń nie musisz zbyt intensywnie oddychać. Ma to być powolne, delikatne i uspokajające ćwiczenie medytacyjne. Wyobraź sobie powolny ruch powietrza i, co najważniejsze, poczuj spokój i odprężenie, kiedy będziesz je wykonywać.

5 ROZPOCZNIJ CODZIENNE ĆWICZENIA FIZYCZNE

Ćwiczenia fizyczne są niezbędne dla prawidłowego odtrucia organizmu. Nie proponuję ci intensywnych ćwiczeń kulturystycznych, które wymagałyby codziennego chodzenia na siłownię. Mam na myśli prosty, delikatny ruch, który pomoże twojemu ciału zachować zwinność, gibkość i młodość! Może to być stretching, szybkie spacery, ćwiczenia na stepie lub minitrampolinie, taniec towarzyski, dyskoteka, pływanie, jazda na rowerze, aerobik, pilates, a nawet tai chi lub karate, jeśli znajdziesz takie zajęcia w pobliżu swojego miejsca zamieszkania. W zasadzie każdy umiarkowany ruch, który sprawia ci przyjemność i jest wykonywany regularnie, będzie odpowiedni. A jeszcze lepsze będą formy aktywności fizycznej, przy których porządnie się spocisz.

6 PIJ WODĘ

Jednym z najskuteczniejszych płynów odtruwających jest woda niegazowana (tylko nie z kranu, chyba że masz filtr) — pita codziennie i regularnie. Radzę wypijać 6–8 szklanek wody dziennie.

„DZIEŃ ODTRUCIA" WEDŁUG GILLIAN McKEITH

JEŚLI PROCES DETOKSYKACJI MA PRZEBIEGAĆ PRAWIDŁOWO, NIE MOŻESZ SIĘ GŁODZIĆ. PO PROSTU URZĄDZISZ SWOIM NARZĄDOM WAKACJE OD TEGO, CO NORMALNIE JESZ. WYELIMINUJESZ NIEZDROWĄ ŻYWNOŚĆ, A DODASZ MNÓSTWO DOBRYCH PRODUKTÓW, KTÓRE OCZYSZCZĄ TWOJE NARZĄDY I UŁATWIĄ ORGANIZMOWI WYZBYCIE SIĘ TOKSYN. W REZULTACIE BĘDZIESZ JAŚNIEĆ ENERGIĄ I WITALNOŚCIĄ.

SZKODLIWA ŻYWNOŚĆ: NIEBEZPIECZEŃSTWO... TRZYMAJ SIĘ Z DALEKA

Podczas „dnia odtrucia" musisz się całkowicie pożegnać z produktami, które niszczą twoje komórki, wysysają z ciebie energię, są trudne do strawienia i osłabiają witalność. Poniżej przedstawiam listę takich zakazanych owoców. Jeżeli potrafisz trzymać się od nich z daleka przez dłuższy czas niż tylko okres odtrucia, tym lepiej dla ciebie! Dzięki temu naprawdę wyświadczysz przysługę swojemu organizmowi i ułatwisz sobie drogę do szczuplejszego i zdrowszego „ja".

PRODUKTY, KTÓRYCH NALEŻY UNIKAĆ:

- Kawa
- Skorupiaki
- Cukier
- Herbata
- Mleko
- Pieprz i sól
- Papierosy
- Jajka
- Napoje gazowane
- Alkohol
- Sery

- Żywność smażona
- Czerwone mięso
- Olej kuchenny
- Gotowy majonez
- Drób
- Pieczywo
- Musztarda
- Ryby
- Lekarstwa (chyba że w chwili rozpoczęcia odtrucia cierpisz na chorobę, która wymaga ich przyjmowania)

ĆWICZENIE

Najważniejsze, żebyś w „dniu odtrucia" zrobił coś, co cię rozbawi. Nie potrzebujesz do tego partnera. Po prostu włącz radio, znajdź piosenkę, którą lubisz, i zacznij tańczyć. To świetna zabawa, a jednocześnie sposób na pobudzenie układu krążenia, wzmocnienie ciała i poprawę nastroju. Jeśli masz dzieci, one także chętnie z tobą potańczą. Tańczyć możesz z innymi lub sam, dobrze się bawić i ożywić organizm – wszystko jednocześnie.

Tańcz przez 30–40 minut, jeśli ma to być rzetelne ćwiczenie poprawiające wydolność oddechową. Moim pacjentom, którzy mają siedzącą pracę, radzę, żeby co godzinę wstawali i intensywnie tańczyli przez pięć minut. Jednak w swój „dzień odtrucia" rób to, na co masz ochotę, nie przemęczając się zbytnio. Kiedy naprężasz i rozluźniasz mięśnie, chłonka skuteczniej usuwa z organizmu toksyny. Podobne skutki ma pocenie się.

KĄCIK NAUKOWY

Węzły chłonne i produkowane przez nie płyny są głównym mechanizmem zajmującym się usuwaniem niepotrzebnych substancji z organizmu. Aktywność fizyczna działa jak rodzaj rozrusznika inicjującego wydalanie toksyn z naszego ciała. Zatem, jeśli nie ćwiczysz, chłonka nie działa w pełni efektywnie. Uważam, że umiarkowane ćwiczenia fizyczne, bardziej niż cokolwiek innego, pozwalają nam zachować młodość fizyczną, seksualną i umysłową. Dlatego warto kontynuować aktywność fizyczną nawet po „dniu odtrucia".

POKARM DOSTARCZANY ORGANIZMOWI PODCZAS „DNIA ODTRUCIA"

PODCZAS „DNIA ODTRUCIA" POWINIENEŚ PRZYJMOWAĆ WYMIENIONE PONIŻEJ DODATKI SPOŻYWCZE, GDYŻ POMOGĄ CI OCZYŚCIĆ WĄTROBĘ, PRZEWÓD POKARMOWY I KOMÓRKI, JEDNOCZEŚNIE DOSTARCZĄ CI SIŁ.

1 ZIELONE SUPERPOKARMY

Podczas „dnia odtrucia" koniecznie powinieneś spożyć 2 czubate łyżeczki zielonych superpokarmów. Wybierz dowolny z wymienionych poniżej.

▸ Dzikie niebieskozielone algi

▸ Spirulina

▸ Chlorella

▸ Źdźbła pszenicy

▸ Źdźbła jęczmienia

▸ Dodatek w formie proszku Dr Gillian McKeith Living Food Energy

2 ENZYMY TRAWIENNE

Przyjmuj je wtedy, gdy są zalecane, lub z każdym ciepłym posiłkiem albo napojem.

3 SIEMIĘ LNIANE LUB OLEJ LNIANY

1 łyżka jednego albo drugiego dziennie.

4 OSET MLECZNY

Przyjmuj oset mleczny lub kwas alfa liponowy (2 kapsułki dziennie), żeby pomóc organom odtruwającym. (Jeśli wolisz, otwórz kapsułki i wlej ich zawartość do soku pitego w środku dnia.) Jeśli nie jesteś pewien, czy musisz przyjmować oset mleczny lub kwas alfa liponowy, sprawdź objawy podane w tabeli obok. Jeżeli stwierdzisz, że choćby jeden z nich cię dotyczy, musisz przyjmować jeden z tych dodatków w trakcie „dnia odtrucia" i przez 2 tygodnie potem.

5 ACIDOPHILUS

Jeśli zdecydujesz się na lewatywę lub płukanie okrężnicy, to będziesz potrzebować bakterii *Acidophilus*.

6 KIEŁKI

Naucz się, jak samodzielnie hodować kiełki i źdźbła — patrz str. 213 — lub kupuj gotowe.

CZY POTRZEBUJESZ PREPARATÓW UZUPEŁNIAJĄCYCH Z OSTU MLECZNEGO? TAK, JEŚLI DOTYCZY CIĘ KTÓRAKOLWIEK Z PONIŻSZYCH SYTUACJI:

Nudności	Gniew	Bezsenność
Bóle głowy	Depresja poporodowa	Zawroty głowy
Niestrawność	Drażliwość	Szumy w uszach
Hemoroidy	Agresywność	Gorące wnętrze dłoni
Łatwe powstawanie siniaków	Napięcie	Gorące podeszwy stóp
Zmienne nastroje	Rozwarstwianie się paznokci	Ból oczu
Depresja	Zaczerwienienie oczu	Zaczerwienienie twarzy
Zaburzenia widzenia	Bolesność pod prawym żebrem	Plomby amalgamatowe
Drżenie języka, kiedy go wysuniesz		

„DZIEŃ ODTRUCIA" WEDŁUG GILLIAN McKEITH: KROK PO KROKU

PO WSTANIU

(Godziny można dostosować do twojego normalnego trybu życia):

7.00 CIEPŁA WODA Z CYTRYNĄ

Wciśnij nieco soku z cytryny do ciepłej wody, zgodnie z upodobaniem. Taki napój zapewni ci łagodne rozpoczęcie dnia, gdyż szybko przedostanie się do jelit i pomoże usunąć nie strawione resztki z poprzedniego dnia. (Nie należy pić na czczo zimnej wody, gdyż stanowi to wstrząs dla organizmu, a woda zatrzymuje się w żołądku, wywołując gazy lub wzdęcia.)

7.30 SIEMIĘ LNIANE

Masz do wyboru:

▸ Wsypać 2 czubate łyżeczki ekologicznego siemienia lnianego do dużej szklanki przefiltrowanej wody.

▸ Poprzedniego wieczoru zalać 1 łyżkę siemienia lnianego szklanką wrzącej wody. Rano wypić t y l k o płyn.

8.00 ŚNIADANIE

Masz do wyboru:

▸ Owoce, które na śniadanie należy jeść w temperaturze pokojowej. Zjedz tyle, żeby zaspokoić głód, i dokładnie je pogryź. Pomarańcze i sok pomarańczowy nie nadają się do tego celu, gdyż mają zbyt kwaśny odczyn. Jeśli zdecydujesz się na winogrona, nie mieszaj ich z innymi owocami. Możesz wybrać jabłka, gruszki, papaje, ananasy, wiśnie, czereśnie, śliwki, arbuz, morele lub owoce jagodowe.

▸ Zupę miso.

▸ Sok warzywny przygotowany z: 1 ogórka, $\frac{1}{4}$ kawałka korzenia imbiru (obranego), 4 gałązek selera naciowego, 100 g kiełków lucerny, 3 gałązek pietruszki i 1 marchwi (obranej).

9.30 PRZERWA NA HERBATĘ: WYPIJ SZKLANKĘ LUB DWIE HERBATY ZIOŁOWEJ

Podczas „dnia odtrucia" będziemy robić kilka przerw na herbatę. W końcu, trudno się obyć bez przerw na herbatę, więc ten dzień nie będzie się różnił od innych.

Z pewnością z przyjemnością będziesz sączyć te odżywcze, uzdrawiające herbaty wspomagające proces odtruwania. Jednak nie będzie to twoja normalna, pełna kofeiny czarna herbata. Możesz pić herbatkę z pokrzywy, mniszka lekarskiego, rumianku, szałwii lub jeżówki.

10.00 PRZERWA NA SOK OWOCOWY

Wybieraj owoce sezonowe i przygotowuj soki w sokowirówce lub wyciskarce bezpośrednio przed spożyciem – dalej znajdziesz kilka pomysłów. Jeśli jest akurat zima albo jest ci zimno, dodaj do soku nieco przegotowanej gorącej wody. Jeśli w połowie poranka robisz się dość głodny, przygotuj sobie więcej soku.

Jeśli dotyczy cię jedno lub więcej z poniższych stwierdzeń, proszę, ogrzej swój owoc, albo umieszczając go na chwilę na parze, albo wkładając do naczynia z ciepłą wodą (nie masz go ugotować, tylko ogrzać).

▸ Jest zima, a ty nie mieszkasz w ciepłym klimacie.

▸ Jest ci zimno albo masz słabe krążenie.

▸ Masz osłabioną trzustkę. (Możesz to łatwo stwierdzić, oglądając swój język w lustrze. Na str. 34 przedstawiono oznaki świadczące o problemach z trzustką.)

PRZYSMAK JABŁKOWY NA CIEPŁO

6 jabłek
2 gruszki

▸ Owoce obrać, usunąć z nich gniazda nasienne i pokroić. Lekko pogotować na parze i zmiksować.

Przyjmij do tego przysmaku 1 kapsułkę enzymu trawiennego. Po prostu otwórz kapsułkę i wlej jej zawartość do mieszaniny.

POMYSŁY NA SOKI

Przed zrobieniem soku należy wszystkie warzywa i owoce obrać i usunąć
ewentualne gniazda nasienne. Korzeń imbiru obierz i utrzyj.

KIEŁKOWA NIESPODZIANKA

1 jabłko, 175 g kiełków lucerny lub koniczyny, 6 świeżych liści mięty, 3 marchwie.

ESENCJA CYTRYNOWA

8 marchwi, 1 jabłko, sok z 1 cytryny, plasterek imbiru o grubości 2,5 cm.

REWIA PAPAI

2 twarde papaje, 2 gruszki, 1/2 łyżeczki utartego korzenia imbiru.

WINOGRONOWA ODROBINA LUKSUSU

20 zielonych winogron, 10 truskawek, 1 jabłko, 2 gałązki świeżej mięty.

IMBIROWY NAPÓJ OŻYWIAJĄCY

2 jabłka, 2 gruszki, mały kawałek korzenia imbiru.
Jest to doskonały napój ożywiający do wypicia na śniadanie — postawi na nogi cały
organizm i obudzi również twoje kubki smakowe.

JAGODOWY ATAK

*0,5 litra twoich ulubionych owoców jagodowych lub ich mieszanki (truskawki,
jeżyny, agrest, maliny), 2 brzoskwinie, 1 jabłko.*

ANANASOWE WZMOCNIENIE

Sok z jednego ananasa.

12.30 LUNCH

Udało ci się dotrwać do pory lunchu i jestem pewna, że doskonale sobie radzisz. Na lunch możesz wybrać coś z poniższych propozycji.

▸ Sałatka z surowych warzyw z kiełkami.

▸ Surowa zupa ogórkowo-miętowa.

▸ Surowa kapusta kwaszona.

▸ Kasze z takich zbóż jak proso, komosa ryżowa, ryż, amarant.

Po ugotowaniu kaszy dodaj do niej jedno lub kilka z wymienionych świeżych ziół: koper, szczypiorek, trybulę lub liście mlecza (mniszka lekarskiego). Podawaj z brokułami, kalafiorem, kapustą, ogórkiem, ciemnozieloną sałatą, selerem naciowym lub brukselką.

SUROWA ZUPA OGÓRKOWO-MIĘTOWA GILLIAN McKEITH

Sok z 3 ogórków i 2 gałązek selera naciowego
1 posiekany ogórek
¼ szklanki posiekanych świeżych liści mięty
¼ szklanki posiekanej świeżej natki pietruszki
¼ drobno posiekanego pora

Umieść wszystkie składniki w pojemniku miksera lub robota kuchennego i zmiksuj na gładką masę.

14.00 PRZERWA NA HERBATĘ ZIOŁOWĄ

14.30 WARZYWNY SOK ODTRUWAJĄCY GILLIAN McKEITH
Wybierz któryś z poniższych soków i przygotuj go tuż przed spożyciem.

CHŁODZĄCA MARCHEWKOMANIA
6 marchwi, 2 gałązki selera naciowego, 1 jabłko.
(Spróbuj też w wersji bez jabłka.)

BURACZANE MOCNE UDERZENIE
$^1/_2$ buraka, 2 marchwie, 1 gałązka selera naciowego, $^1/_2$ małego ogórka.

NIEWZRUSZONY OGÓREK
2 całe ogórki, $^1/_4$ – $^1/_2$ buraka, gałązka kopru.

OGÓRKOWA MIESZANKA
2 ogórki, 4 gałązki selera naciowego, $^1/_4$ kawałka korzenia imbiru (według uznania),
gałązka bazylii lub kolendry. (To mój ulubiony.)

ZIELENINA NA WYNOS
Garść natki pietruszki, 1 liść jarmużu, 5 marchwi i mały kawałek korzenia imbiru.

ENERGIA Z SELERA
2 gałązki selera naciowego, garść natki pietruszki, 1 ząbek czosnku, 5 marchwi
i 100 g kiełków lucerny (według uznania, ale byłoby wspaniale, gdybyś je dodał).

15.00 PRZERWA NA HERBATĘ ZIOŁOWĄ

15.30 PORA NA PRZEKĄSKĘ!
Jako przekąskę możesz jeść pestki słonecznika lub dyni i/lub surową kapustę
kwaszoną.

16:00 PYSZNY KOKTAJL WARZYWNY GILLIAN McKEITH

6 marchwi (najlepiej z końcówką od strony natki)

1 miękkie awokado

10 liści bazylii

1 jabłko

1 plasterek cytryny

Przygotuj w sokowirówce lub wyciskarce sok z marchwi i jabłka. Dodaj pozostałe składniki i zmiksuj. Wciśnij do koktajlu trochę soku z cytryny.

17.30 OBIAD

Jesteś już blisko końca tego dnia. Teraz możesz zjeść pożywną sałatkę z surowych warzyw z garścią kiełków. Jeśli czujesz się naprawdę głodny, dodaj do niej niewielką ilość kaszy.

18.30 PRZERWA NA POTASOWY BULION

Bardzo dobrze sobie radzisz. Tak trzymaj!

O CO CHODZI Z TYM POTASOWYM BULIONEM?

Potasowy bulion dostarczy twoim narządom, gruczołom i tkankom mieszaniny witamin i minerałów, szczególnie potasu, który zapewni organizmowi równowagę elektrolityczną. Brak takiej równowagi powoduje pogorszenie funkcjonowania narządów. Zależy mi na tym, żebyś utrzymał właściwy poziom soli mineralnych, a przy okazji dostarczył organizmowi trochę witamin.

POTASOWY BULION

2 duże ziemniaki

2 marchwie

1 szklanka czerwonych buraków (według uznania)

4 gałązki selera naciowego z liśćmi

1 szklanka natki pietruszki

1 szklanka rzepy

szczypta pieprzu cayenne do smaku

Używaj garnków i przyborów kuchennych ze stali nierdzewnej. Do dużego garnka wlej około 1,8 l wody. Pokrój warzywa, wrzucając je bezpośrednio do wody – nigdy nie zostawiaj warzyw leżących godzinami na blacie. Doprowadź mieszaninę do wrzenia i zmniejsz ogień. Nakryj i gotuj na bardzo wolnym ogniu przez około 2 godziny. Odcedź warzywa i wypij sam wywar.

Jeśli przygotowanie potasowego bulionu jest dla ciebie zbyt dużym wysiłkiem lub nie masz na to czasu, to proszę, nie przejmuj się tym. Pójdź do najbliższego sklepu ze zdrową żywnością i kup kilka opakowań zupy miso. Wystarczy, że dolejesz do niej wrzątku i już możesz pić. Łatwe, prawda?

19.30 PRZERWA NA CIEPŁĄ WODĘ Z CYTRYNĄ

Po prostu wciśnij sok z cytryny do filiżanki z ciepłą lub gorącą wodą i wypij.

20.15 SZCZOTKOWANIE SKÓRY NA SUCHO

(patrz str. 132).

20.30 TWOJA NAGRODA: KĄPIEL MINERALNA

Udało ci się wytrwać aż do tej pory – naprawdę zasługujesz na oklaski. Twoją nagrodą jest wspaniała kąpiel. Nawiasem mówiąc, nie tylko dla kobiet. Mężczyznom również sprawi przyjemność taka uspokajająca kąpiel w wodzie z minerałami. Kiedy napełnisz wannę wodą, dodaj do niej następujące składniki (dostępne w sklepach ze zdrową żywnością):

2 łyżeczki oleju lnianego

nieco płynnych minerałów

1 łyżeczka ciekłej krzemionki

2 łyżeczki soku z aloesu

po 3 lub 4 krople olejków eterycznych z kadzidłowca i mirry

Będzie to zapewne najdroższa woda, którą wypuściłeś odpływem swojej wanny! Jednak warto pamiętać, że skóra jest największym organem i posiada największe zdolności absorpcyjne. Dlatego wszystkie te składniki odżywcze z kąpieli zostaną skutecznie wchłonięte.

21.00 NOCNA PRZEKĄSKA

Przed pójściem spać zjedz sobie trochę sałaty albo selera naciowego. Seler zawiera bardzo dużo magnezu, jednego z najbardziej uspokajających składników pokarmowych. Jeśli możesz, i d ź s p a ć w c z e ś n i e (pomiędzy 21.30 a 22.30).

CO ZROBIĆ, JEŚLI BĘDĘ GŁODNY?

Jeśli będziesz mieć ataki głodu, możesz wypić więcej herbat ziołowych, bulionu miso lub soku. Dobrze jest wypić ciepłą zupę, jeśli jest ci zimno lub na dworze panuje chłód. Bardzo ważne, żebyś pił dużo płynów – staraj się, żeby to były dwa litry dziennie (mogą być soki i woda). Wiele osób pije zbyt mało, żeby wypłukać nagromadzone toksyny. Dodatkowo, soki i herbaty ziołowe podziałają jak naturalne diuretyki zapobiegające zatrzymywaniu wody w organizmie.

Na koniec mówię wszystkim swoim pacjentom, że nie muszą być niewolnikami soków. Jeśli czujesz taką potrzebę, możesz jeść całe owoce i/lub warzywa, a nawet sałatki i nasiona. Jeśli to absolutnie konieczne, włącz kasze z takich zbóż, jak amarant, proso lub komosa ryżowa. Może to trochę potrwać, zanim twój organizm nauczy się przetrwać cały dzień na sokach. Nie zmuszaj go, dopóki nie będzie gotowy. Słuchaj swojej intuicji.

KRYZYS OZDROWIEŃCZY

W trakcie odtrucia lub po jego zakończeniu niektórzy przechodzą tak zwany kryzys ozdrowieńczy. Polega on na tym, że przez kilka godzin lub dni czują się niedobrze. Jest to efekt bardzo skutecznej lub gwałtownej eliminacji szkodliwych substancji. Moi pacjenci zazwyczaj tego unikają, gdyż przeprowadzam odtrucie w delikatny sposób przy zrównoważonej pokarmowo diecie. Jeśli będziesz czuł się inaczej niż zwykle, to raczej będzie to przypływ energii, rozjaśnienie umysłu oraz wrażenie regeneracji i odmłodzenia. Jednak zawsze istnieje możliwość, że tak głębokie oczyszczenie organizmu wywoła negatywną reakcję. Mogą się pojawić bóle głowy i stawów, wypryski skórne i inne objawy. Nie denerwuj się tym – możesz przerwać odtrucie, kiedy zechcesz, i powrócić do stopniowego wprowadzania zasad detoksykacji do codziennego jadłospisu.

REAKCJE EMOCJONALNE

Inną formą kryzysu ozdrowieńczego jest kryzys emocjonalny, którego doświadczają niektóre osoby przechodzące głębokie odtrucie. Nie bądź zaskoczony, jeśli po rozpoczęciu odtrucia będziesz mieć płaczliwy nastrój lub łatwo się denerwować – może się okazać, że tłumione latami napięcie zacznie się rozładowywać.

MASAŻ WĄTROBY

W „dniu odtrucia" poświęć po pięć minut rano i wieczorem na wymasowanie okolic wątroby. Połóż się płasko na plecach i delikatnie masuj wątrobę czubkami palców. To jeszcze przyspieszy proces odtrucia, a ponadto jest całkiem przyjemne, choć może początkowo masz inne wrażenie!

Metoda:

Wątroba znajduje się po prawej stronie tuż pod żebrami. Umieść dłoń po prawej stronie na brzuchu, pod najniższym żebrem. Przesuwaj palcami wokół wątroby zgodnie z ruchem wskazówek zegara przez około pięć minut. Używaj tylko czubków palców (nie paznokci) i rób to powoli i delikatnie. Pomożesz w ten sposób stymulować oczyszczanie wątroby i przetwarzanie toksyn zalegających w organizmie.

ZRÓB WSZYSTKO, CO MOŻLIWE, ŻEBY SIĘ TEGO POZBYĆ

Być może niektóre osoby będą chciały przedłużyć odtrucie do dwóch, trzech, a nawet czterech dni. Możesz to zrobić, jeśli jesteś już na to gotowy i jeśli wcześniej robiłeś sobie „dzień odtrucia". Nie mogę ci zalecić, jak masz postąpić. Musisz po prostu przyswoić sobie odpowiednią wiedzę i posłuchać własnej intuicji.

SIĘGNIJ GŁĘBIEJ: OCZYŚĆ ZAPCHANY ZLEW

Gdybyś nigdy nie czyścił zlewu, jak by teraz wyglądał? Twój „dzień odtrucia" to jak wiosenne porządki, ale możesz sięgnąć jeszcze głębiej dzięki lewatywie i hydrokolonoterapii, czyli płukaniu okrężnicy. Możesz albo kupić w aptece zestaw do lewatywy (z załączoną instrukcją), albo poddać się zabiegowi hydroterapii okrężnicy. Obojętnie, który sposób wybierzesz, najlepiej zrobić to w dniu, kiedy będziesz oczyszczać swój organizm, na przykład wieczorem. Jeśli czas ci na to pozwala, poddaj się dodatkowo takiemu zabiegowi na dzień lub dwa przed „dniem odtrucia". Nie musisz tego robić, ale będzie to bardzo pomocne i zwiększy oraz przyspieszy efekty oczyszczania organizmu. Zastanów się nad tym i jeśli nie widzisz specjalnych przeszkód, zrób to.

JELITO GRUBE: JEDEN Z TWOICH NAJWAŻNIEJSZYCH NARZĄDÓW

Jelito grube, którego największą częścią jest okrężnica, znajduje się w części brzusznej i stanowi ostatnią część przewodu pokarmowego. Jest to niezwykle ważny organ, pełniący wiele istotnych dla organizmu funkcji. Między innymi kończy się w nim proces trawienia i następuje wchłanianie wody i składników pokarmowych oraz synteza witamin.

Jelito grube jest główną częścią układu wydalniczego i ma za zadanie eliminację nie strawionego pokarmu oraz innych niepotrzebnych substancji, a także ochronę organizmu przed infekcjami i chorobami (główna funkcja jelita grubego to wchłanianie wody z resztek pokarmu – przyp. M.K.). W prawidłowo funkcjonującym jelicie grubym w zadaniu tym pomagają przyjazne bakterie, które je zamieszkują i stanowią do 70% suchej masy naszych ekskrementów.

Jednak delikatna równowaga panująca w naszym wewnętrznym ekosystemie może łatwo ulec zakłóceniu przez takie czynniki, jak stres, zanieczyszczenia środowiska, promieniowanie elektromagnetyczne, niewłaściwe odżywianie, leki, palenie tytoniu i kontakt z substancjami toksycznymi. W im gorszym stanie znajduje się twoje jelito grube, tym szybciej będziesz się starzał. Wewnętrzne zanieczyszczenia będą cię powoli zatruwały.

PŁUKANIE OKRĘŻNICY

Często określam płukanie okrężnicy jako lewatywę, tylko 40 razy skuteczniejszą w czyszczeniu jelita grubego. Zabieg ten polega na wprowadzeniu ciepłej wody do odbytnicy i okrężnicy w celu oczyszczenia jelita z nagromadzonych przez lata kamieni kałowych, nadmiaru śluzu, gazów, zanieczyszczeń, leków i substancji toksycznych.

Jeśli zdecydujesz się na ten zabieg lub lewatywę, musisz potem zadbać o dostarczenie organizmowi korzystnych bakterii. Odpowiednie preparaty można kupić w aptece i w sklepie ze zdrową żywnością. Mają one różne nazwy, więc szukaj „probiotyków", „bakterii *Acidophilus*" lub „korzystnych bakterii". Jeśli nie jesteś pewien, co kupić, poproś sprzedawcę o pomoc. Preparaty te mają postać proszku lub kapsułek. Jeśli kupisz kapsułki, otwórz jedną lub dwie i wlej zawartość do odrobiny wody, po czym powoli wypij.

Według stowarzyszenia International Colonic Association, płukanie okrężnicy jest korzystne przy odchudzaniu, zaparciach, hemoroidach, zapaleniu okrężnicy, infekcji drożdżakowej, biegunce i wielu innych dolegliwościach i może nawet zapobiec rakowi jelita grubego. Po zabiegu często odczuwa się przypływ energii i większą jasność umysłu oraz obserwuje się poprawę stanu skóry, lepsze krążenie krwi, zwiększoną odporność i lepszą kontrolę masy ciała. Zabieg trwa około czterdziestu pięciu minut.

Należy położyć się na wygodnym stole, po czym do odbytu zostaje lekko wsunięta specjalna rurka. Nie odczuwa się przy tym żadnego bólu, tylko ewentualnie łagodny nacisk. Najlepiej po prostu o tym nie myśleć! Korzyści naprawdę są tego warte.

Zależnie od terapeuty może jednocześnie zostać przeprowadzony masaż brzucha, który ułatwi wydalenie zgromadzonych gazów i zalegających substancji stałych. Zazwyczaj można obserwować, co z nas wypływa. (Dla wielu osób jest to dobre pod względem psychologicznym.) W mojej klinice w Londynie zdarzało mi się widzieć całe kawałki brokułów lub innych pokarmów płynące przez rurę (rura jest przejrzysta – przyp. tłum.) – najwyraźniej źle pogryzione. Pamiętaj, że twoje jelita nie mają zębów! Odczucia przy hydrokolonoterapii są podobne jak przy normalnym wypróżnieniu. Najważniejsze to się odprężyć, pozwolić wypływać nagromadzonej materii i cieszyć się oczyszczeniem swojego wnętrza.

Takie zabiegi są doskonałym uzupełnieniem „dnia odtrucia", ale jeśli nie masz ochoty, to nie szkodzi. Nie każdemu to odpowiada. Najważniejsze, żebyś stosował sześć prostych zasad odtrucia przedstawionych na początku tego rozdziału. Proszę cię też, żebyś co pewien czas przeprowadzał „dzień odtrucia", powiedzmy raz na miesiąc. Jest to takie proste i łatwe, a korzyści dla zdrowia są ogromne.

ROZDZIAŁ 6

DOBRZE WYGLĄDAĆ I MIEĆ UDANE ŻYCIE SEKSUALNE

Kiedy miałam niewiele ponad dwadzieścia lat, wstydziłam się swojego wyglądu, a szczególnie czoła, które było pokryte pryszczami. Dlatego pewnego dnia wzięłam nożyczki i zrobiłam sobie ohydną grzywkę, która zupełnie do mnie nie pasowała, ale zakrywała krosty. Dzięki temu nikt nie mógł ich zobaczyć, nawet ja. Grzywka wyglądała nieco dziwnie, bo zbyt się wstydziłam, żeby pójść do fryzjera, który mógłby ją wymodelować. Zależało mi, żeby nikt nie zwracał na mnie uwagi, a luster unikałam jak ognia. Jeśli w pomieszczeniu znajdowało się lustro, wcale tam nie wchodziłam. Czasem nie mogłam tego uniknąć – na przykład w łazience – ale wówczas przygaszałam światło. Po prostu nie chciałam widzieć siebie w lustrze, bo bałam się swojego wyglądu.

W tamtych czasach mieszkałam daleko od domu i jadłam mnóstwo rzeczy, które teraz nazywam zamulaczami (ser, mleko, tłuste mięso, paszteciki, fast food, cukier, czekoladę), oraz od czasu do czasu piłam nieco za dużo alkoholu, nie zdając sobie sprawy ze skutków. Tego rodzaju odżywianie pobudza wydzielanie śluzu w jelicie grubym i zmniejsza zdolność oczyszczania krwi przez narządy wewnętrzne, w związku z czym pozostają w niej niepotrzebne lub szkodliwe substancje. Z kolei kiedy narządy wewnętrzne i krew są nadmiernie obciążone, toksyny są często wydalane przez skórę. Zatem moje pryszcze świadczyły po prostu o tym, co mam wewnątrz. Byłam uosobieniem zasady „Jesteś tym, co jesz" – jadłam okropnie i wyglądałam jeszcze gorzej!

Wiele lat później przestałam w końcu jeść niewłaściwe produkty i moje krosty zniknęły bez śladu. Przestałam nosić grzywkę, więc wszyscy mogli oglądać moje gładkie czoło. Odkryłam, że dzięki właściwemu odżywianiu mogę mieć piękniejszą cerę, gęściejsze włosy i mocniejsze paznokcie – mimo że teraz jestem starsza.

DBAŁOŚĆ O SKÓRĘ

Czy wiesz, że skóra jest największym narządem ludzkiego ciała? Stanowi około 16% masy ciała, a jej zadaniem jest ochrona delikatnych struktur wewnętrznych oraz pomaganie jelitom, płucom i nerkom w usuwaniu szkodliwych substancji z organizmu. Ponadto pomaga regulować temperaturę ciała, wydzielając pot, kiedy nadmiernie się rozgrzejesz, lub tworząc gęsią skórkę, kiedy jest zbyt zimno.

Na zdrowie skóry wpływa wiele czynników, między innymi dziedziczność, wiek, klimat, zanieczyszczenie środowiska, dieta, stresy i wahania w poziomie hormonów. Jednak stan twojej cery zależy głównie od dwóch okoliczności: (a) jakości pracy narządów wydalniczych i (b) poziomu minerałów i witamin w organizmie. Na dodatek oba te czynniki oddziaływują na siebie wzajemnie.

Codziennie widzę osoby, które zgłaszając się na pierwszą wizytę, wyglądają bardzo mizernie – mają pozbawioną życia, suchą skórę, matowe, liche włosy i połamane paznokcie. Kilka miesięcy później ci sami pacjenci mogą się pochwalić piękną cerą, lśniącymi jedwabistymi włosami i długimi, mocnymi paznokciami. Jeśli będziesz przestrzegać mojego programu, mam nadzieję, że uzyskasz równie zdumiewające rezultaty.

DZIESIĘĆ DOBRYCH RAD NA TEMAT UTRZYMANIA ZDROWEJ SKÓRY

1 Pij dużo czystej, filtrowanej wody, co najmniej 6–8 szklanek dziennie, chociaż w czasie upałów oraz w dni, kiedy wykonujesz ćwiczenia fizyczne, możesz potrzebować nawet więcej. Dostarczenie organizmowi dostatecznej ilości wody ma ogromne znaczenie dla utrzymania prawidłowego nawilżenia skóry i usuwania toksyn przez nerki i jelito grube.

2 Wprowadź do jadłospisu dużo produktów bogatych w błonnik. Pomaga on utrzymać drożność jelit i eliminować niepotrzebne resztki pokarmowe z organizmu. Niektóre osoby z problemami skórnymi cierpią na zaparcia spowodowane niedostateczną ilością błonnika w pożywieniu (patrz str. 105 – sposoby przeciw zaparciom).

3 Jedz dużo produktów bogatych w przeciwutleniacze (które spowalniają starzenie się komórek). Bogatym źródłem naturalnych utleniaczy roślinnych są świeże owoce i warzywa.

4 Łącz odpowiednio grupy żywności. Jedząc białka i węglowodany w osobnych posiłkach, unikniesz niepotrzebnej fermentacji w jelicie grubym i zwiększysz wchłanianie składników pokarmowych przez krew. Zajrzyj do informacji na temat łączenia żywności na str. 80.

5 Złe tłuszcze są szkodliwe dla organizmu, natomiast niezbędne nienasycone kwasy tłuszczowe (dobre tłuszcze) mają ogromne znaczenie dla utrzymania zdrowia skóry. Znajdują się one w pełnym ziarnie, nasionach, orzechach, soi, ciemnozielonych warzywach liściastych, olejach tłoczonych na zimno (szczególnie w lnianym, z pestek dyni, słonecznikowym, sezamowym i z krokosza barwierskiego) oraz w tłustych rybach, takich jak sardynki, makrele i łososie).

6 Po wstaniu z łóżka zaaplikuj sobie oczyszczanie w wersji mini. Wypij szklankę ciepłej wody, a następnie kubek herbaty z pokrzywy lub gorącej wody z sokiem cytrynowym.

7 Unikaj nadmiernych ilości kofeiny i alkoholu, które odwadniają organizm.

8 Ogranicz spożycie soli kuchennej. Nadmiar soli powoduje obrzęki. Zamiast soli spróbuj używać nasion selera, wodorostów, sosu sojowego bez soli lub substytutów soli. Jeśli to możliwe, unikaj bardzo pikantnych potraw.

9 Ogranicz spożycie żywności, która powoduje zatykanie tętnic: czerwonego mięsa, nabiału, żywności rafinowanej, żywności smażonej oraz produktów zawierających uwodornione tłuszcze roślinne.

10 Zewnętrznie nakładaj sobie miód na twarz (lub inne partie skóry) trzy razy tygodniowo. Pozostaw go na 30 minut, a następnie zmyj ciepłą wodą (najlepiej w kąpieli). Będziesz zdumiony, jak wspaniałe rezultaty daje ta prosta metoda. Po takiej maseczce skóra będzie miękka, jędrna, młoda i dobrze odżywiona.

PROGRAM ZWALCZANIA TRĄDZIKU

Wprawdzie trądzik najczęściej występuje w okresie dojrzewania, ale wiele osób dorosłych również na niego cierpi. Często powodem jest brak równowagi hormonalnej, który powoduje zwiększone wydzielanie łoju przez gruczoły łojowe. Inną przyczyną trądziku jest niewłaściwe odżywianie. Kiedy drobinki łoju zatkają pory skóry, w powstałym środowisku doskonale rozwijają się bakterie, co powoduje stany zapalne i wypryski.

Trądzik zaostrza się przy słabym funkcjonowaniu układu wydalniczego oraz diecie bogatej w tłuszcze i/lub rafinowaną żywność. Pij w ciągu dnia dużo soków ze świeżych warzyw, szczególnie z marchwi, sałaty, pokrzywy, rukwi wodnej, selera naciowego i mlecza. Ponadto włącz warzywa i pełne ziarno do południowego i wieczornego posiłku – szczególnie zielone warzywa liściaste, marchew, cebulę, czosnek, brązowy ryż, proso i kiełki.

DODATKI ODŻYWCZE

Dodatki, które według mnie dają najlepsze wyniki przy leczeniu trądziku:

- Beta-karoten (25 000 j.m.)
- Witamina A (10 000 j.m.)
- Witamina B compositum (50–100 mg)
- Witamina B_5 (kwas pantotenowy) (25 mg cztery razy dziennie)
- Witamina B_6 (50 mg)
- Propolis (500 mg)
- Cynk (50 mg)
- Witamina C (1000 mg dwa razy dziennie)
- *Acidophilus i Bifidus* (korzystne bakterie) w celu poprawy funkcjonowania okrężnicy i usunięcia toksyn.

ZIOŁA

Do ziół działających korzystnie przy trądziku należą: jeżówka, mniszek lekarski, szczaw kędzierzawy, korzeń łopianu i czerwona koniczyna. Wszystkie dobrze przeczyszczają przewód pokarmowy. Ponadto wspomagają działanie konkretnych organów, których synergiczne współdziałanie korzystnie wpływa na skórę.

INNE METODY LECZNICZE

Uzupełnieniem kuracji ziołowej (lub metodą alternatywną) może być przyjmowanie leku homeopatycznego Sulphur 6 D. Zewnętrznie spróbuj przemywać skórę mieszanką olejku z drzewa herbacianego i rumianku (wlej po dwie krople każdego z tych składników do miski wody) – ma to działanie wygładzające i bakteriobójcze.

PROGRAM ZWALCZANIA WYPRYSKU

Wyprysk to forma zapalenia skóry, której towarzyszy złuszczanie się naskórka i swędzenie. Jego przyczyny wiąże się z nadwrażliwością pokarmową i nadwrażliwością na czynniki zewnętrzne, a stres powoduje zaostrzenie choroby. Często pojawia się po raz pierwszy u kobiet, które niedawno rodziły.

W celu wyleczenia wyprysku należy przede wszystkim wyłączyć z jadłospisu szkodliwą żywność (patrz rozdział 3, str. 74). Warto również zapisywać wszystko, co jesz, żeby znaleźć ewentualną zależność między określonymi produktami a pojawianiem się wyprysku. Zdarza się, że w okresach szczególnego stresu stajemy się bardziej wrażliwi na produkty żywnościowe, które dawniej wcale nam nie szkodziły. Zwróć również uwagę, czy wyprysk nie pojawia się po kontakcie z detergentami, rozpuszczalnikami, materiałami budowlanymi lub farbami.

DODATKI ODŻYWCZE

▸ Witamina B compositum (50 mg dwa razy dziennie)

▸ Witamina E (400 j.m. dwa razy dziennie)

▸ Biotyna (100 mikrogramów, dwa razy dziennie)

▸ Cynk (50 mg dziennie)

▸ Dowolne dobre źródło niezbędnych nienasyconych kwasów tłuszczowych (NNKT), np. siemię lniane, olej z ogórecznika lub olej z wiesiołka.

Wyprysk skórny jest czasem spowodowany wadliwą przemianą tłuszczów. W takim przypadku konieczne jest przyjmowanie preparatu zawierającego kwas omega-3 i kwas gamma-linolowy (zawarty w oleju z wiesiołka). Przyjmuj poszczególne NNKT na zmianę, tzn. kiedy zużyjesz zawartość jednego opakowania, zacznij brać inny kwas. Na przykład, możesz przez miesiąc przyjmować kapsułki z olejem lnianym, a w następnym miesiącu z olejem z wiesiołka lub ogórecznika.

INNE METODY LECZNICZE

Jeśli wyprysk zaatakował dłonie i skórę za uszami, włącz do kuracji homeopatyczny lek Graphites 6D. Przy czerwonym wyprysku, kiedy skóra jest twarda i sucha, a stan pogarsza się w cieple i po kontakcie z wodą zastosuj Sulphur 6 D. Natomiast kiedy swędzenie jest silniejsze w nocy, ale ciepło łagodzi objawy, powinien pomóc lek homeopatyczny Rhus tox 6 D. Dobre efekty daje również smarowanie zmian witaminą E i olejkiem z wiesiołka, które łagodzą podrażnienie i przyspieszają proces gojenia. Można także zastosować krem z nagietka.

PROGRAM ZWALCZANIA ROZSTĘPÓW

U ponad 80% kobiet w którymś momencie życia pojawiają się rozstępy – w trakcie ciąży, z powodu przybrania na wadze lub schudnięcia albo z niedoboru cynku. Mężczyźni również mogą się ich nabawić, zazwyczaj wskutek gwałtownego utycia. Z czasem rozstępy stają się mniej widoczne. Początkowo są to czerwonawe smugi na skórze brzucha, piersi, ud lub pośladków, a po pewnym czasie zmieniają się w srebrzystobiałe cienkie blizny, które nigdy całkowicie nie znikają. Wiele osób z nadwagą, które mają dobrze napiętą skórę, w czasie chudnięcia nie nabawia się rozstępów. Duże znaczenie mają tu czynniki genetyczne i związane z odżywianiem. Niedobór cynku możesz uzupełnić za pomocą przedstawionych poniżej dodatków odżywczych. Ponadto jedz żywność bogatą w cynk i superpokarm dzikie niebieskozielone algi.

DODATKI ODŻYWCZE:

▸ Witamina B$_5$ (kwas pantotenowy) (300 mg dziennie)
▸ Witamina C z bioflawonoidami (1000 mg dziennie)
▸ Witamina E (600 j.m. dziennie)
▸ Cynk (co najmniej 15–30 mg dziennie)
▸ Witaminy B$_5$ i C ogólnie dobrze działają na stan skóry.

INNE METODY LECZENIA

Dzięki pewnym homeopatycznym solom mineralnym, jak Calc. fluoratum i Silica, tkanki pozostają zwarte, silne i elastyczne. Natomiast ćwiczenia fizyczne, takie jak szybki spacer, taniec, pływanie lub stretching, przyspieszają blaknięcie rozstępów.

KREM GILLIAN McKEITH PRZECIW ROZSTĘPOM

Składniki:

½ awokado (miękkie, dojrzałe)
6 kapsułek witaminy E
4 kapsułki witaminy A
2 łyżki oliwy z oliwek
2 łyżki żelu aloesowego
5 kropli preparatu cynku w płynie lub
2 kapsułki po 50 mg preparatu cynku w proszku
½ łyżeczki proszku z niebieskozielonych alg
   (według uznania)
1 łyżeczka preparatu krzemionki w płynie
   (według uznania)

Przygotowanie i sposób użycia:

Rozetrzeć awokado na gładką pastę. Otworzyć kapsułki witaminy A i E i wlać ich zawartość do pasty z awokado. Dodać pozostałe składniki i ponownie wymieszać na gładką masę.

Otrzymanym kremem smaruj codziennie wszystkie miejsca, gdzie mogą pojawiać się rozstępy, i pozostawiaj na 30 minut, żeby skóra go wchłonęła. Nie likwiduje on rozstępów, które już istnieją, choć może sprawić, że będą mniej widoczne. Natomiast niezwykle odżywia i zmiękcza skórę, która otrzyma porcję potrzebnych składników odżywczych. Używanie tego kremu zmniejsza ryzyko pojawienia się rozstępów w przyszłości.

Uwaga: Dodaj soku cytrynowego, żeby przedłużyć trwałość kremu.

PROGRAM ZWALCZANIA ŻYLAKÓW

Żylaki to nadmiernie rozszerzone naczynia krwionośne, najczęściej na nogach oraz w odbycie (żylaki odbytu to inaczej hemoroidy). Żylaki nie tylko brzydko wyglądają, ale ponadto mogą powodować tępy ból, a w ciężkich przypadkach nawet rany na nogach.

Wskazuje się kilka przyczyn powstawania żylaków, w tym: długie okresy stania lub siedzenia, brak aktywności fizycznej, otyłość, ciążę i niewłaściwe odżywianie. Badania wskazują również, że skłonność do żylaków może być dziedziczna. Jeśli twoja matka albo dziadek borykali się z tym problemem, u ciebie też może on wystąpić. Będąc tego świadomym, możesz podjąć opisane w dalszej części kroki, które pozwolą ci uniknąć żylaków lub przynajmniej złagodzić przebieg tej choroby.

Warto wiedzieć, że w krajach, gdzie podstawą diety są naturalne, nie przetworzone produkty, problem żylaków niemal nie występuje. Częściowo ma na to wpływ wysoka zawartość błonnika w tego rodzaju pożywieniu, a częściowo zjadanie dużych ilości warzyw bogatych w przeciwutleniacze, które korzystnie wpływają na zdrowie tkanek. Unikaj jedzenia wysoko przetworzonej żywności oraz produktów, które nadmiernie obciążają i powiększają komórki, takich jak nabiał, cukier, alkohol, czarna herbata i kawa.

MASAŻ ŻYŁ Z AROMATERAPIĄ

Do 20 ml oleju, np. winogronowego lub ze słodkich migdałów, wlej po 5 kropli olejku lawendowego i cyprysowego. Delikatnie wmasowuj tę mieszaninę w nogi, zawsze w kierunku serca.

DODATKI ODŻYWCZE

Przyjmuj na zmianę poniższe dodatki; nie należy brać ich wszystkich naraz:

▸ Witamina C z bioflawonoidami (1000 mg dwa razy dziennie)
▸ Rutyna (500 mg dwa razy dziennie)
▸ Witamina E (400 j.m. raz dziennie)
▸ Witamina B compositum (50 mg raz dziennie)
▸ Koenzym Q10 (100 mg raz dziennie)
▸ Lecytyna (19 g dwa razy dziennie)
▸ Preparat przeciwutleniaczowy (dawkowanie według instrukcji na opakowaniu)
▸ Czarna jagoda (500g trzy razy dziennie)

ZIOŁA

▸ Pij 1 szklankę herbaty z pokrzywy rano i 1 szklankę herbaty ze skrzypu późnym popołudniem lub wieczorem.
▸ Dla złagodzenia dolegliwości powodowanych przez żylaki można przykładać na nie kompres z kasztanowca. W celu przygotowania kompresu wymieszaj pół łyżeczki proszku z kasztanowca z 2 szklankami wody i nasącz tym roztworem gazę.
▸ Możesz zastosować również oczar wirginijski, który jest naturalnym środkiem ściągającym — uszczelnia naczynia krwionośne i łagodzi ból.

INNE METODY LECZENIA

Spróbuj przyjmować lek homeopatyczny Hamamelis 30 D (1 tabletka dziennie nie dłużej niż przez tydzień).

Jednym z zadań skóry jest usuwanie z organizmu wewnętrznych odpadów – dziennie przez skórę wydalamy około pół kilograma takich niepotrzebnych substancji. Możesz pomóc jej w tym zadaniu dzięki regularnemu szczotkowaniu ciała. Potrzebujesz do tego celu niedużej twardej szczotki z naturalnego włosia.

Szczotkowanie należy wykonywać na sucho, najlepiej przed kąpielą lub prysznicem.

Metoda: Zacznij od podeszew stóp i posuwaj się w górę nóg, szczotkując ciało długimi, energicznymi ruchami. Kontynuuj od dołu do góry rąk i następnie od góry do dołu pleców. Zawsze szczotkuj w górę w kierunku klatki piersiowej i unikaj wrażliwych miejsc, takich jak wypryski, wrzody lub pęknięte naczynia krwionośne. Nigdy nie szczotkuj twarzy.

WŁOSY I PAZNOKCIE

STAN WŁOSÓW I PAZNOKCI, PODOBNIE JAK SKÓRY, ŚWIADCZY O TWOIM OGÓLNYM ZDROWIU, A ZALEŻY W DUŻEJ MIERZE OD TWOJEJ DIETY.

ZDROWE WŁOSY

Włosy składają się w przeważającej części z białka o nazwie keratyna, toteż należy im zapewnić obfitą porcję białek. Zadbaj o to, jedząc nasiona roślin strączkowych i innych, ziarna zbóż, tofu, kiełki i ryby. Do prawidłowej budowy włosów potrzebne są też minerały, których bogatym źródłem w świecie roślin są wodorosty morskie – nori, hijiki, arame i wakame zawierają dużo wapnia, a rodymenia palczasta żelaza. Dodawaj je w niewielkiej ilości (10–15 g) do zup, sałatek i zapiekanek trzy do czterech razy tygodniowo. Na zdrowy wygląd włosów wpływa także krzemionka, która znajduje się w popularnych warzywach, takich jak cebula, czosnek, zielone warzywa liściaste, marchew, ogórki i papryka pomidorowa, a także w większości kiełkowanych ziaren.

Na koniec, tempo wzrostu włosów zależy od pracy nerek. Jeśli nerki będą zdrowe, to włosy też. Mogę ci to niemal zagwarantować. Dlatego zadbaj o nerki: (1) pijąc odpowiednią ilość wody, (2) unikając soli i szkodliwej żywności (str. 74) i (3) jedząc produkty wzmacniające nerki (str. 40).

ZDROWE PAZNOKCIE

Zdrowe paznokcie powinny być mocne, elastyczne, różowe i bez plam. Wszelkie zmiany na ich powierzchni świadczą, że w organizmie nastąpiło zakłócenie równowagi. Najczęściej spotykane oznaki niedoborów pokarmowych to:
▸ Cienkość i łamliwość
▸ Rozdwajanie się
▸ Duża twardość lub nadmierna grubość
▸ Złuszczanie się
▸ Zbyt powolny wzrost
▸ Bardzo jasny kolor lub przejrzystość
▸ Białe plamki
▸ Popękane skórki
▸ Grzybica

DODATKI ODŻYWCZE

Na stan paznokci wpływa wiele czynników, ale największe znaczenie ma dieta. Paznokcie są zbudowane głównie z białka o nazwie keratyna oraz różnych minerałów, między innymi związków wapnia, siarki, potasu, selenu i innych pierwiastków śladowych. Dlatego jeśli chcesz mieć mocne, zdrowe paznokcie, musisz dostarczać organizmowi dostateczną ilość tych składników.

Właściwa pielęgnacja paznokci oznacza również zjadanie odpowiedniej ilości białka. W swojej praktyce stosuję spirulinę i niebieskozielone morskie algi, gdyż są one dobrym źródłem strawnego białka. Jest ono przyswajane w 85%, podczas gdy białko z mięsa tylko w 20%. Ponadto te produkty zawierają potrzebne minerały, beta-karoten i niezbędne kwasy tłuszczowe.

Uzupełnij dietę także mleczkiem pszczelim, które ma dużą zawartość witamin z grupy B i niezbędnych nienasyconych kwasów tłuszczowych. Można też przyjmować cynk (15–30 mg dziennie),

szczególnie jeśli na paznokciach pojawią się białe plamki. Należy również dostarczyć organizmowi krzemionkę, która zwiększa wchłanianie wapnia. Duże ilości krzemionki i wapnia znajdują się w skrzypie, z którego możesz sobie robić herbatę trzy razy dziennie. Korzystne dla paznokci są też: witamina B compositum (50 mg dziennie), olej z ogórecznika – bogate źródło kwasu gamma-linolowego oraz kelp.

Na koniec, pamiętaj, że istnieje ścisły związek pomiędzy stanem twoich paznokci i wątroby. Jeśli krew w wątrobie jest zdrowa, to paznokcie są mocne. Z kolei paznokcie są wskaźnikiem zdrowia wątroby. Jeśli są słabe lub wykazują jakieś nieprawidłowości, może to oznaczać problemy z tym tak ważnym narządem. Pomóż wątrobie, przechodząc na dietę niskotłuszczową, unikaj alkoholu i pij świeże soki, które pomagają ją oczyszczać, takie jak sok z aloesu, buraczany, ogórkowy, marchwiowy i jabłkowy. (Zobacz na str. 108, jakie produkty odżywiają wątrobę.)

Teraz bez trudu możesz mieć lśniące włosy i mocne paznokcie.

ZĘBY I DZIĄSŁA

Dziąsła stają się podatne na krwawienie przy braku równowagi hormonalnej, niedoborach mineralnych i złej higienie jamy ustnej. Brak odpowiednich minerałów wpływa też niekorzystnie na zęby. Jeśli twoje zęby lub dziąsła są w złym stanie, zacznij jak najszybciej je wzmacniać za pomocą odpowiedniej żywności i preparatów uzupełniających.

Zęby potrzebują podobnych składników odżywczych co kości. Wapnia dostarczysz im, jedząc nasiona sezamu, ziarno komosy ryżowej, ciemnozielone warzywa liściaste, wodorosty morskie, suszone figi i produkty sojowe. Wprawdzie mleko i jego przetwory zawierają duże ilości wapnia, ale nie jest on należycie wchłaniany przez ludzki organizm i dlatego najlepiej je zastąpić roślinnymi źródłami tego pierwiastka. Magnez, krzemionka i inne ważne dla zębów minerały znajdują się w większości warzyw i pełnych ziaren.

PROGRAM ZACHOWANIA ZDROWYCH ZĘBÓW

Przedstawiony poniżej program daje bardzo dobre rezultaty, jeśli chodzi o utrzymanie zdrowych dziąseł i zębów.

1 ZIOŁA
▸ skrzyp (2 kapsułki dziennie)
▸ źdźbła owsa (2 kapsułki dziennie)

2 HERBATY ZIOŁOWE
Masz do wyboru żywokost lekarski, drzewo herbaciane, mirrę, lukrecję, szałwię, gorzknik kanadyjski i miętę pieprzową. Pij 2–3 szklanki tego samego zioła dziennie, a następnego dnia innego. Zatem możesz zacząć od 2 szklanek herbaty z gorzknika kanadyjskiego w poniedziałek, potem wypić 2 szklanki herbaty z szałwii we wtorek i tak dalej.

3 DODATKI ODŻYWCZE
▸ Witamina C z bioflawonoidami (1000 mg dziennie)
▸ Cynk (15–30 mg dziennie)
▸ Koenzym Q10 (30 mg dziennie)

4 WSKAZÓWKI
▸ Delikatnie myj zęby po każdym posiłku.
▸ Codziennie czyść zęby nitką.
▸ Przepłukuj usta naturalnym płynem do ust zawierającym jedno lub więcej z wymienionych powyżej ziół.

WSPANIAŁE ŻYCIE SEKSUALNE

Odpowiednia żywność może ci dodać energii seksualnej i wzmóc potencję oraz płodność. Chcąc poprawić swoje życie seksualne, musisz przede wszystkim przyjrzeć się swojemu stylowi życia, a jego podstawą jest sposób odżywiania. Jeśli nie dostarczasz organizmowi dobrej żywności, spada twój popęd seksualny, gdyż niedobory pokarmowe i złe nawyki żywieniowe wywierają niekorzystny wpływ na hormony, gruczoły dokrewne i narządy. Jednak przy odrobinie starań w sferze odżywiania możesz z łatwością powrócić na właściwą drogę do wspaniałego życia seksualnego.

Przygotowałam listę produktów, które szczególnie korzystnie wpływają na libido. Jednak nie ograniczaj się do jedzenia tylko tych artykułów kosztem innej zdrowej żywności – po prostu włącz je do swojego codziennego (mam nadzieję, zdrowego) jadłospisu i stylu życia. I pamiętaj – kiedy jesz, żeby cieszyć się wspaniałym seksem, będziesz również cieszył się wspaniałym zdrowiem!

LISTA PRODUKTÓW SPRZYJAJĄCYCH UDANEMU ŻYCIU SEKSUALNEMU

- Agrest
- Awokado
- Banany
- Bób
- Brązowy ryż
- Buraki
- Cebula
- Chlorella
- Cynamon
- Czarna fasola
- Czarne jagody
- Czarne porzeczki
- Czosnek
- Daktyle
- Dynia
- Fasola adzuki
- Fasola mung
- Figi
- Gałka muszkatołowa
- Granaty
- Imbir
- Jabłka

- Jarmuż gotowany na parze
- Jeżyny
- Karczochy
- Kardamon
- Kiełkowane ziarno komosy ryżowej
- Komosa ryżowa
- Koper włoski (fenkuł)
- Kurkuma
- Lukrecja
- Łosoś (nie hodowlany)
- Maliny
- Mango
- Migdały (namoczone)
- Nasiona kabaczka
- Nasiona sezamu
- Okra
- Orzechy brazylijskie
- Orzechy laskowe
- Pestki dyni
- Pestki słonecznika

- Pietruszka
- Płatki owsiane
- Pomidory
- Pory
- Pstrąg
- Rodymenia palczasta
- Rukiew wodna
- Rzodkiew
- Seler
- Siemię lniane
- Soja
- Spirulina
- Szafran
- Szczypiorek
- Szparagi
- Szpinak
- Truskawki
- Wanilia
- Wiśnie i czereśnie
- Wodorosty morskie
- Wodorosty morskie nori

A NAJLEPSZY WPŁYW NA ZWIĘKSZENIE POPĘDU SEKSUALNEGO MA...

Według badań uczonych niemieckich – surowa kapusta kwaszona. Naprawdę! Przekonasz się, jak zyskają twoje miłosne igraszki, kiedy zaczniesz jeść kwaszoną kapustę dwa razy dziennie!

ROZDZIAŁ 7

SIEDMIODNIOWY
PROGRAM STARTOWY

OTO PROSTY PROGRAM, KTÓRY POMOŻE CI
W ROZPOCZĘCIU PRZEMIANY. PO PRZECZYTANIU
POPRZEDNICH ROZDZIAŁÓW ORIENTUJESZ SIĘ JUŻ
CAŁKIEM DOBRZE, CO JEST KORZYSTNE DLA TWEGO
ZDROWIA, A CO NIE. JEDNAK ZANIM PRZYSTĄPISZ DO
REALIZACJI SIEDMIODNIOWEGO PROGRAMU, UDZIELĘ
CI JESZCZE KILKU OGÓLNYCH RAD, ŻEBYŚ WIEDZIAŁ,
CO KUPOWAĆ, A CZEGO UNIKAĆ W SKLEPIE.

JAK KUPOWAĆ

Podstawą dobrego zdrowia jest dieta bogata w składniki odżywcze, a jednocześnie
zawierająca jak najmniej konserwantów i innych dodatków żywnościowych.
Jednak znajdując się w supermarkecie, łatwo stracić orientację ze względu na natłok
produktów, marek i etykiet. Dlatego proponuję pewnego rodzaju przewodnik, który
ułatwi ci wybieranie produktów korzystnych dla zdrowia i unikanie szkodliwych.

Kiedy wejdziesz do supermarketu, skieruj się najpierw do stoisk z owocami
i warzywami. Kipią one energią dzięki stosom naturalnej, surowej żywności, jaką
stworzyła natura. Wybierz sobie to, na co masz ochotę. Jeśli masz apetyt
na truskawki, nie wahaj się, tylko je weź. Które owoce lub warzywa najbardziej
do ciebie przemawiają? Często, kiedy nasz organizm czegoś potrzebuje, zaczynamy
mieć apetyt na produkty, które zawierają ten składnik odżywczy. Wybieraj jak
najładniejsze i najświeższe owoce i warzywa. Delikatnie pomacaj brzoskwinie,
czy są dojrzałe. Sprawdź, czy na jabłkach nie ma skaz lub uszkodzeń. Nie kupuj
i nie jedz starych, przejrzałych lub zwiędłych owoców lub warzyw. Nie mają one
w sobie siły życiowej i niewiele w nich pozostało składników odżywczych.
*Uwaga: Najlepiej wybierać żywność produkowaną ekologicznie, gdyż zawiera
najmniej środków ochrony roślin.*

FASOLA PUSZKOWANA

▸ Wybieraj fasolę gotowaną bez dodatku soli i tłuszczu zwierzęcego.

▸ Unikaj fasoli z dodatkiem cukru, soli lub konserwantów.

Dlaczego? Fasola jest wspaniałym źródłem składników pokarmowych, które pomagają obniżać poziom cholesterolu, jednak jej wartość maleje, kiedy jest ugotowana z tłuszczem i solą. Fasola puszkowana może zawierać toksyczne konserwanty i inne dodatki żywnościowe. Tłuszcze nasycone i sól mogą redukować właściwość obniżania stężenia cholesterolu przez fasolę i zwiększać ryzyko chorób serca, zatrzymywania płynów w organizmie i podwyższonego ciśnienia.

NAPOJE

▸ Wybieraj herbaty ziołowe, świeże owoce i warzywa, najlepiej hodowane ekologicznie, soki owocowe, napoje z ziaren zbóż oraz wodę mineralną lub filtrowaną.

▸ Unikaj napojów alkoholowych, kawy, kakao, soków słodzonych lub pasteryzowanych, napojów gazowanych i herbat.

Dlaczego? Twoje ciało w dwóch trzecich składa się z wody i woda ma podstawowe znaczenie dla funkcjonowania całego organizmu. Dlatego musisz dostarczać mu dostatecznie dużo płynów. Napojem, który najlepiej zaspokaja pragnienie i nawilża ciało, jest czysta woda, jednak pamiętaj, że owoce i warzywa zawierają 90% wody. Natomiast alkohole i napoje z kofeiną pozbawiają organizm ważnych składników odżywczych, toteż lepiej ich unikać.

NABIAŁ

▸ Wybieraj serek wiejski odtłuszczony, nie słodzone jogurty, kozie mleko i sery, mleko odtłuszczone, maślankę, mleko ryżowe i wszystkie produkty sojowe.

▸ Unikaj miękkich, pasteryzowanych lub sztucznie barwionych serów i lodów.

Dlaczego? Produkty mleczarskie są dobrym źródłem białka, ale miękkie lub sztucznie barwione sery i lody zawierają dużo tłuszczów nasyconych, barwników i konserwantów. Najlepiej kupować produkty o obniżonej zawartości tłuszczu i bez sztucznych dodatków.

JAJKA

▸ Jeśli to możliwe, wybieraj produkowane ekologicznie jajka wiejskie. Najlepiej je gotować – w skorupce lub w koszulkach.

▸ Unikaj jajek smażonych lub marynowanych.

Dlaczego? Jajka smażone lub marynowane zawierają dużo tłuszczów nasyconych podnoszących poziom cholesterolu. Najlepiej ich unikać. Jajka z hodowli ekologicznych nie zawierają toksycznych hormonów i antybiotyków stosowanych przy masowej produkcji na fermach kurzych.

RYBY

▸ Możesz wybierać wszystkie żyjące dziko gatunki ryb o białym mięsie, łososia i tuńczyka i jeść je gotowane lub pieczone.

▸ Unikaj wszystkich ryb smażonych, wszystkich skorupiaków, ryb solonych, anchois, śledzi oraz ryb puszkowanych z solą i olejem.

Dlaczego? Żyjące dziko tłuste ryby zawierają dużo dobrych tłuszczów (kwasy tłuszczowe omega-3), które obniżają poziom cholesterolu i korzystnie wpływają na zdrowie oraz samopoczucie. Mają też niski poziom soli i tłuszczów nasyconych.

Jeśli to możliwe, kupuj napoje w szklanych butelkach. Napoje gazowane w puszkach zawierają sześciokrotnie więcej aluminium niż te same napoje w szklanych butelkach. W napoju zawsze rozpuszcza się pewna ilość materiału, którym pokryte jest wnętrze puszki lub plastikowej butelki, dlatego najlepiej wybierać opakowania szklane.

OWOCE

▸ Możesz jeść wszystkie owoce świeże, mrożone, duszone lub suszone bez substancji słodzących, nie konserwowane dwutlenkiem siarki oraz domowe przetwory owocowe. Staraj się kupować produkty ekologiczne, jeśli to możliwe.

▸ Unikaj mrożonek lub przetworów owocowych z dodatkiem substancji słodzących.

Dlaczego? Owoce zawierają dużo błonnika, witamin, minerałów i przeciwutleniaczy. Najlepiej jeść je surowe, gdyż podczas rozmaitych procesów przetwarzania, w tym także podczas produkcji soku, zawartość składników odżywczych i błonnika spada, a zwiększa się zawartość cukrów i dodatków.

PRODUKTY ZBOŻOWE

▸ Wybieraj kasze pełnoziarniste oraz produkty z pełnego ziarna: płatki, pieczywo, mufiny, pełnoziarniste krakersy, płatki Cream of Wheat lub Cream of Rice, kaszę gryczaną, proso, płatki owsiane, brązowy i dziki ryż.

▸ Unikaj wszystkich produktów z białej mąki oraz białego ryżu.

Dlaczego? Ziarna zbóż są doskonałym źródłem energii, gdyż zawierają składniki pokarmowe powoli uwalniające energię i odżywiające komórki. W produktach z pełnego ziarna nie ma konserwantów i dodatków obecnych w wyrobach z białej mąki. Ponadto dostarczają one stałego przypływu energii zamiast jej gwałtownych wzlotów i spadków. Jednocześnie zawierają dużo błonnika, niezbędnego do prawidłowego trawienia, którego brakuje w białej mące.

ORZECHY

▸ Jedz wszystkie świeże surowe orzechy.

▸ Unikaj orzechów solonych lub prażonych.

Dlaczego? Orzechy są dobrym źródłem białka, ale dodatek soli, tłuszczu i konserwantów w solonych i prażonych orzechach jest szkodliwy.

MIĘSO

▸ Możesz jeść mięso bez skóry z hodowanych ekologicznie indyków, kurczaków i jagniąt.

▸ Unikaj wołowiny, wszystkich postaci wieprzowiny, hot dogów, mielonek śniadaniowych, mięs wędzonych, marynowanych i wędlin, wołowiny peklowanej, mięsa kaczki i gęsi, żeberek, tłustych sosów mięsnych i podrobów.

Dlaczego? Czerwone mięso zawiera dużo tłuszczów nasyconych. Mięso zwierząt hodowanych na fermach przemysłowych często zawiera hormony i antybiotyki, które zaburzają równowagę w twoim układzie hormonalnym, odpornościowym i pokarmowym. Pamiętaj również, że wiele rodzajów przetworzonego mięsa oraz wędlin nie tylko zawiera dużo dodatków żywnościowych, ale ponadto jest sprzedawanych w opakowaniach umożliwiających ich podgrzanie lub ugotowanie. W związku z tym przez dłuższy czas leżą zawinięte w plastik i aluminium, których cząsteczki przechodzą do mięsa, szczególnie po podgrzaniu.

OLEJE

▸ Możesz używać wszystkich olejów tłoczonych na zimno: kukurydzianego, z krokosza barwierskiego, sezamowego, oliwy z oliwek, lnianego, sojowego, słonecznikowego i z rzepaku canola. Dozwolone są też margaryny z tych olejów i majonez bez jajek.

▸ Unikaj wszystkich tłuszczów nasyconych, utwardzonych margaryn, olejów rafinowanych, tłuszczu do pieczenia i olejów utwardzonych.

Dlaczego? Tłuszcze nasycone zawierają substancje sprzyjające tworzeniu się zakrzepów i zapaleniu żył oraz podnoszą stężenie złego cholesterolu. W olejach przetworzonych znajduje się duża ilość dodatków żywnościowych, które mogą szkodzić twojemu zdrowiu. W olejach tłoczonych na zimno nie ma tych substancji albo jest ich niewiele, natomiast zawierają one dużo korzystnych dla zdrowia niezbędnych nienasyconych kwasów tłuszczowych.

PRZYPRAWY

▸ Korzystnymi dla zdrowia przyprawami są: czosnek, cebula, pieprz cayenne, przyprawa Spike, zioła, suszone warzywa, ocet jabłkowy, sos sojowy Tamari, miso, algi morskie i rodymenia palczasta.

▸ Unikaj czarnego i białego pieprzu, soli, ostrej papryki mielonej, wszystkich rodzajów octu oprócz czystego naturalnego octu jabłkowego i ryżowego. **Dlaczego?** Sól powoduje zatrzymywanie wody w organizmie i podnosi ciśnienie krwi. Zamiast soli spróbuj używać czosnku, wolnego od konserwantów i obniżającego stężenie cholesterolu, oraz wodorostów morskich, pełnych soli mineralnych i niezwykle korzystnych dla zdrowia.

ZUPY

▸ Wybieraj zupy bez soli i dodatku tłuszczu, takie jak fasolowa, grochowa, jarzynowa, zupa z soczewicy lub brązowego ryżu, krupnik i cebulowa – gotowane w domu.

▸ Unikaj zup z puszki gotowanych z dodatkiem soli, konserwantów, glutaminianu sodu lub tłuszczu zwierzęcego oraz wszystkich zup kremów. **Dlaczego?** Wiele zup puszkowanych zawiera dużo toksycznych konserwantów, innych dodatków żywnościowych oraz substancji upośledzających wchłanianie niezbędnych nienasyconych kwasów tłuszczowych, które obniżają poziom cholesterolu. Niektóre zupy puszkowane nie zawierają takich dodatków. Sprawdź, czy sklep nie oferuje świeżych zup.

KIEŁKI I NASIONA

▸ Możesz jeść wszystkie rodzaje kiełków, źdźbła pszenicy i wszystkie surowe nasiona.

▸ Unikaj nasion gotowanych lub prażonych w soli lub oleju. **Dlaczego?** Kiełki i nasiona stanowią rodzaj spichlerza pełnego składników pokarmowych. Większość tych korzystnych związków ulega zniszczeniu podczas obróbki cieplnej lub po dodaniu soli i konserwantów.

SŁODYCZE

▸ Możesz używać słodu jęczmiennego lub syropu ryżowego, miodu, czystego syropu klonowego i ciemnej melasy, nie poddanej działaniu dwutlenku siarki.

▸ Unikaj białego, brązowego i surowego cukru trzcinowego, syropów kukurydzianych, czekolady, cukierków, fruktozy, wszystkich syropów (oprócz czystego klonowego), wszystkich substytutów cukru oraz dżemów i galaretek z dodatkiem cukru. **Dlaczego?** Cukier i słodycze o dużej zawartości cukru nie mają wartości odżywczej, natomiast mają mnóstwo kalorii, dodatków żywnościowych, barwników i konserwantów, które są szkodliwe.

WARZYWA

▸ Możesz jeść wszystkie surowe, świeże i zamrożone warzywa, najlepiej hodowane ekologicznie.

▸ Unikaj warzyw puszkowanych lub mrożonych z solą i dodatkami żywnościowymi. **Dlaczego?** Zbyt duża ilość soli dodanej do warzyw może podnosić ciśnienie krwi. Dodatki do warzyw mrożonych lub puszkowanych pozbawiają je istotnych składników odżywczych zwanych fitozwiązkami. Są to substancje mające niezwykle korzystny wpływ na serce, skórę i włosy oraz zdrowie psychiczne i płodność. Świeże, surowe warzywa bez dodatków i konserwantów zawierają więcej fitozwiązków.

Pełen wybór orzechów, nasion, nasion roślin strączkowych, ziaren zbóż i kiełków, które zalecam, znajdziesz w każdym sklepie ze zdrową żywnością. Tego rodzaju sklepy prowadzą również sprzedaż dodatków witaminowych i mineralnych, herbat ziołowych i superpokarmów. Często oferują też żywność ekologiczną oraz produkty bez dodatków i konserwantów, korzystne dla zdrowia. Jeśli poczujesz się zagubiony, patrząc na duży wybór oferowanych towarów, poproś sprzedawcę o radę.

CZYTAJ ETYKIETY

Koniecznie należy zwracać uwagę na etykiety produktów żywnościowych i nauczyć się rozpoznawać ukryte w żywności niekorzystne składniki. Stwierdzono, że istnieje związek pomiędzy dodatkami żywnościowymi i wieloma problemami zdrowotnymi, takimi jak: bóle głowy, astma, alergia, nadpobudliwość u dzieci, a nawet nowotwory. Tego rodzaju dodatki, służące jako barwniki, konserwanty, polepszacze smaku, emulgatory i zagęszczacze, mogą zakłócić proces samooczyszczania się organizmu i zwiększyć obciążenie go toksynami.

Na szczęście producenci żywności mają obecnie obowiązek umieszczania na opakowaniu listy składników, a w Wielkiej Brytanii Government Food Standard Agency wprowadziła ostatnio nowe przepisy zabraniające podawania tych informacji w sposób mylący lub nieścisły. Mimo to badania pokazują, że etykiety produktów żywnościowych nadal bywają niejasne lub wprowadzające w błąd. Dlatego warto zapoznać się z poniższymi informacjami.

BARWNIKI

Jest to niebezpieczna grupa dodatków, lecz jednocześnie taka, której łatwo można unikać. Sztuczne barwniki do żywności mogą zakłócać działanie układu odpornościowego, uszkadzać go, przyśpieszać procesy starzenia, a nawet sprzyjać zachorowaniu na raka. Zdecydowanie unikaj tego typu dodatków. Zwracaj uwagę, czy na etykietach nie ma następujących informacji: z dodatkiem sztucznych barwników; słów: zielony, niebieski lub żółty, po których następuje numer; produkt sztucznie barwiony, bez żadnych wyjaśnień; tartrazyna (E102), żółcień chinolinowa (E104), żółcień pomarańczowa (E110), czerwień buraczana (E162), karmel (E150) lub amarant (FD & C czerwień nr 3).

Część produktów zawiera barwniki naturalne, otrzymywane z roślin – i te są bezpieczne. Najpopularniejszym jest annatto uzyskiwany z czerwonych nasion tropikalnego drzewa achiote. Często dodawany jest do serów i masła, żeby nadać im bardziej żółty kolor. Dopuszczalny jest też czerwony barwnik z buraków, zielony z chlorelli oraz karoten z marchwi.

KONSERWANTY

Głównym zadaniem konserwantów jest wydłużenie okresu trwałości produktów. Bezpiecznymi, naturalnymi przeciwutleniaczami dodawanymi do żywności są kwas cytrynowy i kwas askorbinowy (witamina C, askorbiniany, E300–304), natomiast przeciwutleniacze syntetyczne, takie jak BHA i BHT (E320–321) mogą sprzyjać zmianom nowotworowym w komórkach, powodowanym przez inne substancje.

Ałun i inne związki glinu są stosowane w wielu przetworach marynowanych, żeby zwiększyć chrupkość warzyw (również w owocach kandyzowanych i glazurowanych – przyp. tłum.), w lekach zobojętniających kwasy żołądkowe oraz w piekarniczych środkach spulchniających. Ponieważ aluminium nie należy do składników pokarmowych potrzebnych człowiekowi, staraj się go unikać.

Azotany, azotyny, E249–252 są środkami konserwującymi często dodawanymi do przetworów mięsnych, takich jak hot dogi, bekon i szynka. Podczas ich przetwarzania w organizmie powstaje wysoce rakotwórczy związek o nazwie nitrozoamina. Najlepiej unikać wszelkich przetworów zawierających azotan sodu lub inne azotany i azotyny.

Glutaminian sodu (MSG lub 621), powszechnie stosowany w kuchni azjatyckiej, jest dodawany do wielu rodzajów przetworzonej żywności jako polepszacz smaku. Dostarcza twojemu organizmowi niepotrzebnej porcji sodu, a ponadto może powodować alergię. Nie dodawaj go do przyrządzanych przez siebie potraw, nie kupuj zawierających go produktów, a kiedy kupujesz chińskie potrawy, proś, żeby go nie dodawano. Inne polepszacze smaku i konserwanty, których należy unikać, to: glutaminian potasu (E622) i inozynian dwusodowy (E631) oraz kwas benzoesowy i benzoesany (E210-219) często znajdujące się w napojach bezalkoholowych, piwie i śmietanach sałatkowych.

EMULGATORY, STABILIZATORY I ZAGĘSZCZACZE

Znajdują się w wielu sosach, zupach, pieczywie, herbatnikach, ciastkach, mrożonych deserach, lodach, margarynie i innych tłuszczach do smarowania, dżemach, czekoladzie i koktajlach mlecznych.

Obecnie coraz więcej osób troszczy się o to, żeby kupowana żywność nie zawierała szkodliwych substancji, toteż rosnąca liczba producentów wytwarza artykuły bez takich dodatków. Coraz częściej na etykietach można znaleźć informację „Bez sztucznych substancji słodzących" lub „Nie zawiera sztucznych dodatków". Oczywiście, to bardzo dobrze, niemniej jednak nadal należy zwracać uwagę, czy pod innymi określeniami nie przemycono szkodliwych tłuszczów, soli lub cukrów. Na przykład cukier może występować pod takimi nazwami, jak: sacharoza, fruktoza, dekstroza, syrop kukurydziany, słód, syrop cukrowy itd.

Chlorek sodu to inna nazwa soli. Natomiast określenie „tłuszcz zwierzęcy" jest jednoznaczne z tłuszczem nasyconym, a kwasy tłuszczowe trans z tłuszczami uwodornionymi. Sztuczne substancje słodzące, potencjalnie rakotwórcze, mogą występować jako: manitol, sacharyna i aspartam.

Niektóre związki chemiczne służące jako dodatki do żywności są nieszkodliwe dla naszego organizmu. Należą do nich: wodorowęglan amonowy, kwas jabłkowy, kwas fumarowy, kwas mlekowy, lecytyna, ksantyn, guaran, chlorek potasu, fosforan jednowapniowy i fosforan jednopotasowy. Jednak najczęściej, widząc długą listę nazw chemicznych, nie masz pojęcia, czy są szkodliwe czy nie. Co wówczas zrobić? Kieruj się prostą zasadą: nie kupuj produktów, w których liczba nie znanych ci składników przewyższa znane.

PLANOWANIE POSIŁKÓW

PONIŻSZY JADŁOSPIS UŁATWI CI ROZPOCZĘCIE ZMIAN W ODŻYWIANIU. MOŻESZ DOKŁADNIE GO PRZESTRZEGAĆ ALBO WYKORZYSTAĆ JAKO PODSTAWĘ DLA WŁASNYCH POMYSŁÓW. ZAJRZYJ NA STRONĘ 82 DO LISTY PRODUKTÓW W DIECIE OBFITOŚCI, ŻEBY ZNALEŹĆ PRODUKTY, KTÓRYMI MOŻESZ WYPEŁNIĆ WŁASNY JADŁOSPIS.

DZIEŃ

1234567

7.00
Ćwiczenie na dzień dobry (str. 190).

7.15
1 szklanka ciepłej wody z sokiem cytrynowym
1 szklanka herbaty z pokrzywy.

7.30
Wyjdź na szybki trzydziestominutowy spacer – maszeruj
energicznie, żeby się spocić.

8.15 ŚNIADANIE
0,5 litra borówek amerykańskich. Jeśli wolisz,
wymieszaj je z malinami. (Jeśli masz ochotę zjeść więcej,
nie krępuj się.)

10.15 PRZEDPOŁUDNIOWA PRZEKĄSKA
1 szklanka parowanych surowych migdałów (trzymaj
na parze przez 2 minuty) oraz 3 lub więcej gałązek
selera naciowego.

12.00
Wyjdź na szybki dwudziestominutowy spacer.

12.30 LUNCH
Tuńczyk na sałatce z surowego szpinaku (jeśli wolisz,
możesz potrzymać szpinak przez 2 minuty na parze),
bez majonezu
6 pomidorów winogronowych
Spory stos liści szpinaku posypać garścią koperku
i wymieszać ze świeżo wyciśniętym sokiem cytrynowym
lub odrobiną soku pomarańczowego.

15.00 POPOŁUDNIOWA PRZEKĄSKA
Parowane migdały
1 surowa czerwona papryka.

18.00
Potańcz przed obiadem przez 20 minut w rytm głośnej
muzyki. Zaszalej!

18.30 OBIAD
Mała porcja soku warzywnego:
1 ogórek i 1 gałązka selera naciowego
Zupa miso z kawałkami tofu i szczypiorem (możesz kupić
paczkowaną zupę miso – wystarczy dolać gorącej wody
i wrzucić kilka posiekanych szczypiorów)
Kurczak lub indyk (z hodowli ekologicznej) z marchwią
i brokułami gotowanymi na parze i łyżką zupy miso do
polania mięsa
Duża garść kiełków fasoli mung i liści ziół
Jeśli jesteś wegetarianinem, zrób zapiekankę pasterską
ze słodkich ziemniaków (str. 186).

20.30–21.00
Ćwiczenie na dobranoc (str. 191).

21.00 WIECZORNA PRZEKĄSKA
1 lub 2 surowe brzoskwinie.

DZIEŃ

1234567

7.00
Ćwiczenie na dzień dobry (jak poprzednio).

7.15
1 szklanka ciepłej wody z sokiem cytrynowym
1 szklanka herbaty z mniszka lekarskiego.

7.30
Wyjdź na szybki trzydziestominutowy spacer.

8.15 ŚNIADANIE
Miska kawałków dowolnego melona lub ananasa
Miska kleiku z komosy ryżowej (str. 186).

10.15 PRZEDPOŁUDNIOWA PRZEKĄSKA
Pestki dyni i jeden lub więcej surowych ogórków
ze skórką.

12.00
Wyjdź na szybki dwudziestominutowy spacer.

12.30 LUNCH
1 lub 2 miękkie, dojrzałe awokado, pokrojone w plasterki
i ułożone na reszcie kleiku ze śniadania. Posyp pestkami
dyni i 1 łyżką siemienia lnianego i podawaj z solidną
garścią zielonej fasolki szparagowej – surowej lub lekko
ugotowanej na parze.

15.00 POPOŁUDNIOWA PRZEKĄSKA
1 lub więcej surowych żółtych papryk.

18.00
Potańcz przez 20 minut.

18.30 OBIAD
Potrawka z fasoli adzuki (str. 186) z kabaczkiem
i jamsami podana z porcją kiełków lucerny. Podawaj
z purée z prosa (str. 186) i sosem cebulowym (str. 187).
Przygotuj dużą porcję tej potrawy, bo resztę możesz
zjeść jutro na lunch.

20.30
Ćwiczenie na dobranoc (jak poprzednio).

21.00 WIECZORNA PRZEKĄSKA
Garść surowych orzechów laskowych. Możesz je
namoczyć na kilka godzin, to ułatwi ich strawienie.

SIEDMIODNIOWY PROGRAM STARTOWY

180

DZIEŃ

1234567

7.00
Ćwiczenie na dzień dobry (jak poprzednio).

7.15
1 szklanka ciepłej wody z sokiem cytrynowym
1 szklanka herbaty z kopru włoskiego.

7.30
Szybki trzydziestominutowy spacer.

8.15 ŚNIADANIE
Zmiksuj 1 mango, 1 brzoskwinię i 1 banana.
Polej tym sosem 0,5 litra malin.

10.15 PRZEDPOŁUDNIOWA PRZEKĄSKA
Duża garść orzechów brazylijskich.

12.00
Wyjdź na szybki dwudziestominutowy spacer.

12.30 LUNCH
Sałatka z fasolki szparagowej (str. 187) lub reszta
potrawki z fasoli adzuki pozostała z obiadu z dnia
poprzedniego. Podawaj na ciemnozielonych warzywach
liściastych.

15.00 POPOŁUDNIOWA PRZEKĄSKA
Mały pojemnik pomidorów winogronowych
1 posiekany fenkuł.

18.00
Potańcz przez 20 minut.

18.30 OBIAD
Sola cytrynowa (lub inna świeża ryba, którą lubisz) na
liściach bazylii z brokułami i marchwią gotowanymi na
parze. Podawać z surowym groszkiem cukrowym.

20.30
Ćwiczenie na dobranoc (jak poprzednio).

21.00 WIECZORNA PRZEKĄSKA
Jedno lub więcej jabłek.

7.00
Ćwiczenie na dzień dobry (jak poprzednio).

7.15
1 szklanka ciepłej wody z sokiem cytrynowym
1 szklanka herbaty z pokrzywy.

7.30
Przez 15 do 20 minut podskakuj na trampolinie lub
wyjdź na szybki spacer.

8.15 ŚNIADANIE
Duża kiść winogron
$^1/_2$ godziny później – miska owsianki.

10.15 PRZEDPOŁUDNIOWA PRZEKĄSKA
Garść lub więcej czerwonych winogron, wiśni lub
czereśni.

12.00
Wyjdź na szybki piętnastominutowy spacer.

12.30 LUNCH
Zupa brokułowa (str. 187) z sałatką z buraków
przygotowaną z cykorią, awokado, delikatnymi łodygami
selera, kiełkami koniczyny, sałatą, liśćmi gorczycy
i rzodkiewkami. Posyp ją 2 łyżeczkami nasion sezamu,
polej sokiem cytrynowym i skrop kilkoma kroplami sosu
tamari bez dodatku mąki pszennej.

15.00 POPOŁUDNIOWA PRZEKĄSKA
Miska kapusty kwaszonej posypanej pestkami
słonecznika lub siemieniem lnianym.

18.00
Potańcz w rytm muzyki przez 20 minut.

18.30 OBIAD
Potrawka z fasoli mung (str. 187) z wykwintnym
brązowym ryżem (str. 187). Podawaj na warzywach
liściastych z garścią kiełków koniczyny.

20.30
Ćwiczenie na dobranoc (jak poprzednio).

21.00 WIECZORNA PRZEKĄSKA
Kilka całych daktyli.

7.00
Ćwiczenie na dzień dobry (jak poprzednio).

7.15
1 szklanka ciepłej wody z sokiem cytrynowym
1 szklanka herbaty z mniszka lekarskiego.

7.30
Szybki trzydziestominutowy spacer.

8.00 ŚNIADANIE
Sałatka owocowa ze świeżych brzoskwiń, gruszek
i truskawek, posypana liśćmi mięty.
$1/2$ godziny później – miska krupniku jęczmiennego
na bulionie miso.

10.15 PRZEDPOŁUDNIOWA PRZEKĄSKA
2 lub więcej marchwi.

12.00
Szybki dwudziestominutowy spacer przed lunchem.

12.30 LUNCH
Zupa z kabaczka i słodkich ziemniaków (str. 187).
Jeśli będziesz po niej głodny, zjedz sałatkę
z cieciorzycy, cykorii i fenkułu podaną ze sporą
porcją lekko ugotowanej na parze fasolki i kiełków
lucerny. Całość udekoruj cienkimi plasterkami
marchwi.

15.00 POPOŁUDNIOWA PRZEKĄSKA
1 lub więcej świeżych ogórków.

18.00
Przez 20 minut skacz w takt muzyki na trampolinie.

18.30 OBIAD
Warzywne roladki sushi (str. 188) z pełną garścią
kiełków nasion koniczyny i słonecznika. Podawaj
z kapustą kwaszoną.

20.30
Ćwiczenia na dobranoc (jak poprzednio).

21.00 WIECZORNA PRZEKĄSKA
Łodygi selera naciowego maczane w sosie
z awokado.

7.00
Ćwiczenie na dzień dobry (jak poprzednio).

7.15
1 szklanka ciepłej wody z sokiem cytrynowym
1 szklanka herbaty z kopru włoskiego.

7.30
Szybki trzydziestominutowy spacer.

8.00 ŚNIADANIE
Sok z selera naciowego, ogórka i marchwi
$1/2$ godziny później miska kleiku z komosy ryżowej
(str. 186).

10.15 PRZEDPOŁUDNIOWA PRZEKĄSKA
0,5 litra borówek amerykańskich.

12.00
Szybki dwudziestominutowy spacer przed lunchem.

12.30 LUNCH
Jarzyny duszone z soczewicą (str. 188) z pełną garścią
kiełków fasoli.

15.00 POPOŁUDNIOWA PRZEKĄSKA
2 surowe marchwie
1 surowa żółta papryka.

18.00
Skacz przez skakankę przez 10 minut, a następnie
podskakuj na trampolinie przez kolejne 10 minut.

18.30 OBIAD
Pieczony marynowany dziki łosoś z sałatką regenerującą
(str. 188).

20.30
Ćwiczenia na dobranoc (jak poprzednio).

21.00 WIECZORNA PRZEKĄSKA
Kiełki fasoli i łodygi selera naciowego z dipem
warzywnym (str. 189).

1234567

7.15
Ćwiczenie na dzień dobry (jak poprzednio).

7.30
1 szklanka ciepłej wody z sokiem cytrynowym.

8.00
Szybki trzydziestominutowy spacer.

8.30 ŚNIADANIE
Jagodowy atak Gillian McKeith:
0,5 litra truskawek i 1 banan.
Zmiksować na gładką masę, a następnie dodać
1 łyżkę całych borówek amerykańskich i 3 czubate
łyżeczki Dr Gillian McKeith Living Food Energy
Powder.

10.15 PRZEDPOŁUDNIOWA PRZEKĄSKA
Sok warzywny:
1 ogórek, 4 gałązki selera naciowego,
$1/2$ jabłka, kilka gałązek mięty, kopru lub bazylii
oraz 1 łyżeczka spiruliny.

12.00
Energiczny dwudziestominutowy spacer.

12.30 LUNCH
Zupa z pora i rzepy (str. 189) posypana dużą ilością
kiełków i zielonej pietruszki.
Zamiast tego może być również pieczony
hamburger warzywno-fasolowy (str. 189).

13.30
Sok warzywny:
Mieszanka ogórkowa (str. 145)

15.00 POPOŁUDNIOWA PRZEKĄSKA
Sok warzywny:
1 ogórek, 4 gałązki selera naciowego, $1/2$ buraka
i mały kawałek imbiru.

18.00
Lekkie ćwiczenia. Pospaceruj przez 30 minut.

18.30 OBIAD
Mnóstwo liści cykorii napełnionych sałatką
tabouleh (str. 188). Udekorować kilkoma
posiekanymi orzechami brazylijskimi.

21.00 WIECZORNA PRZEKĄSKA
2 lub więcej gruszek.

PRZEPISY

PRZYSMAK Z KURCZAKA
(2 PORCJE)

2 piersi kurczaka (lub podobna ilość
mięsa z piersi indyka)
garść liści bazylii
8 pomidorów winogronowych
miso lub bulion (1/2 szklanki po
rozpuszczeniu)
garść kiełków fasoli mung lub świeżych
ziół
2 garście zielonych warzyw liściastych
garść szpinaku

Rozłożyć arkusz folii na blaszce do
pieczenia i umieścić na niej piersi
kurczaka. Podrzeć liście bazylii, przekroić
na pół pomidory i ułożyć te składniki na
kurczaku. Łyżeczkę miso lub bulionu
w proszku rozprowadzić w 1/2 szklanki
wrzącej wody i otrzymanym rosołem polać
kurczaka. Zawinąć i połączyć brzegi folii,
tworząc zamknięty pakiet. Piec
w temperaturze 200°C przez 20 minut.
   Podawać na liściach surowego lub
lekko ugotowanego na parze szpinaku albo
z sałatką ze świeżych ziół, kiełków fasoli
mung i zielonych warzyw liściastych.

KLEIK Z KOMOSY RYŻOWEJ
(1 PORCJA)

2 szklanki wody
1 szklanka ziarna komosy ryżowej
szczypta bulionu w proszku

Zagotować wodę i wrzucić do niej ziarno.
Doprawić szczyptą bulionu w proszku (nie
używać soli kuchennej). Ponownie
doprowadzić do wrzenia i gotować na
wolnym ogniu przez około 7 minut. Zdjąć
z ognia i pozostawić na dalszych 15 minut.

ZAPIEKANKA PASTERSKA
ZE SŁODKICH ZIEMNIAKÓW
(4 PORCJE)

2 łyżeczki oliwy z oliwek extra virgin
1 ząbek czosnku, obrany i zmiażdżony
1 cebula, obrana i pokrojona w plasterki

2 gałązki selera naciowego, umyte
i pokrojone w plasterki
1 liść laurowy
1 mały kabaczek zimowy („Butternut"),
obrany, przepołowiony, pozbawiony
nasion i pokrojony na małe kawałki
450 ml bulionu warzywnego
(przygotowanego z jednej kostki lub
własnego)
1 puszka (420 g) czerwonej fasoli kidney
bez dodatku soli, przepłukanej zimną
wodą i osączonej
2 czerwone lub żółte papryki, umyte,
pozbawione gniazd nasiennych
i pokrojone w plasterki
4 pomidory, umyte i przekrojone na pół
2 średnie cukinie pokrojone w plasterki
1 brokuł, drobno posiekany
3 średnie marchwie, pokrojone
w plasterki
2 łyżki drobno posiekanej natki pietruszki
1 łyżeczka mąki ararutowej
4 słodkie ziemniaki, gotowane przez 15
minut na parze (do miękkości)
i roztarte

Podgrzać niewielką ilość wody z oliwą
w dużym garnku. Wrzucić czosnek,
cebulę, seler i liść laurowy i gotować na
wolnym ogniu przez około 3 minuty.
Dodać kabaczek i podgrzewać przez
następne 3 minuty, mieszając. Wlać
bulion i doprowadzić mieszaninę do
wrzenia na średnim ogniu. Powoli
gotować przez 10 minut, od czasu do
czasu mieszając. Następnie dodać fasolę,
paprykę, pomidory, cukinię, brokuł
i marchew. Dusić przez kolejne 5 minut,
aż kabaczek będzie na wpół miękki.
Domieszać natkę pietruszki. Zagęścić
niewielką ilością mąki ararutowej.
   Przełożyć do naczynia do zapiekanek.
Purée ze słodkich ziemniaków wymieszać
z niewielką ilością wywaru i szczyptą
sosu tamari i wlać na wierzch. Piec przez
ok. 15 minut w temperaturze 200°C – do
momentu aż wierzch się zetnie.

POTRAWKA Z FASOLI ADZUKI
(4 PORCJE)

1 szklanka fasoli adzuki (namoczyć na
dwie godziny przed gotowaniem)
1 kostka bulionu warzywnego
1 łyżka pasty miso
2 marchwie
1 mały kabaczek, grubo posiekany
1 cebula, obrana i pokrojona w plasterki
1 garść trybuli
1 garść skiełkowanych nasion
1 główka cykorii
1 rzodkiewka na każdy liść cykorii

1 szklankę fasoli adzuki zalać 3
szklankami wody. Dodać kostkę bulionu
warzywnego, doprowadzić do wrzenia
i gotować na wolnym ogniu przez 30
minut. (Jeśli dołożysz pasek alg kombu,
wzbogacisz ten posiłek dużą ilością
doskonałych składników odżywczych.
Opłucz algi wodą i włóż razem z innymi
składnikami do garnka. Nie musisz ich
jeść, gdyż cenne składniki pokarmowe
przejdą do wywaru.) W połowie
gotowania dodaj kabaczek, a pod koniec
cebulę i marchew. Następnie wrzuć
trybulę i udekoruj gotowe danie liśćmi
cykorii, kiełkami i rzodkiewkami.

PURÉE Z PROSA
(4 PORCJE)

1 szklanka prosa
1 mały kalafior, drobno pokrojony
2 1/2 szklanki wody
szczypta soli morskiej
1/4 szklanki posiekanej natki pietruszki

Przepłukać proso i dobrze osączyć.
Posolić wodę szczyptą soli morskiej
i zagotować. Wrzucić kalafior i proso.
Ponownie doprowadzić do wrzenia,
zmniejszyć ogień i gotować powoli
przez 20 minut. Zdjąć z ognia
i dokładnie rozgnieść ubijaczką do
ziemniaków. Przed podaniem dodać
natkę pietruszki.

SOS CEBULOWY
(4 PORCJE)

*2 duże cebule, obrane i pokrojone
    w cienkie plasterki*
1 łyżeczka oliwy z oliwek
2 szklanki wody źródlanej
2 łyżeczki sosu tamari bez mąki
*zagęszczacz (1 łyżeczka mąki
    ararutowej)*

Obrać i pokroić cebule. Rozgrzać na
patelni oliwę i włożyć do niej cebulę.
Dusić na bardzo wolnym ogniu przez 15
minut. Dodać wodę źródlaną. Sos tamari
i mąkę ararutową rozprowadzić
odpowiednią ilością zimnej wody i wlać
do cebuli. Mieszać, podgrzewając na
średnim ogniu, aż wywar zgęstnieje
i wyklaruje się. Zmiksować. Można użyć
zupy miso w proszku. Wystarczy
rozprowadzić ją wrzącą wodą i otrzymać
w ten sposób sos do purée z prosa.

ZUPA KREM Z BROKUŁÓW
(4 PORCJE)

3 posiekane główki brokułów
*6 lub więcej szklanek wody (taka ilość,
    żeby przykryła warzywa)*
1 cały fenkuł, pokrojony w kostkę
1 kostka bulionu warzywnego
*1 garść świeżego estragonu i garść
    świeżych liści szałwii*
1 szklanka świeżych kiełków

Zagotować wodę, wrzucić brokuły
i gotować na wolnym ogniu przez
7 minut. Zdjąć z ognia i dodać pozostałe
składniki oprócz kiełków. Zmiksować.
Konsystencję można dostosować do
swoich upodobań, używając większej lub
mniejszej ilości wody. Kiedy mieszanina
jest już zmiksowana, wrzucić kiełki
i również zmiksować albo wykorzystać je
w całości jako dekorację do zupy. Można
urozmaicać sobie ten przepis, dodając
różne zioła, na przykład natkę pietruszki,
kolendrę lub koper.

POTRAWKA Z FASOLI MUNG
(4 PORCJE)

1 szklanka fasoli mung
1 kostka bulionu warzywnego
2 marchwie
1 cebula
1 garść trybuli
1 fenkuł
*2 szklanki jarmużu, gotowanego na parze
    przez 2–3 minuty*
1/4 łyżeczki kurkumy
1/2 łyżeczki sproszkowanej kolendry
1/4 łyżeczki sproszkowanego kminu
szczypta soli morskiej

1 szklankę fasoli mung zalać
*3 szklankami wody, dodać kostkę bulionu
warzywnego, doprowadzić do wrzenia
i gotować na wolnym ogniu przez
30 minut. Dodać kurkumę, kolendrę
i kmin. Po 30 minutach wrzucić cebulę
i marchew. Udekorować sporą ilością
trybuli. Podawać na pokrojonym fenkule,
jarmużu i kiełkach. Doskonałe są kiełki
koniczyny.*

SAŁATKA Z FASOLKI
SZPARAGOWEJ
(4 PORCJE)

*1 puszka fasolki szparagowej bez
    dodatku soli*
*1 gałązka selera naciowego, umyta
    i posiekana*
3 ogórki kwaszone, drobno posiekane
*1 czerwona papryka, pokrojona
    w plasterki*
1 żółta papryka, pokrojona w plasterki
kapusta kwaszona i warzywa liściaste
nasiona słonecznika do posypania
sos winegret

Wymieszaj dokładnie wszystkie
składniki, a otrzymasz pyszną sałatkę.

WYKWINTNY BRĄZOWY RYŻ
(4 PORCJE)

1 szklanka brązowego ryżu
1 kostka bulionu warzywnego
2 marchwie
1 cebula
1/2 szklanki zielonego groszku

Zagotować dwie szklanki wody i wrzucić
do niej ryż oraz kostkę bulionową.
Gotować na wolnym ogniu przez
30 minut, aż ryż będzie miękki
i wchłonie większość wody – ale nie całą.
Zdjąć z ognia i pozostawić na 10 minut.
W ostatniej chwili dodać groszek
i podawać.

ZUPA Z KABACZKA I SŁODKICH
ZIEMNIAKÓW
(4 PORCJE)

6–8 szklanek wody
1 kostka bulionu warzywnego
*3 szklanki kabaczka Butternut
    pokrojonego w kostkę*
1 fenkuł
*1 szklanka słodkich ziemniaków lub
    jamsów pokrojonych w kostkę*
1 szklanka marchwi pokrojonej w kostkę
6–8 cebul pokrojonych w plasterki
1 garść estragonu i natki pietruszki
1 ząbek czosnku
kilka rzodkiewek
*pestki dyni i nasiona sezamu do
posypania*

Zagotować wodę z kostką bulionową.
Dodać kabaczek, fenkuł, słodkie
ziemniaki, marchew i cebulę i gotować na
słabym ogniu przez 5–8 minut, aż
warzywa zmiękną (ale nie zaczną się
rozgotowywać). Zdjąć z ognia i dodać
estragon, natkę pietruszki i czosnek.
Zmiksować. Zupa może być bardziej lub
mniej gęsta, zależnie od ilości użytej
wody. Udekorować posiekanymi
rzodkiewkami, pestkami dyni i nasionami
sezamu.

WARZYWNE ROLADKI SUSHI
(4 PORCJE)

2 szklanki rozgniecionego miękkiego
   awokado lub kremowy sos z awokado
płaty surowych wodorostów nori
ogórek pokrojony na długie, cienkie paski
1 szklanka poszatkowanej kapusty
1 szklanka marchwi utartej na wiórki
1 szklanka kiełków lucerny, słonecznika
   lub koniczyny albo ich mieszanki
1 cebula pokrojona w małą kostkę
szczypta świeżego koperku
2 szklanki brązowego ryżu, ugotowanego

Rozsmarować masę z awokado na
płatach nori ułożonych błyszczącą stroną
w dół. Na jednym końcu zostawić nie
posmarowany pasek szerokości 2,5 cm,
żeby łatwiej zamknąć roladę. Przez
środek ułożyć kolejno w rzędzie: ryż,
ogórek, marchew, kiełki, kapustę
i koper. Zwinąć od końca, mocno
ściskając. Po zwinięciu rolada powinna
być zwarta i twarda.

KREMOWY SOS Z AWOKADO

2 bardzo miękkie awokado
2 cebulki ze szczypiorem, drobno
   posiekane
1/4 łyżeczki sproszkowanej kolendry
1/4 łyżeczki przyprawy z alg (lub soli
   morskiej)
1/2 łyżeczki oliwy z oliwek
3–4 łyżki wody (najlepiej mineralnej
   niegazowanej)

Wlać wodę do naczynia miksera lub
robota kuchennego. Dodać awokado,
cebulkę, kolendrę, przyprawę z alg
i oliwę i zmiksować wszystko razem na
gładki krem.

JARZYNY DUSZONE Z SOCZEWICĄ
(4 PORCJE)

1 szklanka soczewicy, moczonej przez
   20 minut i dokładnie przepłukanej
2 liście laurowe
2 cebule
4 marchwie
2 szklanki kabaczka pokrojonego
   w kostkę
1 słodki ziemniak
1 gałązka selera naciowego
1 kostka bulionu warzywnego
1 garść rukwi wodnej
1 łyżeczka sosu tamari bez mąki

Umieścić cebulę i liście laurowe w garnku
z wodą i kostką bulionową, nakryć
i doprowadzić do wrzenia. Gotować na
małym ogniu przez 30–35 minut.
W połowie tego czasu dodać kabaczek
i słodki ziemniak, a następnie po
10 minutach marchew i seler. Pod koniec
wrzucić rukiew wodną i domieszać sos
tamari. Jeśli chcesz zrobić z reszty tej
potrawy zupę na następny dzień, dodaj
więcej wody, świeże zioła według uznania
i jeszcze trochę bulionu, a następnie
zmiksuj do gładkości.

SUROWA SAŁATKA REGENERUJĄCA
(4 PORCJE)

Spora porcja liści rokiety siewnej
1 rzodkiew, obrana i pokrojona
   w plasterki
8 pomidorów winogronowych
1 gałązka selera naciowego, posiekana
1 żółta cukinia, pokrojona w plasterki
6 małych rzodkiewek przekrojonych na pół
2 łyżki surowych nasion sezamu lub
   pestek słonecznika albo dyni
1 garść kiełków fasoli mung
2 marchwie, utarte
1 garść koperku
sok z cytryny

Wymieszać dokładnie wszystkie
składniki, a powstanie wysoce
energetyczna sałatka. Podawać ją
z sosem miso z ziołami (str. 189).

PIECZONY ŁOSOŚ W PRZYPRAWACH
(2 PORCJE)

2 dzwonka łososia
2 ząbki czosnku, obrane i zmiażdżone
1 łyżka tartego imbiru
2 łyżki oliwy z oliwek extra virgin
sok z 1 cytryny
pełna garść szpinaku
2 pory
1 szklanka świeżej kolendry

Pokroić pory na 12 kawałków,
a następnie gotować je przez około
5 minut na parze, żeby nieco zmiękły.
Umyć i osuszyć łososia. Ułożyć sporą
porcję surowego szpinaku na dnie
płaskiej blaszki do pieczenia. Na
wierzchu rozłożyć pory, a na nich łososia.
Wymieszać razem oliwę, czosnek i imbir,
a otrzymaną pastą posmarować łososia.
Odstawić na bok nieco pasty. Wycisnąć
sok z cytryny na rybę i szpinak. Piec
w temperaturze 200°C w uprzednio
rozgrzanym piekarniku przez około
25 minut. Co dziesięć minut smarować
łososia pozostałą pastą z oliwą.
Udekorować talerz liśćmi kolendry
i całość jeszcze raz skropić cytryną.

SAŁATKA TABOULEH
(4 PORCJE)

2/3 szklanki ugotowanego ziarna komosy
   ryżowej
1/2 szklanki posiekanej świeżej mięty
1 1/2 szklanki posiekanej natki pietruszki
1 duży pomidor pokrojony w kostkę
1 średni ogórek obrany ze skórki
   i pokrojony w kostkę
2/3 szklanki posiekanej cebuli
1 łyżka oliwy z oliwek extra virgin
sok z 1 świeżej cytryny
szczypta soli morskiej

W dużej misce wymieszać wszystkie
składniki. Nakryć i na 20 minut wstawić
do lodówki. Podawać na liściach sałaty,
udekorowaną cząstkami cytryny.

HAMBURGER WARZYWNO-FASOLOWY
(4 HAMBURGERY)

2 szklanki ugotowanej fasoli (może być
    czarna fasola, adzuki, pinto, kidney
    lub ciecierzyca)
1 szklanka kabaczka ugotowanego na
    parze
1 marchew ugotowana na parze
1/2 cebuli pokrojonej w cienkie plasterki
1 mała szalotka
1/2 szklanki miso lub bulionu do zwilżenia
    hamburgerów
1 łyżka świeżych lub sproszkowanych ziół
    (kolendra, szałwia, natka pietruszki,
    tymianek, koper, bazylia, imbir,
    fenkuł, kmin, mięta lub czosnek)
1/2 szklanki ugotowanego brązowego ryżu
pestki słonecznika (według uznania)

Rozgnieść fasolę. Domieszać pozostałe
składniki i uformować kotlety. Piec przez
30 minut w temperaturze 200°C, aż się
zrumienią. Podawać z kremowym sosem
z awokado.

ZUPA Z RZEPY I PORÓW
(4 PORCJE)

2 małe rzepy, obrane i pokrojone
    w kostkę
6 porów pokrojonych w plasterki
6 gałązek selera naciowego, posiekanych
1 kostka bulionowa
3 cebule, pokrojone w cienkie plasterki
1 ząbek czosnku, zmiażdżony
1 garść estragonu

Do około litra wody wrzucić kostkę
bulionową i zagotować. Dodać rzepę
i gotować przez 10 minut. Wrzucić por
i gotować przez następne 5 minut. Dodać
cebulę i czosnek i gotować przez kolejne
5 minut. Zdjąć z ognia, dodać estragon
i zmiksować.

PRZYSMAKI
PUDDING CYTRYNOWY

2 awokado, roztarte
1 1/2 szklanki miąższu z cytryny
1/2 cytryny na sok
1/2 gruszki na sok
2 szklanki wydrążonych daktyli
3 łyżki syropu klonowego
2 łyżki soku gruszkowego

Umieścić wszystkie składniki w naczyniu
miksera lub robota kuchennego i wcisnąć
do nich sok z cytryny i gruszki. Następnie
zmiksować.

KRÓWKI Z CHLEBEM ŚWIĘTOJAŃSKIM

1 1/4 szklanki wydrążonych daktyli
3/4 szklanki namoczonych rodzynek
1/2 szklanki siemienia lnianego,
    zmielonego
1/2 szklanki pestek słonecznika,
    zmielonych
1 szklanka posiekanych orzechów
    włoskich
2 szklanki namoczonych orzechów
    brazylijskich
1 szklanka wody
4 łyżki sproszkowanych strąków chleba
    świętojańskiego
nasiona sezamu do posypania

Zmiksować razem daktyle, rodzynki, chleb
świętojański, orzechy brazylijskie i wodę.
Następnie domieszać pestki słonecznika,
siemię lniane i orzechy włoskie. Rozłożyć
masę na tacy, zamrozić, po czym pokroić ją
na kwadraty. Posypać sezamem.

SOS MISO Z ZIOŁAMI

1/3 szklanki oleju sezamowego lub oliwy
    z oliwek
3/4 szklanki wody
3 łyżki octu jabłkowego
3 łyżki żółtej zupy miso light
1 ząbek czosnku, zmiażdżony
1/2 łyżeczki bazylii
1/2 łyżeczki oregano

Połączyć wszystkie składniki, a następnie
zmiksować na gładki sos.

DIPY I PASTY
GUACAMOLE

1 lub 2 dojrzałe awokado, roztarte
sok wyciśnięty z 1/2 cytryny
sok wyciśnięty z 1/2 limonki
1 czerwona papryka, drobno posiekana
1 łyżka octu jabłkowego
6 małych pomidorów winogronowych
koper lub rokieta siewna do dekoracji

Rozetrzeć awokado w misce.
Dodać wszystkie pozostałe składniki
i dokładnie wymieszać.

HUMMUS I TAHINI RÓWNIEŻ MOGĄ BYĆ WYKORZYSTANE DO MACZANIA WARZYW

PASTA WARZYWNA

1 szklanka ugotowanych warzyw lub
    nasion roślin strączkowych
1 garść natki pietruszki i szczypiorku,
    posiekane
szczypta kolendry
1 łyżka tahini
2 łyżeczki pasty miso
1/2 cebuli, drobno posiekanej

Utrzeć wszystkie składniki razem
i stosować jako dip lub pastę do
smarowania pieczywa.

2 szklanki pasternaku, pokrojonego
    w kostkę (mogą być również jamsy lub
    słodkie ziemniaki)
2 szklanki marchwi
1/2 szklanki wody źródlanej
2 łyżki tahini
1/2 łyżeczki sosu sojowego lub tamari

Ugotować warzywa na parze.
Zmiksować, a następnie wymieszać
z tahini i sosem tamari.

ĆWICZENIE NA DZIEŃ DOBRY

Przedstawione poniżej ćwiczenie pomoże ci osiągnąć większą harmonię wewnętrzną i od rana nabrać energii. Dzięki temu będziesz spokojniejszy, bardziej odprężony, a tym samym mniej zestresowany. W rezultacie twój układ pokarmowy będzie lepiej funkcjonował i łatwiej ci będzie zachować zdrowie.

FAZA PIERWSZA: Znajdź swój główny rdzeń energetyczny

Tak łatwo jest zagubić swoje pierwotne ja. Tłumienie wszystkich emocji odbywa się w naszym głównym ośrodku energetycznym, a żołądek i jelito grube znajdują się w jego bezpośredniej bliskości. Kiedy doznajemy wstrząsu emocjonalnego, zazwyczaj blokujemy naturalny przepływ energii, która powinna emanować z tego ośrodka. Podczas snu najczęściej magazynujemy w sobie te uczucia, toteż po przebudzeniu czujemy się spięci i rozdrażnieni – jakbyśmy wstali lewą nogą z łóżka. Na szczęście można sobie z tym poradzić i przez cały dzień czuć się odprężonym i pełnym energii!

Co należy zrobić?

▸ Usiądź na twardym krześle i postaw stopy płasko na podłodze. Zależy mi, żebyś wyraźnie czuł, jak twoje stopy dotykają podłogi, gdyż to pomoże ci czuć się pewniej.

▸ Otwórz prawą dłoń i połóż ją płasko na brzuchu tuż poniżej pępka. Tu jest twój centralny ośrodek energetyczny. Przez parę minut wyczuwaj go dłonią i wsłuchuj się w swój oddech.

▸ Po upływie tego czasu możesz zabrać dłoń z brzucha, ale nadal myśl o swoim ośrodku energetycznym. Staraj się pozostać przy nim wszystkimi zmysłami. Siedź spokojnie przez minutę lub dwie i rozmyślaj o swoim centrum emocjonalnym.

FAZA DRUGA: Uwolnij energię

Ta faza wymaga od ciebie tylko dalszego siedzenia na krześle ze stopami mocno i płasko postawionymi na podłodze przez kolejne parę minut.

▸ Ponownie odszukaj swój ośrodek emocjonalny, tym razem tylko umysłem. Następnie wyobraź sobie cienką wiązkę białego światła, która z niego emanuje.

▸ Teraz wyobraź sobie, jak to białe światło przesuwa się na prawo od centrum emocjonalnego w stronę twojej prawej nogi. Następnie wędruje powoli w dół nogi, mija kolano i zbliża się do prawej stopy.

▸ Kiedy wiązka światła dotrze przez twoją prawą stopę do podłogi, poprowadź ją w wyobraźni przez wolną przestrzeń pomiędzy stopami aż do lewej stopy i zobacz, jak dociera do jej podeszwy.

▸ Następnie wyobraź sobie, jak światło wędruje w górę lewej nogi, najpierw wzdłuż stopy, potem powoli mija kolano i osiąga górną część uda. Teraz zaczyna się przesuwać w prawo, z powrotem do centrum emocjonalnego.

▸ Możesz powtórzyć to ćwiczenie kilka razy. Proszę, żebyś prowadził w wyobraźni wiązkę światła bardzo powolnym, płynnym i nieprzerwanym ruchem. To poranne ćwiczenie poprawi ci nastrój i samopoczucie, dzięki przywróceniu równowagi naturalnego przepływu energii przez twoje ciało.

ĆWICZENIE NA DOBRANOC

Wiele najnowszych badań medycznych i naukowych wykazuje, że komórki i cząsteczki naszego ciała odbierają informacje, które wyrażamy, i odpowiednio reagują. Jeśli ciągle wypowiadamy do siebie negatywne stwierdzenia, na przykład, że jesteśmy zbyt zmęczeni, zbyt starzy, bardzo chorzy, nie potrafimy schudnąć, nie umiemy znaleźć pracy, nie umiemy zarabiać pieniędzy, nie potrafimy odnaleźć miłości i tak dalej, to takie przesłanie przyswaja sobie nie tylko nasza podświadomość, ale również cząsteczki, komórki i organy naszego ciała i w końcu przyjmują nastawienie podobne do naszego – prowadzące w dół równi pochyłej.

Tymczasem możemy spowodować pozytywną reakcję komórek i organów, przekazując pozytywne, radosne, uspokajające i serdeczne przesłanie własnemu organizmowi. Optymistyczne przemawianie do siebie naprawdę daje efekty. Kiedy organizm pozostaje w harmonii z samym sobą i otoczeniem, przepływy energii i uzdrawiające wibracje w naszym ciele działają jak zaklęcie przywracające zdrowie wszystkim układom. Nazbyt często zakłócamy własności samouzdrawiające naszego organizmu negatywnymi stwierdzeniami, które zakłócają delikatne przepływy energii pomiędzy komórkami i narządami.

Dlatego wypróbuj moje ćwiczenie na dobranoc, które wspomoże procesy trawienia, uspokoi nerwy, pomoże spalić tłuszcze i rozłożyć węglowodany, ułatwi zaśnięcie, przywróci równowagę w tarczycy, grasicy, żołądku i jelitach oraz zapewni harmonię fizyczną, psychiczną i emocjonalną całego organizmu. Zdaję sobie sprawę, że wielu osobom to ćwiczenie może początkowo wydać się niemądre. Może nawet poczujesz się skrępowany. Jednak proszę o podejście bez uprzedzeń do tego, co proponuję. Spróbuj je wykonać, nawet jeśli będziesz trochę się z tego śmiał – po prostu spróbuj. Nie zajmie ci to nawet pięciu minut.

▷ Usiądź na twardym krześle w cichym pomieszczeniu, gdzie będziesz sam. Zdejmij buty i postaw obie stopy mocno na podłodze.

▷ Zamknij oczy. Wyobraź sobie wiązkę pięknego białego światła przenikającą do twojego ciała z góry, przez czubek głowy. Powoli, delikatnie i głęboko wdychaj i wydychaj powietrze. Wdech rób nosem, a wydech ustami.

▷ Wciągnij głęboko powietrze. Przy pierwszym długim wydechu spokojnie i powoli wypowiedz słowa: „Kocham siebie". Zakończą się one niemal pomrukiem, kiedy powoli ulecą z twoich ust wraz z wydechem.

▷ Ponownie wciągnij powoli i głęboko powietrze, a wydychając je, powiedz: „Jestem istotą pełną miłości".

▷ Przy następnym wydechu powiedz „Spokój".

▷ Wykonaj kolejny wdech, a wydychając powietrze, powiedz: „Czuję się wspaniale". Powtórz to trzy razy, podczas trzech wydechów.

▷ Podczas tego ćwiczenia nie starasz się osiągnąć określonego rezultatu. Po prostu musisz wypowiedzieć podane wyżej słowa i pozwolić, żeby ciało je sobie przyswoiło. Jednocześnie przez cały czas wyobrażaj sobie piękne białe światło świecące wewnątrz twojego ciała i emanujące na zewnątrz.

▷ Po oddychaniu i wypowiedzeniu tych słów posiedź jeszcze przez chwilę i nic nie rób. Po prostu przez parę minut tylko bądź.

▷ Opisane powyżej ćwiczenie trwa w sumie niecałe pięć minut, i to jest w nim piękne. Nie mów, że nie masz na nie czasu. Natomiast jeśli ci się spodoba, możesz je wykonywać przed każdym posiłkiem, a przynajmniej przed największym danego dnia. Sam zdecyduj, co dla ciebie najlepsze.

ROZDZIAŁ 8

20 SUPERSZYBKICH WSKAZÓWEK

JEŚLI MUSIAŁABYM WYBRAĆ TYLKO JEDNĄ RZECZ, KTÓRĄ MIAŁBYŚ WYNIEŚĆ Z TEJ KSIĄŻKI, TO CHCIAŁABYM, ŻEBYŚ ZAWSZE TRZYMAŁ TEN ROZDZIAŁ POD RĘKĄ I MÓGŁ W RAZIE POTRZEBY DO NIEGO ZAJRZEĆ. MIMO ŻE NIEKTÓRE Z TYCH DWUDZIESTU SUPERSZYBKICH WSKAZÓWEK SĄ BARDZO ŁATWE, MOGĄ CAŁKOWICIE ODMIENIĆ TWOJE ŻYCIE. MOI PACJENCI CZĘSTO MI MÓWIĄ, JAK BARDZO IM POMOGŁY. JESTEM PEWNA, ŻE TY TEŻ NA NICH SKORZYSTASZ.

1 RANO PIJ CIEPŁĄ WODĘ

Wypita na czczo ciepła woda (najlepiej z odrobiną soku z cytryny) płynie prosto do przewodu pokarmowego i wypłukuje śluz pozostały z poprzedniego dnia. Warto też wypić szklankę ciepłej wody wieczorem.

2 ZWILŻAJ, A NIE ZALEWAJ

Żołądek należy nawilżać, a nie zalewać. Kiedy pijesz w trakcie jedzenia, rozcieńczasz enzymy trawienne, toteż pokarm nie zostaje należycie strawiony. Dlatego należy pić, najlepiej wodę, na 30 minut przed posiłkiem lub 30 minut po nim.

3 GRYŹ DOKŁADNIE

Jednym z moich najważniejszych zaleceń jest dokładne gryzienie pożywienia, tak żeby w ustach zamieniło się w papkę. Staraj się naprawdę delektować każdym kęsem. Poczuj konsystencję i smak jedzenia. Proces trawienia rozpoczyna się już w ustach, kiedy podczas gryzienia ślina wymiesza się z pokarmem. Dobrze pogryzione jedzenie z łatwością przejdzie przez układ trawienny, a twój organizm maksymalnie wykorzysta zawarte w nim składniki pokarmowe.

4 JEDZ, KIEDY JESTEŚ SPOKOJNY

Twój organizm nie potrafi dobrze strawić pokarmu, kiedy się martwisz lub denerwujesz. Jedz, kiedy się uspokoisz, a wówczas trawienie będzie o wiele sprawniejsze.

5 NIE ZA GORĄCE I NIE ZA ZIMNE

Temperatura potraw i napojów, które wprowadzasz do organizmu, ma wpływ na stan śledziony, czyli twojego akumulatora energii, a także innych narządów. Lodowato zimne napoje osłabiają narządy. Jedzenie parzących potraw wcale nie jest lepsze, gdyż uszkadzają one błony śluzowe w ustach i wyściółkę żołądka oraz zmniejszają czułość kubków smakowych. Najlepiej jeść i pić potrawy i napoje letnie lub o temperaturze pokojowej.

6 DEKORUJ SWÓJ TALERZ

Kiedy poczujesz zapach jedzenia, ujrzysz je lub choćby o nim pomyślisz, twój mózg rusza do pracy i wysyła informację do ślinianek, żeby wydzielały ślinę, która zawiera enzymy trawienne. Zatem przygotowuj sobie ładnie udekorowane pyszne posiłki, żeby poprawić trawienie.

7 UROZMAICAJ JADŁOSPIS

Nie jedz codziennie tych samych potraw. Nie potrzebujesz aż tyle tego samego produktu, a ponadto może to prowadzić do alergii pokarmowej, nadwrażliwości lub nietolerancji pokarmowej. Jedz zatem daną potrawę nie częściej niż co cztery dni. W ten sposób nie tylko uchronisz się przed alergią, ale ponadto dostarczysz organizmowi znacznie szerszej gamy składników pokarmowych.

8 SŁUCHAJ SWOJEGO ORGANIZMU

Zwracaj uwagę, na jakie produkty masz apetyt. Jeśli naprawdę masz na coś ogromną ochotę – wabi cię kolor, zapach czy wygląd – daj się porwać temu pragnieniu. Być może twój organizm potrzebuje składników odżywczych zawartych właśnie w tym produkcie. Oczywiście, nie mam na myśli ciastek w czekoladzie! Chodzi mi o zioła, owoce, warzywa, przyprawy i inne tego rodzaju artykuły dostępne w każdym sklepie czy supermarkecie. Przejdź między stoiskami z owocami i warzywami z otwartym umysłem i duszą. Co ładnie wygląda? Co jest miłe w dotyku? Co ładnie pachnie? Które wyglądają zdrowo i świeżo? Dopiero kiedy wszystkiemu się przyjrzysz, dokonaj wyboru.

9 ENZYMY! ENZYMY! ENZYMY!

Takie produkty jak kiełkowane nasiona, surowe warzywa, surowe owoce, orzechy i nasiona zawierają bardzo dużo żywych enzymów, mających decydujące znaczenie dla wchłaniania składników pokarmowych i wspaniałego zdrowia. Na str. 210 znajdziesz bardziej szczegółowe informacje na temat enzymów i sposobu kiełkowania nasion w domu.

10 JEDZ ŚNIADANIA

Zawsze zjadaj na śniadanie coś zdrowego i konkretnego. Jest to pora, kiedy poziom energii żołądka jest największy, a twoje enzymy trawienne tylko czekają, żeby zacząć się wydzielać. Jeśli nie jesz śniadań, stopniowo osłabiasz sobie żołądek i funkcje trawienne. Możesz zjeść mało, ale zjedz coś pożywnego, na przykład świeży owoc, owsiankę lub kleik z prosa albo komosy ryżowej.

11 NIE PRZEJADAJ SIĘ NA NOC

Zjedz ostatni posiłek dnia na co najmniej dwie godziny przed pójściem spać. Jedząc zbyt późno, powodujesz stres i nadmierne obciążenie organizmu. Kiedy idziesz spać z pełnym żołądkiem, posiłek nie zostaje należycie strawiony. Jest to niekorzystne dla narządów trawiennych, serca i wątroby, nie mówiąc już o twoim libido!

12 WYBIERAJ WARZYWA Z RODZINY KRZYŻOWYCH

Jedz dużo kapusty, brokułów, brukselki i kalafiora. Te warzywa pomogą ci odtruć organizm i podziałają energetyzująco na krew.

13 PIJ ZIELONE SOKI

Raz w tygodniu przygotowuj sobie sok z mieszaniny zielonych warzyw liściastych.
Taki sok działa odmładzająco, gdyż ma dużą zawartość chlorofilu (dostarczającego
roślinom energii życiowej), który pomaga oczyścić krew, wytwarzać czerwone ciałka
i odtruwać organizm, a ponadto szybko dostarcza energii. Zielony sok jest
doskonałym paliwem dla twojego ciała. Dzięki wysokiej zawartości wody jest łatwo
przyswajany, a zawiera wszystkie składniki całych warzyw oprócz błonnika, czyli ich
niestrawnej części. W związku z tym dostarcza organizmowi wszystkich zdrowych
składników w formie łatwej do strawienia i przyswojenia. Oto jeden z przykładów
zdrowego soku (oczywiście masz tu pole do własnych eksperymentów): 1 marchew,
1 ogórek, 4 gałązki selera naciowego, 1 gałązka kopru włoskiego, kilka liści
szpinaku, mały kawałek korzenia imbiru, gałązka natki pietruszki i garść kiełków
lucerny (według uznania). Możesz do tego dodać jedną łyżeczkę mojego Living Food
Energy Powder lub jednego z zielonych superpokarmów, aby uzyskać jeszcze lepsze
rezultaty. Listę superpokarmów znajdziesz na str. 202.

14 ŁĄCZ ODPOWIEDNIO GRUPY ŻYWNOŚCI

Owoce + mięso/ryby = gazy
Same owoce = brak gazów
Innymi słowy, jedz jednocześnie te grupy żywności, które nie zakłócają nawzajem
swojego trawienia.
Szczegółowe informacje na temat łączenia grup żywności znajdziesz na str. 78.

15 MASUJ NERKI

Nerki są najważniejszym organem decydującym o naszej ogólnej witalności.
Pod koniec każdego dnia zrób sobie masaż nerek. Przed położeniem się do łóżka
połóż dłonie w okolicy nerek — na plecach poniżej pasa, lecz powyżej pośladków.
Wyobraź sobie ciepłe białe światło płynące przez twoje ciało do dłoni.
Dłonie zaczynają się rozgrzewać, a ty przesyłasz ciepło i światło do nerek.
Potem wymasuj sobie tę okolicę. Następnie połóż się do łóżka, podkładając pod
nerki termofor z ciepłą wodą.

16 MOJA MAŁA TAJEMNICA

W moim biurze trzymam schowaną w szafie trampolinę. Podczas wizyt pacjentów zachowuję się jak pełna powagi terapeutka, natomiast w przerwach między nimi wyjmuję trampolinę i skaczę. Pacjenci o tym nie wiedzą, gdyż robię to natychmiast po ich wyjściu. Każde umiarkowane ćwiczenie fizyczne, takie jak streching, spacer, jazda na rowerze, pływanie, tai chi, a nawet taniec, pobudza wydzielanie chłonki i krążenie krwi, pomaga usuwać toksyny i ożywić organizm.

17 NACIERAJ CIAŁO

Przed kąpielą, ale zanim wejdziesz do wanny lub pod prysznic, weź myjkę lub rękawicę do ciała, namocz w gorącej wodzie i natrzyj nią całe ciało. Zacznij od stóp i posuwaj się w górę nóg, tułowia i rąk – zawsze w kierunku serca. Taki zabieg poprawia krążenie krwi i przepływ energii, co sprzyja trawieniu.

18 SZCZOTKUJ SKÓRĘ

Szczotkuj skórę raz w tygodniu suchą szczotką do kąpieli, aby poprawić wydzielanie chłonki. Bliższe szczegóły na ten temat znajdują się na str. 163.

19 KŁADŹ SIĘ WCZEŚNIE SPAĆ

Im wcześniej się położysz spać, tym lepiej będziesz się czuć. Jeśli nie kładziesz się przed jedenastą wieczorem, zakłócasz naturalny proces oczyszczania i w rezultacie następnego dnia jesteś apatyczny.

20 PO PROSTU BĄDŹ

Zarezerwuj sobie każdego ranka pięć minut spokoju, żeby „po prostu być", zatrzymać się i wyciszyć, zanim wpadniesz w wir kolejnego dnia. Nie myśl, nic nie rób – po prostu bądź. Możesz mieć otwarte lub zamknięte oczy, to bez znaczenia. Jednak przeznacz tych kilka cennych chwil wyłącznie dla siebie. One pomogą ci utrzymać równowagę biochemiczną w organizmie przez resztę dnia.

ROZDZIAŁ 9

NASTĘPNY POZIOM

SUPERPOKARMY DLA WSPANIAŁEGO CIAŁA

Wiele lat temu, kiedy mieszkałam w Stanach Zjednoczonych, stale chorowałam i odsyłano mnie od jednego lekarza do drugiego. Przez niemal dwa lata cierpiałam na ciężkie migreny i wiele innych dolegliwości. Musiałam połykać mnóstwo tabletek, żeby zwlec się z łóżka i dotrzeć do stacji radiowej, gdzie prowadziłam ogólnokrajowy program na temat zdrowia. Pewnego dnia jeden z gości mojego programu stwierdził spokojnie, że sam wyleczył się z raka za pomocą superpokarmu z dzikich niebieskozielonych alg. W pierwszej chwili pomyślałam, że chyba jest nienormalny. W żadnym razie nie mogłabym traktować poważnie kogoś, kto rezygnuje ze szpitalnego leczenia. Jednak jego opowieść zachęciła mnie do znalezienia tego superpokarmu, o którym mówił. Przez trzy dni przyjmowałam duże ilości niebieskozielonych alg, tak jak mi radził, i moja migrena całkowicie ustąpiła, po raz pierwszy od dwóch lat!

Teraz, jako dietetyk pracujący z pacjentami, sama zalecam przyjmowanie dzikich niebieskozielonych alg i wielu innych superpokarmów i uzyskuję wspaniałe rezultaty, jeśli chodzi o zapobieganie chorobom, wzmacnianie narządów wewnętrznych, odżywianie komórek i utrzymanie sprawności, szczupłej sylwetki oraz doskonałego samopoczucia. Także moje córki karmię przez całą zimę tymi algami, żeby uchronić je przed przeziębieniem i grypą. Superpokarmy to najlepsza żywność na naszej planecie, pełna składników pokarmowych, a przy tym praktycznie bez kalorii, złych tłuszczów czy innych szkodliwych substancji. Dzięki temu mogą być siłą napędową twojej przemiany w szczuplejszą i zdrowszą osobę.

Dzielę superpokarmy na pięć grup:
1 Superpokarmy zielone
2 Superpokarmy pszczele
3 Superpokarmy ziołowe
4 Wodorosty morskie
5 Superpokarmy liściaste

SUPERPOKARMY ZIELONE

▸ Liście lucerny

▸ Zielone źdźbła jęczmienia

▸ Źdźbła pszenicy

▸ Dzikie niebieskozielone algi

▸ Spirulina

▸ Chlorella

DLACZEGO ZIELONE SUPERPOKARMY SĄ TAK NIEZWYKŁE?

Ponieważ zawierają najlepszy zestaw łatwo przyswajalnych składników pokarmowych, związków spalających tłuszcze, witamin i minerałów chroniących i leczących twój organizm. Znajduje się w nich również szereg innych korzystnych substancji, w tym niezbędne nienasycone kwasy tłuszczowe oraz zdrowe bakterie, wspomagające funkcjonowanie układu trawiennego i chroniące cię przed chorobami.

TRAWY

Największe korzyści zdrowotne uzyskasz, spożywając poszczególne trawy i liście na zmianę.

ZIELONE ŹDŹBŁA JĘCZMIENIA: NIEZWYKŁY ŚRODEK ODTRUWAJĄCY

Zielony jęczmień zawiera niemal wszystkie składniki pokarmowe potrzebne ludzkiemu organizmowi, poza witaminą D. Jest podobny do źdźbeł pszenicy, ale łatwy do strawienia. Jego ciemnozielone źdźbła zawierają podobne składniki odżywcze jak ciemnozielone warzywa liściaste, ale w kilkakrotnie wyższym stężeniu, jeśli chodzi o witaminy, minerały i białka. Zielony jęczmień ma równie dużo białka jak mięso, jedenaście razy więcej wapnia niż krowie mleko, pięć razy więcej żelaza niż szpinak i siedem razy więcej witaminy C niż sok pomarańczowy. Działa korzystnie na wszystkie tkanki i narządy, a szczególnie na serce, płuca, tętnice, stawy i kości.

Jeśli mowa o zaletach zdrowotnych źdźbeł jęczmienia, to ich lista jest tak długa, że nie ma tu na nią miejsca, toteż wymienię tylko niektóre. Zielony jęczmień pomaga chronić organizm przed zanieczyszczeniami, promieniowaniem, nowotworami, wrzodami żołądka i problemami z trawieniem. Wspaniale podnosi poziom energii, ma doskonałe właściwości przeciwzapalne i przeciwstarzeniowe oraz wzmacnia reakcje odpornościowe. Wreszcie, doskonale wzmacnia cały organizm, poprawia krążenie i funkcjonowanie serca i pomaga obniżyć poziom cholesterolu.

Jeśli nie udaje ci się jeść dużych ilości zielonych warzyw liściastych, to odwodnione źdźbła jęczmienia są dla ciebie wygodnym i zdrowym rozwiązaniem. Możesz je kupić w sklepach ze zdrową żywnością. Pięciogramowa łyżeczka proszku z zielonego jęczmienia odpowiada 100 gramom takich warzyw jak surowy szpinak, jarmuż, brokuły lub kiełki lucerny.

ŹDŹBŁA PSZENICY: PEŁNE ENERGII

Właściwości odżywcze źdźbeł pszenicy są podobne do właściwości zielonego jęczmienia, ale ponieważ są one praktycznie niemożliwe do strawienia, należy robić z nich sok. Możesz kupić wyciskarkę specjalnie przeznaczoną do tego celu albo po prostu przyjmować kapsułki, proszek lub tabletki, które są powszechnie dostępne w sklepach ze zdrową żywnością. Muszę cię ostrzec, że sok z zielonej pszenicy ma ostry smak i może kojarzyć się raczej z lekarstwem. Jednak liczne korzyści w pełni rekompensują tę niedogodność. Badania pokazują, że sok ze źdźbeł pszenicy jest doskonałym źródłem wapnia, żelaza, magnezu, potasu, fosforu i cynku. Nazywa się go nawet „najbardziej odżywczym spośród znanych napojów''.

Z licznych i różnorodnych korzyści zdrowotnych, jakie daje spożywanie źdźbeł pszenicy, wymienić należy przede wszystkim: wyjątkowe odżywienie całego organizmu, przywracanie równowagi układu hormonalnego, zwiększanie odporności, poprawianie trawienia oraz wspomaganie odchudzania dzięki wysokiej zawartości enzymów i właściwościom oczyszczającym.

ALGI:
NAJBOGATSZE ŹRÓDŁO

Algi były pierwszą formą życia na ziemi i kryją w sobie niezwykłe bogactwa. Dostarczają praktycznie wszystkich niezbędnych człowiekowi witamin, minerałów, aminokwasów, enzymów i białek. Są prawdopodobnie najbogatszym źródłem składników pokarmowych i, co bardzo ważne, są doskonale trawione. Istnieje ponad 30 000 gatunków alg, ale przedstawię tu te najczęściej wykorzystywane do celów zdrowotnych, czyli dzikie niebieskozielone algi, spirulinę i chlorellę.

DZIKIE NIEBIESKOZIELONE ALGI: CUDOWNY SUPERPOKARM

Możesz je kupić w sklepie ze zdrową żywnością w formie smacznego napoju (zmieszane z sokiem jabłkowym) oraz jako tabletki, kapsułki i proszek. Doskonale nadają się do uzupełnienia diety osób jadających w pośpiechu, odchudzających się i odczuwających ciągłe zmęczenie. Nawet jeśli uważasz, że jesteś zdrowy, radzę je przyjmować, gdyż stanowią kompletne źródło wszystkich składników pokarmowych, których potrzebuje twój organizm. Zawierają praktycznie wszystkie witaminy, minerały, aminokwasy, żywe enzymy i białka (60% białek i bardziej kompletny profil aminokwasów niż wołowina i soja), a ponadto są najlepszym żywnościowym źródłem beta-karotenu, witamin B i chlorofilu. Zwiększają sprawność umysłową i poprawiają pamięć. Badania wykazały, że dzieci, które je przyjmują, osiągają lepsze wyniki w szkole, a nawet stwierdzono ich wpływ na powstrzymanie rozwoju choroby Alzheimera. Wzmocnią twój układ odpornościowy, a tym samym pomogą ci walczyć z wirusami, przeziębieniem i grypą.

SPIRULINA: PRZYJACIÓŁKA ODCHUDZAJĄCYCH SIĘ

Spirulina jest hodowlanym mikroglonem o jednej z najwyższych zawartości białek wśród żywności naturalnej – 60 do 70% kompletnego białka. W mięsie jest zaledwie 25% kompletnego białka. Uważa się, że spirulina pomaga regulować poziom cukru we krwi i ograniczać napady apetytu, zatem jest doskonałym produktem dla osób odchudzających się. Pomaga w chudnięciu i ogólnie odżywia organizm. Jedna łyżeczka spiruliny wymieszanej z sokiem, wypita rano na czczo będzie odświeżającą pobudką.

CHLORELLA: STRAŻNIK CHOLESTEROLU

Chlorella jest glonem słodkowodnym. Zawiera wiele składników pokarmowych, w tym białka, witaminę B_{12}, cynk, żelazo, chlorofil i niezbędne nienasycone kwasy tłuszczowe. Badania wskazują, że chlorella wzmacnia układ odpornościowy, obniża poziom cholesterolu i zapobiega zwapnieniu ścianek tętnic prowadzącemu do zawałów serca i udarów. Jest również dostępna w postaci kapsułek, tabletek i płynu.

SUPERPOKARMY PSZCZELE

PRODUKTY UBOCZNE POWSTAJĄCE PRZY PRODUKCJI MIODU, SZCZEGÓLNIE TE WYTWARZANE PRZEZ PSZCZOŁY, MAJĄ WYJĄTKOWE WŁAŚCIWOŚCI LECZNICZE. DO TAKICH PRODUKTÓW NALEŻĄ MLECZKO PSZCZELE, PYŁEK PSZCZELI I PROPOLIS, CZYLI KIT PSZCZELI.

MLECZKO PSZCZELE: SUBSTANCJA ODMŁADZAJĄCA

Królowa pszczół żywi się niemal wyłącznie mleczkiem pszczelim i żyje około czterdziestu razy dłużej niż pszczoły robotnice. Mleczko pszczele zawiera mnóstwo składników pokarmowych wywołujących przypływ energii i ułatwiających zwalczanie stresu.

Odkryto, że w mleczku pszczelim znajduje się antybiotyk niemal w 25% tak silny jak penicylina, lecz nie powodujący jej skutków ubocznych. Stwierdzono również, że powstrzymuje ono rozmnażanie pasożytów przewodu pokarmowego oraz bakterii, które powodują wypryski. Ja przepisuję mleczko pszczele parom, które chcą począć dziecko. I wierzcie mi, jest to skuteczne! Mleczko pszczele można kupić w postaci płynnej, w kapsułkach lub jako pastę.

PYŁEK PSZCZELI: SAMA ŚMIETANKA

Jest to rolls-royce wśród produktów pszczelich i jeden z najlepszych naturalnych środków leczniczych. Ta przypominająca złoty proszek substancja jest zbierana przez pszczoły z kwitnących kwiatów i przetwarzana. Stanowi prawdziwy spichlerz składników odżywczych. Pomaga w zwalczaniu alergii (szczególnie kataru siennego i zapalenia zatok) i chronicznych infekcji. Daje dobre rezultaty w leczeniu przerostu prostaty i niedoborów pokarmowych. Pyłek pszczeli można kupić w formie kapsułek, granulek i proszku.

PROPOLIS: NATURALNY ANTYBIOTYK

Kiedy widzisz pszczoły uwijające się pomiędzy drzewami w ogrodzie, to właśnie zbierają materiał na propolis, czyli kit pszczeli. Produkowany jest on z żywic zbieranych z pąków i kory topoli oraz drzew iglastych. Pszczoły wykorzystują go do sterylizacji i uszczelniania ula oraz do balsamowania zabitych owadów wchodzących na ich teren (zapobiega to ich rozkładowi). Propolis powstrzymuje rozmnażanie szkodliwych bakterii w organizmie, zatem wzmacnia nasz układ odpornościowy. Jednocześnie pomaga utrzymać, a nawet podnieść liczbę niezbędnych zdrowych bakterii. Dzięki swoim własnościom przeciwzapalnym, przeciwgrzybiczym i przeciwbakteryjnym jest stosowany do leczenia trądziku i innych chorób skóry, opryszczki, a nawet zapalenia stawów. Można go kupić w formie tabletek, pastylek do ssania lub płynu.

SUPERPOKARMY ZIOŁOWE
PONIŻEJ PRZEDSTAWIAM PIĘĆ NAJLEPSZYCH SUPERPOKARMÓW ZIOŁOWYCH.

1 TRAGANEK – ZASTRZYK ENERGII

Doskonale wzmacnia cały układ odpornościowy i niezwykle poprawia trawienie. Jest ulubionym ziołem moich pacjentów, gdyż nie tylko zwalcza przeziębienie i grypę, ale również pomaga w walce z nadwagą i chronicznym zmęczeniem.

2 POKRZYWA – OCZYSZCZA JELITA

Po wypiciu rano szklanki ciepłej wody, a następnie szklanki herbaty z pokrzywy twoje jelita energiczniej biorą się do pracy. Pokrzywa oczyszcza też wątrobę i pomaga zapobiegać infekcjom. Wiosną warto jeść młode listki pokrzywy, gdyż zawierają dużo witamin i minerałów. Możesz je przygotowywać i jeść w taki sam sposób jak szpinak oraz w sałatkach – po ugotowaniu nie parzą. Pamiętaj, żeby zbierać pokrzywę w miejscach oddalonych od szosy i wolnych od innych zanieczyszczeń. Możesz również pić 2 szklanki herbaty z pokrzywy dziennie lub przyjmować ją w formie nalewki. Jest to doskonały napój na odzyskanie sił w środku dnia. Mężczyźni mający problemy z prostatą powinni zacząć pić 2–3 szklanki dziennie.

3 ALOES – POMOC PRZY NIESTRAWNOŚCI

Używam aloesu jako środka przynoszącego ulgę przy niestrawności, wzdęciach i nadmiernym oddawaniu gazów. Należy przyjmować około jednej łyżki dziennie i przestrzegać instrukcji na butelce. Możesz wymieszać z sokiem owocowym, żeby złagodzić smak.

4 ŻEŃ-SZEŃ – POKONUJE STRES

Żeń-szeń jest jednym z najstarszych znanych leków ziołowych – od tysięcy lat używa się go jako środka wzmacniającego i dodającego energii. Ma ożywcze działanie, odżywia krew i pomaga organizmowi radzić sobie ze stresem. Stwierdziłam, że dzięki własnościom regenerującym i przeciwzakaźnym szczególnie korzystne efekty daje u pacjentów chorych, po operacjach lub w okresie rekonwalescencji. Doskonale zapobiega skutkom gwałtownej zmiany stref czasowych, albo je łagodzi. Możesz pić 1 szklankę herbaty z żeń-szenia dziennie lub przyjmować go w formie kapsułek albo nalewki.

5 ECHINACEA (JEŻÓWKA) – POBUDZA WYDZIELANIE CHŁONKI

W ostatnich latach echinacea zdobywała sobie coraz większą popularność i obecnie jest dostępna wszędzie. Jest niezastąpiona, jeśli chodzi o uchronienie się przed zwykłym przeziębieniem. Bardzo cenię to zioło ze względu na jego zdolność pobudzania wydzielania chłonki. Płynie ona w naczyniach układu limfatycznego i usuwa toksyny z ciała. Jeśli nie uprawiasz codziennie aktywności fizycznej, chłonka płynie zbyt wolno. Pomóc tu może właśnie echinacea. Przyjmuj ją w formie płynu lub kapsułek przez 2–3 tygodnie, a potem zrób przerwę.

WODOROSTY MORSKIE

Na Wschodzie wodorosty morskie są spożywane od tysięcy lat. Mają one zaskakująco dobry smak. Ostatnio zauważyłam je nawet wśród towarów oferowanych przez dwie duże sieci supermarketów w Wielkiej Brytanii.

Wodorosty zawierają więcej minerałów niż jakakolwiek inna żywność – na przykład mają do dziesięciu razy więcej wapnia niż mleko i osiem razy więcej żelaza niż wołowina. Są trzy typy wodorostów, jeśli chodzi o ilość docierającego do nich światła. Pierwsze z nich to brunatnice, do których należą wakame (składnik zupy miso), kombu i arame – dostępne obecnie w sklepach ze zdrową żywnością oraz japońskich i innych przedsiębiorstwach handlujących orientalną żywnością. Następna grupa to krasnorosty, których przedstawicielem jest rodymenia palczasta (szczególnie skuteczna w obniżaniu cholesterolu) i nori (często używane do zawijania sushi). Trzeci typ to zielenice. Wodorosty często sprzedaje się w formie suszu. Wystarczy je opłukać i namoczyć, a znów staną się miękkie. Można ich używać do nadawania smaku rozmaitym potrawom. Postaraj się włączyć je do jadłospisu parę razy tygodniowo.

WAŻNA WSKAZÓWKA

Gotując fasolę, wrzuć do garnka pasek wodorostów. Wchłonie on gaz z fasoli. Dzięki temu nie będziesz cierpiał na wzdęcia po fasolowej uczcie.

NASTĘPNY POZIOM

ARAME
Mają formę brązowych włóknistych pasków. Nadają się do gotowania z warzywami takimi jak kabaczek, pasternak i jamsy.

RODYMENIA PALCZASTA
Ma fioletowoczerwony kolor i gładkie, płaskie „liście". Dzięki wyjątkowemu, korzenno-orzechowemu, łagodnemu smakowi jest doskonałym dodatkiem do sałatek. Nie trzeba jej gotować, tylko pamiętaj, żeby dokładnie ją umyć.

NORI
Uprawiane głównie w Japonii. Prawdopodobnie najbardziej znane są z tego, że zawija się w nie sushi. Mogą mieć różne kolory, a sprzedawane są najczęściej w płaskich, prostokątnych płatach. Możesz je dodawać do zup i ryżu lub wykorzystać do zrobienia sushi. Nie trzeba ich moczyć.

WAKAME
Mają słodki smak i można je wykorzystać do kanapek zamiast sałaty. Przed użyciem namocz na 5 minut.

HIJIKI
Są czarne, twarde i bogate w składniki odżywcze, ale mają dość intensywny smak. Namocz je na 20 minut, a potem dokładnie opłucz. Użyj niewielkiej ilości, gdyż bardzo silnie pęcznieją.

KELP
Jeśli nie odpowiada ci jedzenie wodorostów, to kelp jest sprzedawany w formie proszku lub tabletek. Wykorzystuje się go również jako przyprawę.

KOMBU
Od wieków stosowane jako polepszacz smaku i środek zmiękczający do żywności. Ich dodatek ułatwia trawienie.

SUPERPOKARMY LIŚCIASTE

LIŚCIE LUCERNY: IDEALNE POŻYWIENIE

Lucerna odmładza cały organizm, dodając nam siły, energii i witalności. Zawiera wszystkie znane witaminy (ma cztery razy więcej witaminy C niż owoce cytrusowe) i minerały (zawartość wapnia jest tak wysoka, że nie mieści się na zwyczajowych wykresach) oraz enzymy trawienne, fitoestrogen (hormon roślinny), flawonoidy, aminokwasy i chlorofil.

Liście lucerny są najczęściej stosowane przy odtruwaniu i wzmacnianiu wątroby. Ponadto pomagają chudnąć, wzmacniają i oczyszczają krew, poprawiają trawienie i ogólnie bardzo wzmacniają układ odpornościowy. Są sprzedawane w formie proszku, tabletek lub kapsułek, a można je kupić w sklepie ze zdrową żywnością.

ZIELONE WARZYWA LIŚCIASTE

Większość ludzi je zbyt mało tych warzyw, tymczasem ich wartości odżywcze są ogromne. Najnowsze badania zdecydowanie potwierdziły, że w populacjach, których dieta zawiera dużo zielonych warzyw liściastych, ryzyko zachorowania na raka i choroby serca jest o wiele mniejsze.

NADWAGA

Osoby z nadwagą, które chcą zrzucić zbędne kilogramy, powinny wiedzieć, że spożywanie ciemnozielonych warzyw liściastych bardzo im w tym pomoże. Jeśli jadasz te warzywa na surowo, tym lepiej. Zasadniczo są dostępne przez cały rok. Zacznij powoli wprowadzać niektóre z nich do swojego codziennego jadłospisu.

SUPERPOKARM: ZIELONE WARZYWA LIŚCIASTE

- Rokieta siewna
- Nać buraków
- Skiełkowane nasiona brokułów
- Cykoria
- Kapusta bezgłowa
- Liście mniszka lekarskiego
- Endywia i endywia kędzierzawa
- Jarmuż
- Kalarepa
- Sałata
- Liście gorczycy sarepskiej
- Natka pietruszki
- Szpinak (jeśli masz kamienie nerkowe, nie jedz go, gdyż ma dużą zawartość kwasu szczawiowego)
- Botwina
- Liście rzepy
- Rukiew wodna

ŻYWNOŚĆ BOGATA W ENZYMY

Większość owoców i warzyw jest najzdrowsza, kiedy zjadamy je na surowo. Proces gotowania powoduje rozkład wielu ważnych witamin i minerałów, a ponadto niszczy wszystkie wzbogacające jakość życia enzymy.

CZYM SĄ ENZYMY?

Surowa żywność jest pełna enzymów żywnościowych, które uwalniają się w momencie, kiedy zaczniesz żuć pokarm. Enzymy są niezbędnymi katalizatorami wszystkich reakcji chemicznych zachodzących w naszym organizmie – podczas trawienia, zwalczania infekcji przez układ odpornościowy oraz wszystkich innych procesów metabolicznych i regeneracyjnych. Bez nich przestałbyś normalnie funkcjonować, a w końcu nawet żyć. Traktuj je jako siłę roboczą swojego organizmu pracującą przy wszystkich funkcjach biochemicznych i fizjologicznych. Są niezbędne, żebyś mógł chodzić, rozmawiać, oddychać, trawić pokarm i normalnie funkcjonować. Potrzebujesz mnóstwa żywych enzymów, żeby zachować dobre zdrowie i mieć silny układ odpornościowy.

Kiedy poziom aktywności enzymów w twoim organizmie spada zbyt nisko, źle się czujesz i jesteś stale zmęczony. Zatem zawartość żywych enzymów w twoim pożywieniu ma decydujące znaczenie dla zdrowia.

TYPY ENZYMÓW

1 METABOLICZNE

Enzymy metaboliczne występują w sposób naturalny w naszym organizmie i działają jako katalizatory wszystkich funkcji – odżywiania, oddychania, regulowania przemiany materii itd. Są niezbędne dla utrzymania szczupłej sylwetki i sprawności.

2 TRAWIENNE

Są wytwarzane przez nasz organizm i odpowiedzialne za rozkładanie i przetwarzanie zjadanej przez nas żywności oraz absorbowanie składników pokarmowych. Kiedy jemy wysoko przetworzoną, bezwartościową żywność, nadmiernie obciążamy trzustkę, która musi produkować więcej enzymów trawiennych. Jeśli trzustka jest byt słaba i nie potrafi wytworzyć ich w dostatecznej ilości, inne organy zostają pozbawione tak ważnych dla nich enzymów metabolicznych, które są przetwarzane na trawienne. Kiedy do tego dochodzi, najprostsze zadanie, jak myślenie, mówienie, chodzenie, a nawet oddychanie, staje się bardzo uciążliwe.

3 ŻYWNOŚCIOWE

Enzymy żywnościowe wspomagają proces trawienia. Pochodzą ze zjadanej przez nas żywności. Ich źródłem są wszystkie surowe produkty żywnościowe, takie jak surowe owoce, warzywa, orzechy, a szczególnie kiełki.

CZYM SĄ KIEŁKI?

Kiełki to młode roślinki, zaczynające dopiero wyrastać z nasion. Dla celów spożywczych można hodować kiełki orzechów, nasion, zbóż, fasoli i innych roślin motylkowych. Podobne do kiełków własności odżywcze mają też źdźbła pszenicy i jęczmienia. Najbardziej popularne są kiełki takich roślin, jak lucerna, fasola mung, rzodkiewka, koniczyna, fasola adzuki, ciecierzyca, soczewica, soja, słonecznik, proso, komosa ryżowa, gryka, kozieradka, pszenica, jęczmień, kukurydza, owies, groch i fasola lima. Zasadniczo każde nasionko wyposażone w materiał genetyczny umożliwiający mu reprodukcję można skiełkować.

GWIAZDORSKA POZYCJA KIEŁKÓW WŚRÓD PRODUKTÓW ŻYWNOŚCIOWYCH

Kiełki są prawdziwymi supergwiazdami wśród produktów żywnościowych. Mają bardzo dużą zawartość przeciwutleniaczy, które przeciwdziałają zniszczeniom dokonywanym w organizmie przez wolne rodniki. (Wolne rodniki to substancje wytwarzane w naszym organizmie, uszkadzające tkankę komórkową i przyspieszające procesy starzenia.) Kiełki są ponadto bogate w witaminy, minerały, białka, enzymy i błonnik oraz dwa związki przeciwstarzeniowe – RNA i DNA (kwasy nukleinowe), występujące tylko w żywych komórkach.

NA CZYM POLEGA KIEŁKOWANIE NASION?

Chcąc otrzymać kiełki, należy namoczyć nasiona i doprowadzić do wyrośnięcia kiełków, które następnie zjadamy. Każde kiełkujące nasienie ma energię odżywczą niezbędną do wzrostu zdrowej rośliny.

Kiedy namoczymy nasiona, co jest niezbędne, żeby wykiełkowały, wydzielają się w nich ogromne ilości enzymów. Nasionko gwałtownie wchłania wodę i co najmniej dwukrotnie powiększa swoją objętość.

Jednocześnie zwiększa się w nim również zawartość składników pokarmowych. Przy tym w procesie kiełkowania nasionko przechodzi przemianę w lżej strawną formę, dzięki czemu znacznie lepiej przyswajamy zawarte w nim składniki odżywcze i zmniejsza się ryzyko wystąpienia alergii pokarmowej. Końcowym produktem kiełkowania jest superpokarm o niezwykłej koncentracji białek, witamin, minerałów, pierwiastków śladowych, błonnika i enzymów w najlepiej przyswajalnej formie. Dzięki kiełkowaniu nasion i ziaren nie tylko zyskujesz korzystny rodzaj surowej żywności, ale ponadto ogromnie zwiększasz ilość zawartych w nich składników pokarmowych.

ODROBINA TEORII NAUKOWEJ

▶ Kiełkowanie nasion znacząco zwiększa aktywność enzymów. Doktor Gabriel Cousens, lekarz medycyny, w swojej książce *Spirituals Nutrition* stwierdza, że w wyniku kiełkowania nasion poziom zawartych w nich enzymów zwiększa się od sześciu do dwudziestu razy, zależnie od gatunku rośliny.

▶ Badania przeprowadzone na Yale University przez doktora Paula Barkholdena wykazały, że po skiełkowaniu nasion poziom witamin B zwiększył się w nich o 2000%.

▶ W innych badaniach, tym razem na University of Pennsylvania, wykonanych przez doktora Barry'ego Macka, stwierdzono, że średni całkowity wzrost poziomu wszystkich witamin wynosi po skiełkowaniu 500%.

▶ Zawartość kwasów nukleinowych, podstawowego składnika niezbędnego do wzrostu i regeneracji wszystkich komórek, wzrosła po wykiełkowaniu nasion o 30%. Podobny był wzrost zawartości związków mineralnych.

▶ Doktor Elson Hass, lekarz medycyny, podaje w swojej książce *Staying Healthy With Nutrition*, że zawartość białek w niemal wszystkich nasionach wzrasta o 15–30% po skiełkowaniu.

▶ Doktor Jeffrey Bland, profesor biochemii żywienia University of Puget Sound, wykazał, że około sześciu szklanek kiełków może zastąpić zalecaną dla dorosłego człowieka dzienną normę spożycia składników pokarmowych. Doktor Bland stwierdza w podsumowaniu, że kiełki „...są skuteczniej przyswajaną, zdrowszą formą białka niż tradycyjne białka z mięsa, a nawet innych produktów warzywnych".

KLUCZ DO ZDROWIA

Regularne jedzenie skiełkowanych nasion i ziaren może niezwykle poprawić trawienie, odporność oraz ogólne zdrowie i samopoczucie.

Po wprowadzeniu kiełków do codziennej diety proces trawienia przebiega sprawniej, a zakwaszenie organizmu się zmniejsza. Jednocześnie organizm jest lepiej przygotowany do walki z przeziębieniem, grypą i innymi chorobami. Badania wykazały, że kiełki wzmacniają układ odpornościowy. Tak uzbrojony łatwiej oprzesz się zarówno drobnym dolegliwościom, jak i poważnym problemom zdrowotnym.

Warto wziąć pod uwagę badania przeprowadzone przez zespół badaczy z University of Texas Cancer Center. Odkryli oni, że rozwój komórek rakowych był „w 99% hamowany" przez mieszankę żywych (skiełkowanych) nasion, której głównym składnikiem były kiełki brokułów. Zatem wskazywałoby to, że żywe kiełki mają, w niektórych przypadkach, zdolność hamowania wzrostu komórek rakowych, kropka. No, no! W mojej poradni z dużym powodzeniem stosowałam skiełkowane nasiona brokułów u pacjentów z dysfunkcją układu odpornościowego. Zatem jeśli jesteś osobą, która ciągle łapie przeziębienia lub grypy, koniecznie dodawaj dużo surowych kiełków, szczególnie brokułów, do swojego codziennego jadłospisu.

NIEZWYKŁE KIEŁKI

Możesz sam przygotowywać sobie do jedzenia kiełki niemal ze wszystkich nasion, ziaren czy nasion roślin strączkowych. Największe korzyści zdrowotne dają skiełkowane ziarna prosa i komosy ryżowej oraz nasiona brokułów i rzodkwi.

Rośliny, których kiełki najłatwiej wyhodować:

- Czerwona fasola
- Fasola adzuki
- Fasola mung
- Groch
- Komosa ryżowa
- Koniczyna
- Kozieradka (pikantne)
- Lucerna
- Pszenica
- Rzodkiewka
- Soczewica

Możesz również spróbować wyhodować kiełki:

- Brokułów
- Ciecierzycy
- Prosa
- Słonecznika

JAK HODOWAĆ KIEŁKI

Najłatwiej kupić gotowy zestaw do kiełkowania wraz z nasionami i spryskać nasiona wodą. Możesz wypróbować komosę ryżową, brokuły, koniczynę, lucernę, fasolę mung, kozieradkę i pszenicę.

Jeśli chcesz samodzielnie wyhodować kiełki w domu, potrzebny ci będzie duży słoik, nasiona, woda i kawałek gazy lub cienkiego płótna.

- Dokładnie przepłucz nasiona. Umieść je w słoiku i zalej przegotowaną i przestudzoną wodą na wysokość kilku centymetrów. Słoik nakryj gazą lub płótnem, zabezpiecz gumką i zostaw do następnego dnia w ciepłym, ciemnym miejscu.
- Następnego dnia przepłucz nasiona wodą i dokładnie osącz, gdyż inaczej mogą zgnić. Umieść ponownie w ciemnym miejscu. Powtarzaj te czynności dwa razy dziennie, aż nasiona zaczną kiełkować. Ustaw słoik pod kątem 45°, żeby kiełki rosły w górę.
- Kiedy dostatecznie urosną, ustaw słoik na kilka godzin na słonecznym parapecie okiennym, żeby dostały zastrzyk energii. Teraz możesz je już jeść lub przełożyć do szczelnego pojemnika i umieścić w lodówce. Można je tak przechowywać przez dwa do trzech dni.
- Skorzystaj z przedstawionej dalej tabeli z danymi na temat kiełkowania i baw się dobrze. Nie spiesz się i na zdrowie.

RODZAJ NASION	CZAS MOCZENIA (W GODZINACH)	ILOŚĆ	PLON
Amarant	4 – 6	3 łyżki	$^3/_4$ szklanki
Anyż	4 – 6	3 łyżki	1 szklanka
Cebula	4 – 6	1 łyżka	1 szklanka
Ciecierzyca	10 – 12	1 szklanka	3 szklanki
Dynia	6 – 8	1 szklanka	$1^1/_2$ szklanki
Fasola mung	8 – 10	1 szklanka	3 – 4 szklanki
Gorczyca	4 – 6	1 łyżka	1 szklanka
Groch	10 – 12	1 szklanka	2 szklanki
Gryka	4 – 6	1 szklanka	2 – 3 szklanek
Jęczmień	8 – 10	$^1/_2$ szklanki	1 szklanka
Kapusta	4 – 6	1 łyżka	$1^1/_2$ szklanki
Komosa ryżowa	4 – 6	1 szklanka	$2^1/_2$ szklanki
Koniczyna	4 – 6	1 łyżka	$2^1/_2$ szklanki
Kozieradka	4 – 6	4 łyżki	1 szklanka
Kukurydza	8 – 10	1 szklanka	2 szklanki
Lucerna	4 – 6	3 łyżki	3 szklanki
Owies	8 – 10	1 szklanka	2 szklanki
Proso	6 – 8	1 szklanka	$1^1/_2$ szklanki
Pszenica	10 – 12	1 szklanka	$2^1/_2$ szklanki
Rukiew wodna	4 – 6	1 łyżka	$1^1/_2$ szklanki
Ryż	8 – 10	1 szklanka	$1^1/_2$ szklanki
Rzodkiewka	4 – 6	1 łyżka	1 szklanka
Sezam	4 – 6	1 szklanka	$1^1/_2$ szklanki
Siemię lniane	5 – 7	1 łyżka	1 szklanka
Słonecznik	6 – 8	1 szklanka	$1^1/_2$ szklanki
Soczewica	6 – 8	1 szklanka	3 – 4 szklanki
Soja	10 – 12	1 szklanka	$2^1/_2$ szklanki
Szałwia kolumbijska (chia)	4 – 6	1 łyżka	$1^1/_2$ szklanki
Większość odmian fasoli	8 – 10	1 szklanka	3 – 4 szklanki
Większość orzechów	8 – 12	1 szklanka	$1^1/_2$ szklanki
Żyto	8 – 10	1 szklanka	$2^1/_2$ szklanki

ARGUMENTY PRZECIW GOTOWANIU

Surowe produkty żywnościowe i skiełkowane nasiona to najzdrowsza żywność. Zawierają one mnóstwo żywych enzymów, aktywnych witamin, minerałów, białek i innych mikroelementów. Podczas gotowania, gotowania na parze, pieczenia, smażenia, duszenia lub grillowania oraz pasteryzowania i konserwowania w puszkach lub słoikach poziom składników odżywczych znacznie się obniża, a wszystkie własności zdrowotne praktycznie znikają. Gotowanie nie poprawia wartości odżywczej żywności. Wysoka temperatura przekształca 85% składników pokarmowych w formy nieprzyswajalne i całkowicie niszczy enzymy.

ZNISZCZENIE ENZYMÓW

W trakcie gotowania enzymy ulegają całkowitemu zniszczeniu. Badania wykazały, że podgrzewanie żywności powyżej 48°C przez 20 minut powoduje całkowitą destrukcję obecnych w niej enzymów.

UTRATA BIAŁKA

Gotowanie niszczy nie tylko enzymy, ale również białko. Większość zostaje przekształcona w formy trudne do strawienia. Badania sponsorowane przez Departament Rolnictwa Stanów Zjednoczonych wykazały, że „obróbka cieplna w temperaturze 204°C (przeciętna temperatura gotowania mięsa) spowodowała znaczący spadek (cztero- do trzydziestokrotnego) ilości rozpuszczalnego białka w analizowanej próbce mięsa". Większość z nas traktuje mięso jako główne źródło białka, tymczasem prawdopodobnie niewiele z niego uzyskujemy, ze względu na wysokie temperatury przyrządzania.

UTRATA WITAMIN

Proces gotowania niszczy również witaminy zawarte w żywności. Wprawdzie nie wszystkie ulegają destrukcji pod wpływem wysokiej temperatury, ale badania wykazały, że ich aktywność znacząco spada. Szacuje się, że w procesie gotowania tracone jest nie mniej niż 50% witamin z grupy B. Zawartość niektórych obniża się jeszcze bardziej. Na przykład utrata tiaminy (B_1) może sięgać 96%, jeśli żywność gotuje się przez dłuższy czas. Obróbka produktów w wysokiej temperaturze powoduje na przykład: utratę 72% biotyny, do 97% kwasu foliowego i do 80% witaminy C. Doktor Victoras Kulvinskas, jeden z czołowych na świecie badaczy tych zagadnień, ostrzega w swojej pracy pt. *Survival Report into the 21st Century* przed ogólnym średnim „niszczeniem około 85% składników pokarmowych w wyniku gotowania". Innymi słowy, kiedy jemy przygotowaną w wysokiej temperaturze żywność, nasz organizm otrzymuje często poniżej 15% wartości odżywczej spożywanych produktów, jeszcze mniej białka i zero enzymów.

INNE GORĄCE KWESTIE

Jedzenie gorących potraw jest niekorzystne dla funkcjonowania organizmu i może powodować kolejne problemy z enzymami. Badania wykazały, że picie zbyt gorących napojów wywołuje zakłócenia w pracy żołądka. Zbyt gorące jedzenie może być też przyczyną problemów z dziąsłami, powstawania wrzodów w ustach i na języku, a nawet raka gardła.

W jednych z najbardziej alarmujących badań medycznych stwierdzono, że dieta składająca się głównie z pokarmów gotowanych może spowodować redukcję tkanki mózgowej i obrzęk głównych narządów wewnętrznych. Ponadto gotowana żywność przeciąża gruczoły dokrewne. Układ hormonalny wraz z układem nerwowym regulują nasz apetyt. Nawet kiedy gruczoły dokrewne wiedzą, że zjadłeś dość kalorii, ale w dostarczonym pokarmie było zbyt mało składników odżywczych i enzymów, organizm nadal domaga się dalszych porcji pożywienia, żeby mieć dość siły. Rezultatem są problemy z utrzymaniem prawidłowej masy ciała, wyczerpanie i zły stan zdrowia.

Jedzenie zbyt dużych ilości gotowanych produktów upośledza również funkcjonowanie układu odpornościowego. Wykazano, że żywność po obróbce cieplnej niekorzystnie zmienia strukturę krwi. Podczas własnych analiz żywych komórek krwi pacjentów stwierdziłam, że u tych, którzy jedli wyłącznie gotowane produkty, komórki krwi sprawiały wrażenie, jakby były w ciągłym stanie pogotowia (jakby zwalczały przewlekłą infekcję). W rezultacie w krwi tych osób znajdował się nadmiar białych ciałek, czyli cierpieli na zaburzenie zwane leukocytozą. Taki stan niezwykle osłabia układ odpornościowy. Jeśli jest on stale

w ten sposób obciążony, może sobie nie poradzić w razie rzeczywistej infekcji. Jest to sytuacja podobna do ciągłego zwiększania obrotów silnika — w końcu zostaje zalany i wcale nie zapala. W takim sensie gotowana żywność „zalewa" nasz układ krwionośny, odpornościowy i narządy wewnętrzne.

PRZYWRACANIE RÓWNOWAGI

Na szczęście można temu zaradzić. Doktor Paul Kouchakoff, lekarz medycyny, prezentując wyniki swoich badań podczas Międzynarodowego Kongresu Mikrobiologicznego, podkreślił, że jedzenie surowej żywności lub choćby produktów przygotowywanych w temperaturze poniżej 88°C zapobiega podwyższeniu poziomu białych ciałek krwi. Jednak chyba najbardziej istotnym odkryciem doktora Kouchakoffa jest to, że zachowanie stosunku 50 do 50 (50% produktów surowych i 50% produktów gotowanych) może zapobiegać leukocytozie. Zatem nie musisz całkowicie rezygnować z gotowania lub jedzenia gorących potraw, tylko po prostu równoważyć je surowymi produktami.

Wprawdzie zależy mi, żeby wykazać korzyści płynące z jedzenia surowych owoców, warzyw i kiełków, ale wcale cię nie namawiam, żebyś jadł wszystko na surowo. Chcę cię tylko przekonać, żebyś (a) jadł więcej surowych produktów i (b) ilekroć jesz gotowane potrawy, równoważył je surowymi. Najlepsze jest właśnie połączenie produktów gotowanych i surowych.

WŁĄCZANIE SUROWYCH PRODUKTÓW

Zatem jeśli lubisz zjeść coś ugotowanego, to ilekroć to możliwe, lepiej podgrzewać potrawy, niż intensywnie je gotować. Na przykład, chcąc zjeść zupę, niewątpliwie musisz ugotować potrzebne do niej składniki. Jednak nawet w zupie można zjeść surowe produkty. Kiedy zupa jest już gotowa, wystarczy wrzucić do niej trochę surowych warzyw tuż przed podaniem jej na stół. Dzięki temu można zimą delektować się gorącą zupą, a jednocześnie dostarczać organizmowi solidnej porcji surowych warzyw.

POKARMY ROZGRZEWAJĄCE

Warto wiedzieć, że można ograniczyć ilość zjadanej gotowanej żywności, wprowadzając do jadłospisu więcej pokarmów rozgrzewających, czyli produktów, które mają właściwość rozgrzewania organizmu, nawet jeśli są spożywane surowe i na zimno. Na przykład cynamon, czosnek, kiełki komosy ryżowej i imbir są pokarmami rozgrzewającymi. Tego rodzaju żywność spełnia ważne funkcje w naszym organizmie, gdyż poprawia krążenie krwi i uspokaja narządy wewnętrzne.

ROZGRZEWAJĄCE ZIOŁA I PRZYPRAWY

Bazylia, cynamon, czosnek, gałka muszkatołowa, gorczyca, goździki, imbir, kardamon, kmin, kminek, kolendra, koper, koper włoski, kozieradka, liście laurowe, mięta pieprzowa, oregano, papryka, szczypiorek, trawa cytrynowa.

ROZGRZEWAJĄCE KIEŁKI

Kiełki kozieradki i rzodkiewki.

WNIOSKI

Większość z nas nie je dostatecznej ilości surowych produktów żywnościowych. Nie trzeba całkowicie rezygnować z gotowanych potraw, tylko włączyć do codziennego jadłospisu więcej artykułów surowych. Jeśli już gotujesz, jedz raczej ciepłe potrawy niż gorące. Żywność surowa i kiełki dostarczają nam szerszej gamy aktywnych składników pokarmowych i enzymów niż inne rodzaje pożywienia. Nie pozbawiaj organizmu ich siły życiowej i właściwości poprawiających zdrowie. Moje zalecenia są proste: jedz mniej gotowanego, a więcej surowego.

PODSUMOWANIE

Teraz już wiesz, jak prawdziwe jest powiedzenie „Jesteś tym, co jesz". Jednak nazbyt często coś w nas przeszkadza nam w jedzeniu odpowiedniej żywności, mimo że wiemy, iż jest nam niezbędna, aby wyglądać i czuć się wspaniale. Sądzę, że przyczyną są ograniczenia emocjonalne, psychiczne i fizyczne, które sami sobie tworzymy w zetknięciu z nowymi ideami i odmiennym od naszego stylem życia. W końcu, większość ludzi obawia się zmian. Wierz mi, że ja kiedyś doświadczałam tego samego.

Mam nadzieję, że dzięki tej książce udało mi się trochę otworzyć cię na te zmiany – na początek choćby nawet niewielkie. Chciałabym podzielić się z tobą radami, jak nauczyć się łatwiej akceptować nowe pomysły, nowe rodzaje żywności i nowy styl życia, a przy okazji stać się właścicielem niezwykle zdrowego ciała!

Kiedy zrozumiesz, jak potężne znaczenie ma energia, docenisz moje rady. Wszelkie problemy z masą ciała, zaburzenia odżywiania, apatia i choroby mają swe źródło, w taki czy inny sposób, w zakłóceniu przepływów energetycznych w twoim ciele. Pozytywny przepływ energii i właściwe odżywianie sprawią, że będziesz silny i zdrowy. Negatywny przepływ energii i złe odżywianie prowadzą do chorób i chronicznego zmęczenia.

Wynika z tego wniosek, że jeśli zależy ci na dobrym zdrowiu, wspaniałym ciele i zachowaniu młodości ducha, musisz być nastawiony pozytywnie, szczęśliwy i lubić się bawić. Dlatego na koniec pragnę udzielić ci dwóch łatwych i prostych w realizacji rad, dzięki którym natchniesz pozytywnym nastawieniem swoje komórki:

PO PIERWSZE – BĄDŹ PROAKTYWNY, A NIE REAKTYWNY

Sami decydujemy, czy tylko reagujemy na to, co się dzieje w naszym otoczeniu, czy też świadomie działamy w określonym kierunku, celu i w poszukiwaniu życiowego spełnienia. W tym ostatnim wypadku stajesz się twórcą sytuacji, zamiast biernie im się poddawać. Jesteś przyczyną, nie skutkiem.

Stajesz się szczęśliwy i zdrowy.

Kiedy następnym razem poczujesz, że życie jest ciężkie i stanowi zagrożenie dla twojego naturalnego poczucia harmonii, spróbuj wykonać następujące kroki:

▸ Przyznaj, że powstała trudna sytuacja.
▸ Uznaj, że wyzwanie to ma ci pomóc i czegoś cię nauczyć.
▸ Przyjmij tę trudność nie jako dopust boży, ale jako dar, który ma poprawić jakość twojego życia.
▸ Określ swoją reakcję lub potencjalną reakcję. Co czujesz? Przyjmij do wiadomości te uczucia i zaakceptuj je jako normalne.
▸ Wykonaj długi, głęboki wdech, jednocześnie wyobrażając sobie piękne, złocistobiałe światło przenikające i otaczające twe ciało. Podczas wydechu wyobraź sobie, jak ulatniają się z ciebie wszystkie negatywne uczucia.
▸ Podczas następnego wdechu pozwól, żeby twoje ciało ogarnęło poczucie spokoju. Podczas wydechu nakaż sobie uwolnić wszystkie negatywne reakcje i uczucia.
▸ Teraz weź się do działania. Poradź sobie z trudną sytuacją w proaktywny sposób. Działaj z jasnym planem, pewnością siebie i spokojem.

PO DRUGIE – KOCHAJ BEZWARUNKOWO

Na koniec pragnę się z tobą podzielić moją najskrytszą tajemnicą umożliwiającą osiągnięcie wspaniałego zdrowia i fantastycznego życia. Tak, jesteś tym, co jesz. Jednak jesteś również tym, co kochasz. Po wielu latach badań biochemicznych i molekularnych, praktyki klinicznej i własnych doświadczeń życiowych odkryłam, że większość potężnej energii mającej wpływ na nasze dobre zdrowie stanowi energia miłości.

Miłość jest największą siłą napędową decydującą o równowadze energetycznej naszego organizmu, procesach zdrowienia, ochronie przed chorobami, regeneracji komórek, witalności narządów wewnętrznych, oczyszczaniu się krwi, rewitalizacji cząsteczek i wspaniałej swobodzie, którą daje poczucie, że jesteśmy pełni sił witalnych. Zatem po prostu pamiętaj, żeby kochać siebie, swoje ciało i ludzi obecnych w twoim życiu, bądź życzliwy dla obcych i nie zapominaj o uścisku dla najbliższych.

Życzę ci, żeby zawsze towarzyszyły ci miłość i światło, do zobaczenia

Gillian

O AUTORCE

Gillian McKeith jest cieszącą się międzynarodowym uznaniem dietetyczką kliniczną i dyrektorką znanej poradni McKeith Clinic w Londynie. Do szerokiego grona jej pacjentów należą przedstawiciele wolnych zawodów i olimpijczycy, członkowie rodziny królewskiej i hollywoodzcy aktorzy. Nazywana „Najlepszą dietetyczką Wielkiej Brytanii" oraz „Brytyjskim guru żywienia" została ostatnio uhonorowana również prestiżową nagrodą „Uplifting The Word" wręczoną jej w Westminsterze.

McKeith jest również autorką *Living Food for Health* oraz tekstów dla telewizji i artykułów prasowych. Przez kilka lat pełniła funkcję eksperta ds. zdrowego życia w programie *The Joan Rivers Television Show*. Prowadziła również audycję *Zawsze czuj się wspaniale* w programie radiowym *This Morning*. Obecnie jest prezenterką cyklu programów telewizyjnych *Jesteś tym, co jesz* w Channel 4 w Wielkiej Brytanii.

Autorka pochodzi z regionu Highlands w Szkocji, a obecnie bardzo dużo podróżuje, zapraszana do wygłaszania wykładów i prowadzenia seminariów. Jej misją jest dzielenie się zdobytą wiedzą i zmienianie życia ludzi na lepsze.

www.drgillianmckeith.com
e-mail: info@mckeithresearch.com
tel.: 02077948580
faks: 02074319700

INDEKS